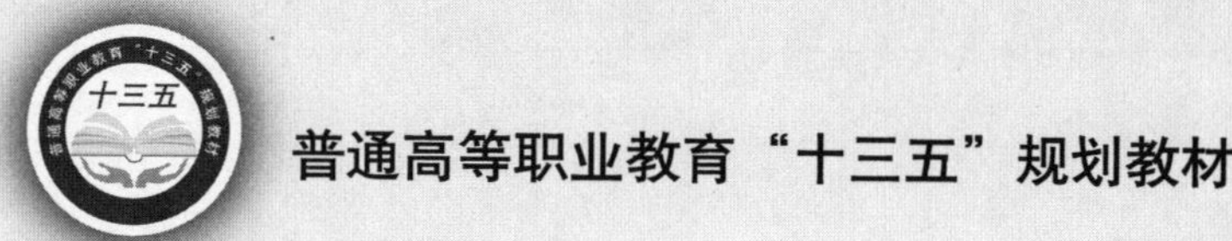

普通高等职业教育“十三五”规划教材

21 世纪高职高专规划教材 ◆ 人力资源管理系列

劳动法与劳动关系管理

LAODONGFA YU LAODONG GUANXI GUANLI

主　编　符成成

副主编　边可舒

参　编　徐　明　王自刚　顾　红

插　图　张　婷

中国人民大学出版社

·北京·

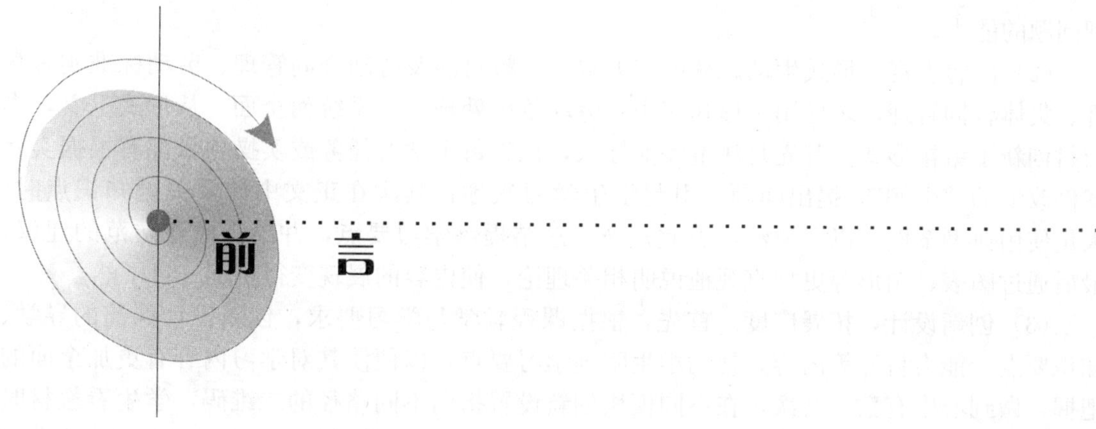

前　言

随着《劳动合同法》《就业促进法》《劳动争议调解仲裁法》《社会保险法》等诸多法律法规的出台和实施，我国已初步建立起一套较为科学完善的劳动法律法规体系。企业的人力资源管理进入法治化的阶段。劳动法律法规的不断完善，对企业劳动关系管理提出了更多更高的合法性和合规性要求。企业要运用人力资源管理的各种工具和方法，不断进行管理制度和程序的合法性梳理、改进、优化和革新，以此来构建和谐的劳动关系。人力资源管理的工作人员更要牢固树立法治意识，以尽可能保证人力资源管理各环节的合规性。如何有效控制劳动关系管理过程中的法律风险？如何减少用工违法带来的损失？学习完本教材后，相信您会找到这些问题的答案。

“劳动法与劳动关系管理”这门课程是一门实用性和实践性较强的课程，全国应用技术类大学和各职业院校的人力资源管理专业都开设了这门课程。为了培养更多熟练掌握劳动法律知识、了解劳动关系管理实务操作的应用型人才，结合天津中德应用技术大学多年来开设这门课程的教学经验，本着突出职业教育特点、工作过程系统化、追求实用的原则，我们在学习借鉴众多劳动关系管理领域相关书籍和研究成果的基础上，编写了这本教材。

本教材围绕高等职业教育突出技能性和实用性的特点，根据岗位工作内容和过程进行设计，结合劳动关系管理所涉及的领域和岗位工作任务的实际，设计了 11 个模块。根据课程教学与学习要求，每个模块分解成理论知识和操作技能两个部分。理论知识根据工作过程分解成若干个知识单元，操作技能根据实务需要分解成若干个操作任务。

本教材具有如下特点：

(1) 注重实用，突出实践。本教材最突出的特点是：理论学习的项目内容丰富，涵盖了劳动关系管理整个流程所涉及的法律知识，思路清晰，注重系统性。实操项目通过实际工作情境中理论知识的运用，突出可操作性。理论的学习与实务的操作一一呼应。通过理论与现实需要的紧密结合，注重对学生法律实践能力的培养，提升其运用劳动法律知识处理问题的能力。

（2）内容丰富，形式生动。从内容上看，本教材涉及劳动合同管理、劳动标准实施管理、集体合同管理、多种用工形式使用、劳动争议处理等，系统而全面。从形式上看，本教材创新了编排形式：首先是注重课前导入，比如每个学习任务或实操项目都有根据实际案例改编的“引例”，提出问题，引起学生学习兴趣；其次在正文中涉及关键知识点时，大量使用典型案例，以案说法，由此及彼，总结提炼学习要点，并给出风险防范的建议；最后通过图表、图形等更加直观地说明相关理论，使内容的展现变得更加一目了然。

（3）创新设计，拓展广度。首先，根据课程教学与学习要求，创新设计课前的导学、知识要点、能力目标等内容，帮助学生明确学习要点，以便使其对学习内容有更加全面的把握，做到心中有数。其次，在不同模块创新设置指向不同路径的二维码，学生看教材时扫一扫书中相对应的二维码，就可以获取案例分析提示、阅读材料呈现、法律文书范本的展示等教材延展内容，有效拓展学生学习的广度，增强学习的深度。

本教材由天津中德应用技术大学的符成成老师担任主编，负责拟定提纲、统稿和定稿。全书共十一个模块，全部由天津中德应用技术大学在职教师完成，其中主编符成成老师负责模块一、二、三、四、五、六；边可舒老师负责模块七、十一；王自刚老师负责模块八；徐明老师负责模块九；顾红老师负责模块十和课件制作；张婷老师负责插图绘制。

在教材编写过程中，我们参考了大量的文献资料和优秀教材，在此谨向相关作者表示诚挚的谢意。

由于编写时间仓促，加之编者水平有限，书中疏漏与不当之处在所难免，敬请广大读者批评指正。

编者

2019 年 3 月

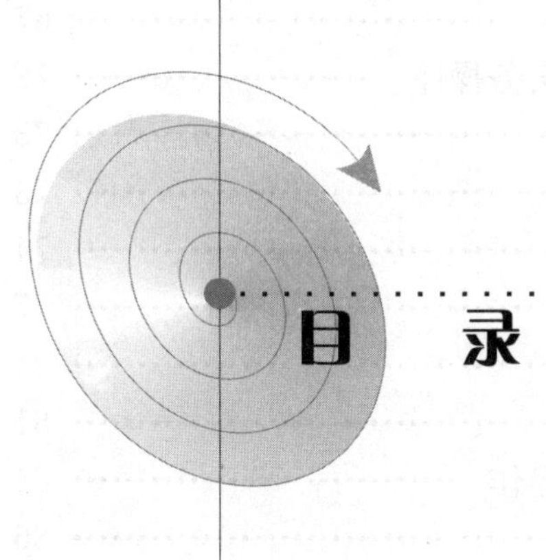

目　录

模块一 劳动法与劳动关系管理概述

导学

在开始学习本课程时，首先要了解学什么、为什么学和怎么学。本模块主要介绍劳动法的概念、调整对象，劳动法律体系的构成和适用范围，劳动法律关系的概念、特点和要素，劳动关系管理的意义和在企业中的具体工作内容。通过学习本模块，可以从整体上把握本课程的整体内容架构，明确学习目的，激发学习热情，为今后的学习奠定基础。

知识要点

1. 劳动法、劳动关系、劳务关系、劳动法律关系、事实劳动关系等基本概念。
2. 劳动关系与劳务关系、劳动法律关系与事实劳动关系的区别。
3. 劳动法律法规体系的构成和效力等级。
4. 劳动法律关系的要素。
5. 劳动权利和劳动义务的具体内容。

能力目标

掌握劳动法、劳动关系、事实劳动关系等相关概念；能对劳动关系和劳务关系进行区分。熟悉劳动法律体系的构成；了解不同劳动法律形式的效力等级；能阐述劳动权利和劳动义务的基本内容；能够运用劳动法律关系要素理论分析劳动纠纷或案例；了解劳动关系管理的意义和在企业中的具体工作内容。

劳动关系管理是企业人力资源管理的重要内容，和谐的劳动关系有助于提高人力资源的管理效果。人力资源管理的员工招聘录用、内部人力资源的配置调整、员工的解雇等工作，都属于受法律规范的劳动法律行为。劳动合同的签订与建立劳动关系、调岗调薪与劳动合同的变更中止、辞退员工与劳动关系的解除终止等，均与劳动法律法规息息相关。劳动关系管理规范化、制度化是企业有效降低劳动用工风险的基本要求。劳动法律法规的熟知及灵活应用，是人力资源管理工作所包含的必然内容。作为一名未来从事人力资源管理的人员，应当熟悉并研究专业的劳动关系知识和劳动法规定，掌握劳动关系管理方面的操作技能和风险防范技巧。

理论知识

知识单元一 劳动法概述

引例

劳动关系还是劳务关系？——张巍巍与中央电视台劳动关系纠纷案

【案情】张巍巍自中央电视台财经频道天津演播室（记者站）成立之时起开始做兼职摄像。2011 年 4 月底，其正式入职天津记者站担任记者，工作时间为每天 9:00 到 17:00，每周工作 5 天，周六、日休息，考勤由考勤员手工记录。领导明确告知其签约才有保底工资，不签约没有保底工资，只有绩效工资。双方未签订劳动合同，电视台亦未给其缴纳社会保险。张巍巍于 2014 年 7 月 7 日提出辞职。后张巍巍提出劳动仲裁申请，认为其与电视台存在劳动关系，并要求补签劳动合同，订立无固定期限劳动合同。电视台认为，双方是劳务关系，而非劳动关系；张巍巍提供的是兼职摄像劳务，劳务报酬不定期发放，以现金方式支付；2014 年 7 月 7 日，双方已解除劳务关系。但电视台无法提供劳务报酬支付情况的证据，双方亦未签订劳务协议。劳动人事争议仲裁委员会裁决，确认张巍巍与电视台存在劳动关系，驳回其他申请请求。电视台不服，提起诉讼，要求确认电视台与张巍巍不存在劳动关系。一审判决驳回电视台的诉讼请求，二审维持原判。

【问题】本案中的电视台为什么会败诉？

资料来源：http://blog.sina.com.cn/s/blog_8065a4570102whj0.html.

电视台与其使用的“临时工”之间，到底是劳动关系还是劳务关系？要回答这个问题，就必须要学习和了解劳动法的有关知识，即学习和了解劳动法对于劳动关系是如何规定的。劳动法是有效解决本案当事人之间劳动争议的法律依据。下面就有关劳动法的内容进行详细介绍。

一、劳动法的诞生与发展

劳动法是资本主义发展到一定阶段而产生的法律部门。劳动法的产生与产业革命的蓬勃发展及工人运动的日益壮大密切相关。18 世纪末 19 世纪初，随着西方各国无产阶级革命运动的逐步兴起，工人阶级强烈要求废除原有的“工人法规”，颁布缩短工作时间的法律；要求增加工资、禁止使用童工、对女工及未成年工给予特殊保护以及实现社会保险等。资产阶级政府迫于上述情况，制定了限制工作时间的法规，从而促进了劳动法的产生。1802 年英国通过的《学徒健康和道德法》是现代劳动立法的开端。

中国的劳动立法始于 20 世纪初期。中华民国时期，北洋政府农商部于 1923 年 3 月 29 日公布了《暂行工厂规则》，内容包括最低的受雇年龄、工作时间与休息时间、对童工和女工工作的限制，以及工资福利、补习教育等规定。

1994 年 7 月 5 日，第八届全国人民代表大会常务委员会第八次会议通过的《中华人民共和国劳动法》(1995 年 1 月 1 日起施行)，是新中国成立以来颁布实施的第一部劳动方面的基本法律，是我国劳动立法上的一个重要里程碑。

2007 年 6 月 29 日，第十届全国人民代表大会常务委员会第二十八次会议审议通过，并于 2008 年 1 月 1 日起实施的《中华人民共和国劳动合同法》，将劳动合同制度纳入了规范的法制轨道，标志着我国劳动领域的立法进入新的历史发展阶段。2007 年 8 月 30 日颁布、2008 年 1 月 1 日起实施的《中华人民共和国就业促进法》，明确了国家促进就业的基本责任，力图为劳动者创造公平的就业机会和就业环境。2007 年 12 月 29 日颁布、2008 年 5 月 1 日起实施的《中华人民共和国劳动争议调解仲裁法》，明确了劳动争议处理机制，为依法维护当事人的合法权益，构建、发展和谐稳定的劳动关系，提供了重要的法律依据。《中华人民共和国职业病防治法》历经 2011 年、2016 年、2017 年、2008 年四次修正后，进一步理顺了职业卫生监督管理体制，完善了职业病诊断、鉴定制度，强化了用人单位的职业病防治义务和法律责任，有力地保护了劳动者的健康及相关权益。与此同时，国务院制定了十几部《劳动法》的配套行政法规：2008 年 9 月 18 日颁布实施了《中华人民共和国劳动合同法实施条例》，对《劳动合同法》的规定进行进一步的细化和明确；为保护女职工、未成年人和残疾人等特殊人群的合法权益，制定了《女职工劳动保护特别规定》《禁止使用童工规定》《残疾人就业条例》；为维护劳动者身心健康、加大劳动保护力度，制定了《国务院关于职工工作时间的规定》《职工带薪年休假条例》《使用有毒物品作业场所劳动保护条例》《劳动保障监察条例》；为建立健全社会保险制度，制定了《失业保险条例》《工伤保险条例》《社会保险费征缴暂行条例》等。此外，根据《劳动法》和相关法律、行政法规的规定，人社部等国务院有关部门制定了劳动领域的部门规章 100 多部，31 个省、自治区、直辖市制定了劳动领域的地方性法规近 200 部、地方政府规章 100 多部。我国劳动法律制度体系不断得以丰富、完善。

二、劳动法的概念

劳动法有狭义与广义之分。狭义的劳动法仅指劳动法律部门的核心法律，即《中华人民共和国劳动法》。广义的劳动法是指调整劳动关系以及与劳动关系有密切联系的其他社会关系的法律规范的总和。

三、劳动法的调整对象

劳动法的调整对象主要是劳动关系。劳动关系是劳动法最主要、最重要的调整对象，但不是唯一的调整对象。劳动法还调整那些与劳动关系有密切联系的其他社会关系，即附随劳动关系。

（一）劳动关系

1. 劳动关系的概念

劳动关系由英文“labor relations”一词翻译而来，是指雇员与雇主之间在劳动过程中形成的社会经济关系的统称。我国劳动法所调整的劳动关系，是指用人单位招录劳动者为其成员，劳动者在用人单位的管理下提供劳动而产生的权利义务关系。

2. 劳动关系的特点

(1) 劳动关系的主体是特定的，一方是劳动力所有者和占有者，即劳动者；另一方是生产资料占有者和劳动力使用者，即用人单位。

(2) 劳动者与用人单位之间存在平等性和从属性。平等性是指劳动者和用人单位之间订立劳动合同遵循双方意思自治原则，由双方平等协商确定。从属性是指劳动者的地位从属于管理者，劳动者的组织关系、经济地位依赖于雇主，劳动者在工作环节上要服从用人单位的安排。

(3) 劳动者为实现用人单位的劳动过程而劳动。劳动关系是基于职业的、有偿的劳动而发生的。

3. 劳动关系与劳务关系的区别

在现实生活中，劳动关系与劳务关系都是劳动者以劳动力换取报酬的法律形式，两者极易混淆。劳务关系是指两个或两个以上的平等主体之间就劳务事项进行等价交换过程中形成的一种经济关系。当劳务关系一方是用人单位，另一方是自然人时，其外在表现形式与劳动关系非常相似。二者均是民事法律关系，且只有一字之差，但法律意义、法律后果却完全不同，具体表现如下：

(1) 双方当事人及其关系不同。

对于劳动关系而言，用工主体必须是用人单位且用人单位须为法人或组织，自然人不能以个人名义成为劳动关系中的用工主体，与用人单位相对应的另一方主体则必须是劳动者，且劳动者须为自然人；劳动关系的主体不能同时都是自然人，也不能同时都是法人或组织。劳动者必须加入用人单位，成为其中稳定的一员，并且遵守单位的规章制度，双方存在领导与被领导的关系。

对于劳务关系而言，主体范围非常广泛。当事人一方或双方既可以是法人，也可以是其他组织，还可以是自然人；被雇用主体一方则只需具有民事行为能力即可。劳务提供者与用工者之间不存在领导与被领导的人身隶属关系，是平等的民事主体关系。劳务提供者无须加入另一方，可自主决定工作方式。

(2) 劳动风险责任承担不同。

作为劳动关系当事人一方的用人单位组织劳动，享有劳动支配权，因而有义务承担劳动风险责任。作为劳务关系当事人一方的劳务提供者自行安排劳动，自己承担劳动风险责任。

(3) 劳动报酬的性质、支付方式不同。

基于劳动关系发生的劳动报酬是工资，具有按劳分配性质，支付方式特定化为一种持续、定期的支付，且有加班时间和加班工资支付的限制。基于劳务关系发生的劳动报酬是劳务费，其支付方式为一次性劳务价格支付，且没有上述限制。

（4）劳动者享有的权利不同。

劳动关系中，用人单位必须为劳动者依法缴纳社会保险费。除此之外，劳动者可以享受各种节假日，享有最低工资待遇，加班有加班工资，被辞退后还可主张经济补偿金等。劳务关系中，往往一方仅需给另一方支付报酬而无须承担其他任何义务。

（5）终止和解除的条件不同。

解除劳动关系应当符合《劳动法》及《劳动合同法》的规定。解除劳务关系的重要依据是双方当事人的约定。

（6）适用法律不同。

劳动关系由劳动法调整。发生争议时，应当到劳动争议仲裁委员会申诉。劳务关系则由民法调整，发生争议时可直接向法院提起民事诉讼。

案例 1-1　打工大学生是不是劳动者?	案例分析

4. 事实劳动关系

在形成劳动关系时，有一些是无书面合同或无有效书面合同而形成的劳动雇佣关系，或者口头协议达成的劳动雇佣关系，此时事实劳动关系的认定是非常重要的。

（1）事实劳动关系的概念。

事实劳动关系是指用人单位与劳动者没有订立书面劳动合同，但双方实际履行了劳动权利义务，从而形成的劳动关系。无书面形式的劳动合同是引起事实劳动关系发生的最主要的原因。《劳动合同法》赋予事实劳动关系合法地位，确认了劳动关系不依赖书面合同的存在而存在，扩大了劳动保护范围，对不签订劳动合同的雇主有了更大约束，更有利于维护劳动者的合法权益。

（2）事实劳动关系的认定。

根据《劳动和社会保障部关于确立劳动关系有关事项的通知》的规定，用人单位招用劳动者未订立书面劳动合同，但具备下列情形的，劳动关系成立：

1）主体合法。用人单位和劳动者符合法律、法规规定的主体资格。

2）劳动行为已经发生。用人单位和劳动者之间存在雇佣劳动的事实，而且劳动者提供的劳动是用人单位业务的组成部分。

3）从属关系已经形成。用人单位依法制定的各项劳动规章制度适用于劳动者，劳动者受用人单位的劳动管理，从事用人单位安排的有报酬的劳动。

4）欠缺形式要件。用人单位和劳动者之间没有签订书面劳动合同。

同时符合以上条件的，劳动者和用人单位之间成立的是事实劳动关系。

（3）事实劳动关系的举证。

用人单位未与劳动者签订劳动合同，认定双方是否存在劳动关系时可参照下列凭证：

1）工资支付凭证或记录（职工工资发放花名册）、缴纳各项社会保险费的记录。

2）用人单位向劳动者发放的“工作证”“服务证”等能够证明身份的证件。

3）劳动者填写的用人单位招工招聘“登记表”“报名表”等招用记录。

4）考勤记录。

5）其他劳动者的证言等。

其中，第1）、3）、4）项的有关凭证由用人单位负举证责任。用人单位招用劳动者符合事实劳动关系认定条件的，用人单位应当与劳动者补签劳动合同，劳动合同期限由双方协商确定。协商不一致的，任何一方均可提出终止劳动关系，但符合签订无固定期限劳动合同条件的劳动者如果提出订立无固定期限劳动合同，用人单位应当订立。用人单位提出终止劳动关系的，应当按照劳动者在本单位工作年限，每满一年支付一个月工资的经济补偿金。

（二）附随劳动关系

1. 附随劳动关系的概念

附随劳动关系是指与劳动关系有密切联系的其他社会关系。从性质上说，附随劳动关系不是劳动关系，但是它们和劳动关系的产生、运行和结果有关。由于这些关系都与劳动关系有着密切的联系，所以也是劳动法的调整对象。

2. 附随劳动关系的内容

与劳动关系的产生、运行和结果有关的附随劳动关系有：（1）劳动力的管理、组织、培训和中介活动；（2）执行社会保险（实现社会统筹的保险）；（3）工会活动和集体协商；（4）劳动法的监督检查；（5）劳动争议的处理。

3. 附随劳动关系的特点

（1）主体方面，一方是国家机关或者社会组织（工会、社会保险机构、就业服务机构），另一方是用人单位或劳动者。

（2）国家力量和社会力量的参与，是对劳动关系的一种保障。

（3）附随劳动关系的产生，具有法定性的特征。

四、劳动法的功能

法律最主要的功能就是维持公正。发生争议时，纠纷各方当事人都希望得到法律的公正对待。劳动法作为规范劳动关系的社会规则，具有以下功能。

（一）保障企业和劳动者双方合法权益

劳动法全面地规定了企业应当遵守的劳动标准和行为规范，对全面建立并实施劳动合同、劳动争议处理和劳动监察等重要制度作出了规范，是劳动者和用人单位维护自身权利的重要法律。在平等保护劳动关系双方主体利益的前提下，劳动法更突出对其中的弱者——劳动者予以重点保护，包括集体合同制度、经济补偿金制度、行使法定解除权的规定等，充分保护劳动者的合法权益，调动劳动者的劳动积极性和创造性。

（二）解决劳动争议

劳动法不仅规定了劳动关系中用人单位和劳动者的权利，还规定了实现这些权利的机制，包括企业内部调整机制和劳动争议处理机制。当劳动关系双方发生冲突和矛盾时，可以通过和解、调解、仲裁、诉讼等不同方式得到解决，使双方由矛盾、冲突达到统一、和谐，这是实现社会稳定的重要保障，也是民主法治的基本要求。

（三）帮助企业提升劳动生产率，促进社会生产力的发展

劳动法对大力开展技术革新与技术革命给予法律上的保障，推动劳动生产率的不断提高；通过确定劳动标准，如最低工资、最低就业年龄、工作时间和休息休假、社会保险以及安全卫生标准，并严格执行，不断改善劳动条件，加强劳动保护，从而促进企业劳动生产率的提高和社会生产力的发展。

【引例分析】首先，双方均认可张巍巍自2011年4月至2014年7月期间为电视台提供了摄像劳动，而且张巍巍持续、固定地为电视台提供了劳动，其提供的劳动系电视台工作的组成部分；其次，劳动报酬的支付周期、方式亦是确认劳动关系的依据，而电视台均未提供相关证据，且张巍巍的工作系电视台安排的有报酬的劳动。因此，双方之间的关系符合劳动关系的特征，法院据此确认双方之间存在劳动关系。

知识单元二　劳动法的渊源、体系和效力范围

引例

华南理工海归副教授因超生被开除案

【案情】蔡××，男，原华南理工大学（简称"华工"）化学与化工学院副教授。其在美国做博士后研究期间，与陪读的妻子在2007年12月生下第一胎。2009年9月，蔡××回国入职华工并迅速晋升为副教授。彼时，其妻已怀孕6个月，2010年1月生下第二个孩子。2013年11月19日，华工在接到举报，并咨询广州市人社部门的意见后，以蔡××夫妇违反《广东省人口与计划生育条例》及计划生育政策的相关规定为由，给予蔡××开除处分决定。而蔡××则认为，他属于留学身份，不适用穗计生函〔2006〕26号和粤人口计生委办函〔2006〕35号精神，而应当适用《出国留学人员生育问题规定》（国计生发〔2002〕34号）"夫妻双方在国外连续居住一年以上的留学人员，在国外生育或者怀孕后回中国内地生育第二个子女的，回中国内地后不予处理"的规定。

【问题】蔡××的情况是否属于超生？穗计生函〔2006〕26号、粤人口计生委办函〔2006〕35号是不是劳动法律？《广东省人口与计划生育条例》《出国留学人员生育问题规定》（国计生发〔2002〕34号）应如何选择适用？

在实际生活中，国家机关、公民和社会组织为寻求自身行为合法性的根据，需要了解具体法律的来源，即"法源"，也称法律渊源。

一、劳动法的渊源

（一）劳动法渊源的定义

法律渊源是指那些来源不同，具有不同法的效力作用和意义的法或法律的外在表现形式。劳动法的渊源就是由国家制定或认可的劳动法律规范的表现形式。

（二）我国劳动法渊源的种类

按照制定主体和效力层次的不同，劳动法的渊源可分为以下几个：

(1) 宪法中的有关规定。宪法中关于劳动问题的规定是我国劳动法的首要渊源。宪法中的有关规定是劳动法基本原则的依据，指导和规范劳动法的制定、修改和废止。宪法全面规定了劳动者的基本权利，如劳动权、报酬权、休息休假权、劳动安全卫生保护权、物质帮助权、培训权、结社权等。

(2) 劳动法律。这是指全国人民代表大会及其常务委员会依据宪法制定的调整劳动关系的规范，包括劳动法典、单项劳动法律和相关法律。其效力仅低于宪法。劳动法律是劳动法最主要的表现形式。

(3) 劳动行政法规。国务院为管理劳动事务，有权根据宪法和劳动法律制定调整劳动关系和各项劳动标准的规范性文件。其效力低于宪法和劳动法律，在全国具有普遍的法律效力。

(4) 国务院各部委制定的劳动规章。国务院组成部门依据劳动法律和劳动行政法规，有权在本部门范围内制定和发布规范性文件，其中关于调整劳动关系的规章，也是劳动法的渊源。

(5) 地方性劳动法规。各省、自治区、直辖市的人民代表大会及其常务委员会为管理本行政区域内的劳动事务，在不同宪法、劳动法律和劳动行政法规相抵触的前提下，可以制定和发布地方性劳动法规，报全国人民代表大会常务委员会、国务院备案或批准后生效。

(6) 我国政府批准的国际劳工组织通过的劳动公约和建议书。

(7) 最高人民法院有关司法解释。

以上不同形式的劳动法的渊源，所包含的现有立法形式见表 1-1。

表 1-1　　劳动法的渊源

法律渊源	具体法律制度
宪法	宪法中关于劳动问题的规定
劳动法律	《中华人民共和国劳动法》《中华人民共和国劳动合同法》《中华人民共和国就业促进法》《中华人民共和国社会保险法》《中华人民共和国工会法》《中华人民共和国职业病防治法》等
劳动行政法规	《中华人民共和国劳动合同法实施条例》《女职工劳动保护特别规定》《职工带薪年休假条例》《国务院关于职工探亲待遇的规定》《工伤保险条例》《全国年节及纪念日放假办法》《劳动保障监察条例》《国务院关于大力发展职业教育的决定》等
劳动行政规章	《国家统计局关于工资总额组成的规定》《关于贯彻执行〈中华人民共和国劳动法〉若干问题的意见》《国家机关、事业单位贯彻〈国务院关于职工工作时间的规定〉的实施办法》《女职工禁忌劳动范围的规定》《劳动部关于印发〈工资支付暂行规定〉的通知》《最低工资规定》《集体合同规定》等
地方性劳动法规	《上海市劳动合同条例》《山东省就业促进条例》《安徽省劳动力市场管理条例》《广东省劳动监察保障条例》等
国际公约	《2006 年海事劳工公约》《强迫或强制劳动公约》《禁止和立即行动消除最恶劣形式的童工劳动公约》等
司法解释	《最高人民法院关于审理劳动争议案件适用法律若干问题的解释》《最高人民法院关于行政诉讼证据若干问题的规定》等

二、劳动法的体系

劳动法的体系是指劳动法律规范按照一定的调整对象、规格和逻辑所组成的和谐统一、有机结合的现行法的系统。劳动法律规范作为“实在法”的细胞，以法律渊源的方式纵向展开，可以视为劳动法的表现形式；以法律制度的方式横向展开，可以视为劳动法的具体内容。劳动法的表现形式和劳动法的具体内容的有机统一，就形成了劳动法的体系。

（一）劳动法体系的纵向结构

各种劳动法按照效力等级的高低组成金字塔式的结构体系，如图 1-1 所示。按照立法法关于法的效力位阶原理，法可分为三类，即上位法、下位法和同位法。上位法是效力较高的法律，下位法是效力较低的法律；上位法高于下位法，后者不得与前者相抵触；同位法之间则具备同等效力，在各自的权限范围内施行。不同形式的劳动法律的效力位阶也同理。

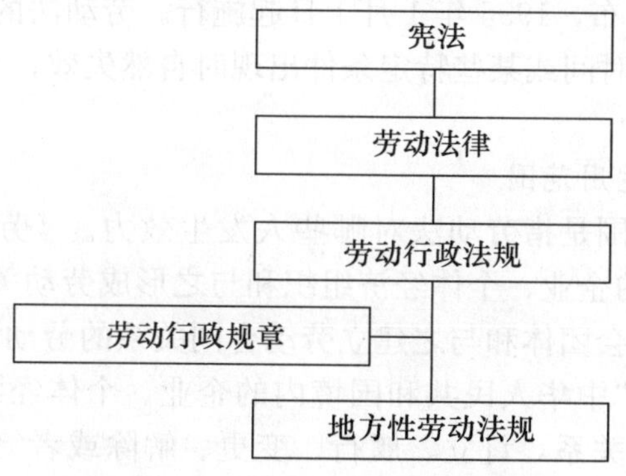

图 1-1　劳动法体系的纵向结构

（二）劳动法体系的横向结构

我国的劳动法律体系由下列劳动法律制度构成：（1）促进就业法律制度；（2）劳动合同制度（订立、履行、变更、解除）；（3）集体合同制度；（4）劳动标准制度，包括工作时间和休息休假制度、工资制度、劳动安全卫生制度等；（5）职业培训制度；（6）社会保险和福利制度；（7）女职工与未成年工保护制度；（8）工会和职工民主管理制度；（9）劳动争议处理制度；（10）劳动监督检查制度。如图 1-2 所示。

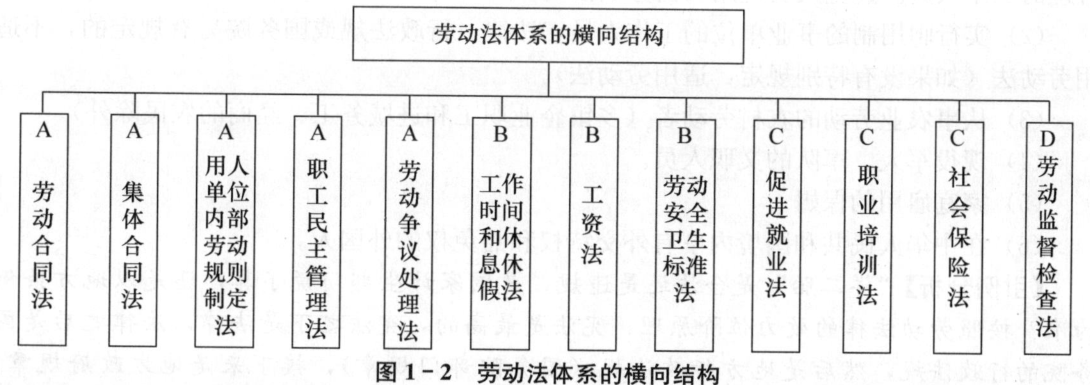

图 1-2　劳动法体系的横向结构

注：A 指劳动关系法，B 指劳动标准法，C 指劳动保障法，D 指劳动监督检查法。这是按照劳动法律规范的职能进行的分类。

三、劳动法的适用范围

（一）劳动法的空间适用范围

劳动法的空间适用范围即地域适用范围，与其制定主体及立法权限密切相关。在我国，不同形式的劳动法律的适用范围不同。全国人大及其常委会颁布的法律、国务院颁布的行政法规等统一适用于全国；地方性法规和地方政府规章适用于其管辖区内；民族自治地方人民代表大会制定的法规只适用于民族自治地方。

（二）劳动法的时间适用范围

劳动法的时间适用范围又称劳动法的时间效力，是指劳动法的生效和失效时间。劳动法律的生效时间，在颁布时采取两种方式规定：一种是自公布之日起生效；另一种是公布后并不立即生效，而是规定一个实施的时间，自实施开始时生效。如《中华人民共和国劳动法》1994 年 7 月 5 日公布，1995 年 1 月 1 日起施行。劳动法的失效时间也有两种情况：一种是法律本身规定失效时间或某些特定条件出现时自然失效；另一种是颁布新的法规后原有法规失效。

（三）劳动法对人的适用范围

劳动法对人的适用范围是指劳动法对哪些人发生效力。《劳动法》第 2 条明确规定："在中华人民共和国境内的企业、个体经济组织和与之形成劳动关系的劳动者，适用本法。国家机关、事业组织、社会团体和与之建立劳动合同关系的劳动者，依照本法执行。"《劳动合同法》第 2 条规定："中华人民共和国境内的企业、个体经济组织、民办非企业单位等组织与劳动者建立劳动关系，订立、履行、变更、解除或者终止劳动合同，适用本法。国家机关、事业单位、社会团体和与其建立劳动关系的劳动者，订立、履行、变更、解除或者终止劳动合同，依照本法执行。"劳动法对人的适用范围如下：

（1）在中国境内的企业、个体经济组织、民办非企业单位和与之形成劳动关系的劳动者。

（2）国家机关、事业组织、社会团体和与之建立劳动关系的劳动者。

依据我国现行法律规定，劳动法的适用范围排除了以下人员：

（1）国家机关的公务员、事业单位和社会团体中纳入公务员编制或者参照公务员进行管理的工作人员。这些人员适用《公务员法》。

（2）实行聘用制的事业单位的工作人员，法律、行政法规或国务院另有规定的，不适用劳动法（如果没有特别规定，适用劳动法）。

（3）从事农业劳动的农村劳动者（乡镇企业职工和进城务工、经商的农民除外）。

（4）现役军人、军队的文职人员。

（5）家庭雇用的保姆。

（6）在中华人民共和国境内享有外交特权和豁免权的外国人。

【引例分析】"洋二胎"是合法还是违规，是国家计生部门说了算，还是以地方条例为准？按照劳动法律的效力位阶原理，宪法是最高的，宪法之下是法律，法律之后是国务院的行政法规，然后是地方行政法规（国务院部门规章），接下来是地方政府规章，再下面才是其他规范性文件（红头文件）。这些不同的法律形式有不同的法律效力。

就本案而言，《出国留学人员生育问题规定》（以下简称《规定》）是由国家计生委制定的部门规章。《广东省人口与计划生育条例》（以下简称《条例》）是广东省的地方性法规。当部门规章与地方性法规不一致时，如何处理？根据《中华人民共和国立法法》第95条的规定，地方性法规与部门规章之间对同一事项的规定不一致，不能确定如何适用时，由国务院提出意见，国务院认为应当适用地方性法规的，应当决定在该地方适用地方性法规的规定；认为应当适用部门规章的，应当提请全国人民代表大会常务委员会裁决。就本案的情况而言，首先要确定《条例》有没有关于"洋二胎"的规定。如果《条例》没有明确的禁止性规定，而《规定》又没有跟国家法律相冲突的话，广东省就应该执行《规定》；如果《条例》有明确的规定，并与《规定》相冲突的话，则可能需要启动立法审查程序。

知识单元三　劳动法律关系

引例

不签订书面劳动合同，劳动者和用人单位之间有无劳动法律关系？

【案情】小王大学毕业后，千辛万苦，终于在甲公司谋得一份美差。上班不到半年，他却在一次出差时遇车祸骨折。小王要求公司给予工伤赔偿。甲公司却称，双方未签订劳动合同，小王不是公司员工，因而拒绝了他的索赔要求。小王找到劳动保障局的工伤认定部门，工伤认定部门要求小王出示他与甲公司存在劳动关系的证明，此时，小王才发现自己既没有与甲公司签订劳动合同，又没有任何证据证明自己与甲公司之间存在劳动关系。

法律关系是一种社会关系，但并不是所有的社会关系都是法律关系，只有为法律规范所确认和调整而形成的社会关系才上升为法律关系。劳动法对劳动关系的调整，使一般的劳动关系上升为法律关系，并在国家强制力的保证下，实现用人单位与劳动者之间法律上的权利与义务关系，从而使劳动关系得到发展。劳动法借助于劳动法律关系在人们生活中得以实现。

一、劳动法律关系的概念和特点

（一）劳动法律关系的概念

用人单位与劳动者依法建立劳动关系并订立劳动合同后，双方之间就形成了劳动法律关系。劳动法律关系是指劳动法调整劳动关系过程中所形成的劳动者与用人单位之间的劳动权利和义务关系。它是劳动关系在法律上的表现，是当事人之间发生的符合劳动法律规范、具有权利义务内容的关系。

（二）劳动法律关系的特点

（1）劳动法律关系是平等性与不平等性兼有的社会关系。劳动者与用人单位之间平等自愿地协商，以合同形式确立劳动关系，或者以协议来续延、变更、暂停、终止劳动关系，这表明劳动法律关系具有平等性。但劳动者和用人单位却处于形式平等但实质不平等的状态。劳动法律关系中的劳动者处于弱势地位，用人单位可以对劳动者的劳动过程发布指令并管理劳动者，劳动者必须服从，这使得劳动法律关系又具有不平等性。

(2) 劳动法律关系具有以国家意志为主导，同时也体现当事人意志的特征。劳动法律关系既体现着国家意志，即劳动法律关系必须按照劳动法律规范的具体要求形成，具有较强的国家干预性质；同时劳动法律关系也体现双方当事人的意志，是双方当事人意志协调的结果，运行过程离不开当事人的参与。但国家意志居于主导地位，当事人的共同意志必须符合国家意志且只能在符合国家意志的范围内发生作用。

【拓展阅读】

经劳动者同意，或者劳动者自愿放弃，用人单位是不是可以不交社会保险?

解答: 《劳动法》规定，用人单位有为劳动者缴纳社会保险的义务。因此，用人单位为劳动者缴纳社会保险是一种强制性的义务。这种强制性体现着国家意志，体现着国家对劳动关系领域社会保障活动的干预。用人单位和劳动者协商一致，或劳动者自愿放弃保险，是当事人自己的意志，而当事人的意志必须服从于国家意志，即当事人不能通过约定的方式排除此项规定。

(3) 只有纳入劳动法调整范围，并且符合法定模式的劳动关系，才能形成劳动法律关系。虽然纳入劳动法调整范围，但不符合法定模式的劳动关系，只能作为事实劳动关系存在。按照劳动法律规范缔结劳动合同是劳动关系成为劳动法律关系的前提。

二、劳动法律关系的要素

劳动法律关系的要素是指劳动法律关系不可缺少的组成部分，即构成劳动法律关系的必要因素。根据法学理论的“法律关系三要素说”，劳动法律关系由主体、客体和内容三个基本要素构成。缺少任何一个基本要素，都不能形成劳动法律关系。

(一) 劳动法律关系的主体

劳动法律关系的主体是指依劳动法享有权利与承担义务的劳动法律关系的参加者，包括劳动法律关系的直接参加者即劳动者和用人单位，也包括特殊情形下的劳动者的组织(工会、职工代表大会)以及政府。

1. 劳动者

劳动者必须是自然人。一般来说，凡是达到法定年龄，具有劳动能力，以从事劳动获取合法收入作为生活资料来源的公民都可称为劳动者。但在法律上，并不是所有中国境内的公民都是合法的劳动者，要成为合法的劳动者，必须具备一定的条件并具有劳动权利能力和劳动行为能力。只有同时具有劳动权利能力和劳动行为能力的劳动者，才能成为劳动法律关系的主体。

劳动权利能力是指劳动者依法享有劳动权利和承担劳动义务的资格和能力。根据《劳动法》的规定，我国公民自16周岁起具有劳动权利能力。劳动行为能力是指劳动者能够以自己的行为依法行使劳动权利和履行劳动义务的能力。劳动权利能力和劳动行为能力在存续时间上一致，始于劳动者最低用工年龄（除特种工作外为16周岁），终于法定退休年龄。劳动者年满16周岁即具有成为劳动法律关系主体的资格，达到法定退休年龄后即丧失劳动者主体资格。

【拓展阅读】

《劳动法》第15条

禁止用人单位招用未满十六周岁的未成年人。文艺、体育和特种工艺单位招用未满十六周岁的未成年人，必须遵守国家有关规定，并保障其接受义务教育的权利。

除了劳动年龄，劳动能力也是判断自然人是否具有劳动者主体资格的一个重要标准。劳动能力是人类进行劳动工作的能力。按照自然人身体健康程度和智力健全情况，可以对自然人的劳动能力进行分类，具体见表1-2。

表1-2　劳动者的劳动能力

劳动能力	情形
完全劳动能力	身体健康、智力健全
部分劳动能力	身有残疾不能提供正常劳动，但又没有完全丧失劳动能力
无劳动能力	身有残疾根本不能劳动（包括精神病人）

自然人的劳动能力可能会因工、因病或因伤等完全或部分丧失。部分丧失劳动能力的自然人，虽然身体衰弱、器官功能有障碍或肢体有残疾，但仍能从事一些轻微或力所能及的工作，还能成为劳动法律关系的主体。完全丧失劳动能力的自然人，已经不能从事任何强度的工作，丧失了劳动者主体资格。劳动关系存续期间劳动者部分或者全部丧失劳动能力的，劳动法律关系变更或解除。

是否丧失劳动能力由劳动能力鉴定委员会鉴定。对一个人从事体力工作的能力的鉴定，我国目前已有较为完善的标准。例如，《职工工伤与职业病致残程度鉴定标准》《职工非因工伤残或因病丧失劳动能力程度鉴定标准（试行）》《人体损伤致残程度分级》等，其中均有关于智力和精神伤残所致劳动能力丧失的标准。

不具有劳动能力的公民大体有四类：（1）未满16周岁的未成年人；（2）完全丧失劳动能力的残疾人；（3）精神病患者；（4）行为自由被剥夺者或受到特定限制者。

2. 用人单位

用人单位是指具有用人权利能力和行为能力，运用劳动力组织生产劳动，且向劳动者支付工资等劳动报酬的单位，包括中华人民共和国境内的企业、个体经济组织、民办非企业单位和国家机关、事业组织、社会团体等。

企业是指依法成立的，以营利为目的从事产品生产、流通或服务性活动，实行自主经营、自负盈亏、独立核算的法人或其他社会经济组织。凡是中华人民共和国境内的企业，不分所有制形式及经济形态，也不分组织形式，包括国有企业、集体所有制企业、私营企业、外商投资企业、混合所有制企业、股份有限公司、有限责任公司、合伙企业、个人独资企业等，都是劳动法意义上的用人单位。

个体经济组织是指依法取得个体营业执照，一般雇工在7人以下，从事工商业经营的家庭或户。民办非企业单位是指企业事业单位、社会团体和其他社会力量以及公民个人利用非国有资产举办的，从事非营利性社会服务活动的社会组织。个体工商户、民办非企业单位与其雇工之间建立劳动关系，订立劳动合同，可以成为劳动法律关系的主体。

国家机关是指从事国家管理或行使国家权力，以国家预算作为独立活动经费的中央和地方各级国家机关，包括：国家和地方权力机关、行政机关、审判机关和法律监督机关，各级人民法院和人民检察院、国家军事机关等。国家机关与其工勤人员（属于工人编制的人员）建立劳动关系，订立劳动合同，可以成为劳动法律关系的主体。

事业单位是指以公益为目的，由国家机关举办或者其他组织利用国有资产举办的，从事教育、科研、文化、卫生等活动的社会服务组织。社会团体是指由若干社会成员为了共同目的而自愿组成的各种社会组织。例如：社会经济团体，学术研究团体，文艺、体育工作团体等。事业单位、社会团体与其工勤人员、编制外人员，实行企业化管理的事业单位与其工作人员之间建立劳动关系，订立劳动合同，可以成为劳动法律关系的主体。

（二）劳动法律关系的客体

劳动法律关系的客体是指劳动法律关系主体双方的权利义务共同指向的对象。劳动法律关系中，用人单位和劳动者的具体需要是多方面的，因而法律关系的客体也是多种多样的。劳动法律关系的客体主要有以下四类：

（1）劳动行为，即劳动关系存续期间劳动者和用人单位在实现劳动过程中所实施的行为，包括劳动者的召集业务会议、参加生产劳动、接待顾客、推销产品等行为，也包括用人单位的分配报酬、奖惩员工等用工行为。

（2）劳动待遇，即各类财物，指劳动法律关系中体现双方当事人物质利益的实物与货币，如劳动工具、机器、生产场所、工资、奖金等。

（3）非物质财富，是指脑力劳动的知识性成果以及其他与人身相联系的非财产性财富，如商业秘密。

（4）劳动条件，是指劳动者完成劳动任务和保护安全健康所必需的物质技术条件。

（三）劳动法律关系的内容

劳动法律关系的内容是指劳动法律关系主体双方享有的权利和承担的义务，包括劳动权利和劳动义务。劳动权利是指劳动法主体依法能够为一定行为或不为一定行为，或者请求他人为一定行为或者不为一定行为，以实现其意志的可能性，包括劳动者的劳动权和用人单位的用人权。劳动义务是指劳动法主体根据法律规定，为满足权利主体的要求，在劳动过程中履行某种行为的必要性，包括劳动者的劳动义务和用人单位的用人义务。

1. 劳动者的权利和义务

（1）劳动者的权利。

《劳动法》对劳动者的权利进行了严格的规定与保护，以便能够让劳动者尽可能地免除后顾之忧，在权利受到损害时也能够有法律依据。劳动者的权利主要有以下几个：

1）就业权。

《劳动法》第3条中“劳动者享有平等就业和选择职业的权利”的规定，是宪法上的公民劳动权利的具体化。就业权是劳动权利的现实体现，只有保证劳动者享有平等就业和选择职业的权利，公民的劳动权利才能真正落实。就业权有以下三个层面的含义：

①获得职业权，是指具有劳动能力的公民有参加社会劳动的权利。

②选择职业权，是指劳动者根据自己的意愿、素质、能力、爱好以及现实情况选择职业，选择用人单位和工作岗位的权利。劳动者在劳动力市场上作为就业的主体，具有支配自身劳动力的权利。赋予公民选择职业的权利是社会进步的重要标志。

③平等就业权，是指劳动者享有平等地获得就业机会的权利。首先是任何公民都平等地享有就业的权利和资格，不因民族、种族、性别、年龄、文化、宗教信仰、经济能力等而受到歧视和限制；其次是在应聘某一职位时，任何公民都平等地参与竞争，任何人不得享有特权，也不得歧视任何人；最后是平等不等于同等，平等是指对于符合要求、符合特殊职位条件的人，应给予他们平等的机会，而不是不论条件如何都同等对待。

2）劳动报酬权。

劳动报酬权是指劳动者依照劳动法律关系履行劳动义务，享有的获得用人单位根据按劳分配的原则及劳动力价值支付的报酬的权利。工资是劳动报酬的主要形式，奖金和津贴是其组成部分。劳动报酬权是人权的重要内容之一，是劳动权利的核心。劳动报酬权具体表现为以下几点：

①按劳取酬的权利。劳动者有权依据提供的劳动量的大小和根据按劳分配的原则，取得应有的劳动报酬。

②在从事正常劳动的情况下，劳动者有取得国家规定的最低工资的权利。

③劳动者以货币的形式取得劳动报酬的权利。根据这一权利，用人单位不得以任何理由将劳动者的工资折算为商品或者其他实物支付。

④劳动者在法律规定的时间内足额领取劳动报酬的权利。根据这一权利，用人单位不得以任何理由或形式克扣或者拖欠职工工资。

⑤同工同酬的权利。技术和劳动熟练程度相同的劳动者在从事同种工作时，不分性别、年龄、民族、区域等，只要提供相同的劳动量，就获得相同的劳动报酬。

⑥提高劳动报酬的权利。用人单位有义务按照正常的工资调整机制，在劳动生产率提高的同时同步提高劳动者的劳动报酬。

3）休息权。

劳动者的休息权是指劳动者在履行劳动义务的同时依法享有的休息、休养的权利。休息权也是人权的基本内容之一。作为一项法定权利，休息权具体是指劳动者享有的使自己的体力和脑力得到恢复，以及得到闲暇以享受生活和获得充实与发展的、不受非法干涉和骚扰的权利。赋予劳动者休息权，其目的是保证劳动者的疲劳得以解除，体力和精神得以恢复和发展，以保证劳动者有条件进行业余进修和有一定的时间料理家庭和个人的事务。休息权的主要内容如下：

①休整权。即狭义的“休息权”，是指劳动者在连续工作一定时间（半个或者一个工作日以上）后所享有的暂停工作，进行歇息和整理的权利。它包括劳动者工作一定时间后吃饭、睡觉、临时歇息，以及处理临时个人事务的权利。它是劳动者在一天的工作期间内（非假期）的休整。

②休假权。即劳动者在连续工作一段时间（一周或更长时间）后所享有的停止工作一日以上，以休闲、处理家务及个人事务或参加进修、学习等的权利，是连续工作一段时间后较长时间的休整。

③休闲权。即“休养权”，是指劳动者通过积极的活动或者消极的静养等方式享受闲

暇的权利，其以休整权特别是休假权为前提和基础。

④安宁权。指居民的休息以及个人生活不受他人非法干涉和骚扰的权利。劳动者享有此项权利，是为劳动力再生产所必需。

4）获得劳动安全卫生保护的权利。

生命安全与身体健康是公民依法享有的基本权利，用人单位在为劳动者安排工作的时候，需要确保劳动者的安全得到保障。保证劳动者在劳动中的生命安全和身体健康，是对享受劳动权利的主体的切身利益最直接的保护，包括防止工伤事故和职业病。其具体要求有：

①用人单位按照国家劳动安全卫生规程的要求和标准，配备设施和发放用品。

②用人单位依法给女职工和未成年工以特殊保护。

③用人单位有责任为全体职工进行安全生产教育，并建立安全生产制度。

④用人单位劳动条件极为恶劣，以致危害劳动者身体健康的，劳动者有权拒绝。

⑤因用人单位劳动条件差致劳动者伤残、患职业病的，用人单位有义务治疗并承担费用。

⑥用人单位有责任在发展生产的基础上，不断改善劳动条件和提高劳保标准。

5）接受职业培训的权利。

职业培训是指对具有劳动能力的未正式参加工作的劳动者和在职劳动者进行技术业务知识和实际操作技能的教育和训练。劳动者有接受职业培训的权利，主要体现在：就业前，劳动者有权接受各种有关就业的专业知识和技能的培训，为就业做准备。就业后，劳动者有权利用业余时间参加学习，丰富知识和提升水平；劳动者有权获得与岗位有关的知识、技能方面的职业培训；劳动者有权获得职业培训证书或资格证书。用人单位有义务为劳动者提供多渠道、多形式的职业技能训练和培训，并为劳动者提供学习时间的保证。按规定由用人单位负担的费用，用人单位应当支付，已经由劳动者代付的，用人单位必须依法返还劳动者。用人单位应按工资总额的一定比例提取用于职工学习先进技术和提高文化水平的教育培训经费。

6）享受社会保险和福利的权利。

社会保险是国家和用人单位依照法律规定或合同的约定，对具有劳动关系的劳动者在暂时或永久丧失劳动能力以及暂时失业时，为保障其基本生活需要，给予物质帮助的一种社会保障制度。劳动者与用人单位建立劳动关系之后，用人单位有义务为劳动者办理缴纳社保。其主要内容有：享受退休待遇、患病或负伤费用及其待遇、因工负伤或职业病费用及其待遇、失业费用及其待遇、生育费用及其待遇等，以及请求兴建公共福利设施，获得休息、休养和疗养条件的权利。

7）提请劳动争议处理的权利。

提请劳动争议处理的权利是指劳动者有权在自己的合法权益受到侵害时，通过申请调解、提请仲裁和提起诉讼来排除侵害行为，并使由此而受到的损失得到补偿。《劳动法》第77条第1款规定：“用人单位与劳动者发生劳动争议，当事人可以依法申请调解、仲裁、提起诉讼，也可以协商解决。”《劳动争议调解仲裁法》第5条规定：“发生劳动争议，当事人不愿协商、协商不成或者达成和解协议后不履行的，可以向调解组织申请调解；不愿调解、调解不成或者达成调解协议后不履行的，可以向劳动争议仲裁委员会申请仲裁；对仲裁裁决不服的，除本法另有规定的外，可以向人民法院提起诉讼。”劳动争议处理的途径见图 1－3。

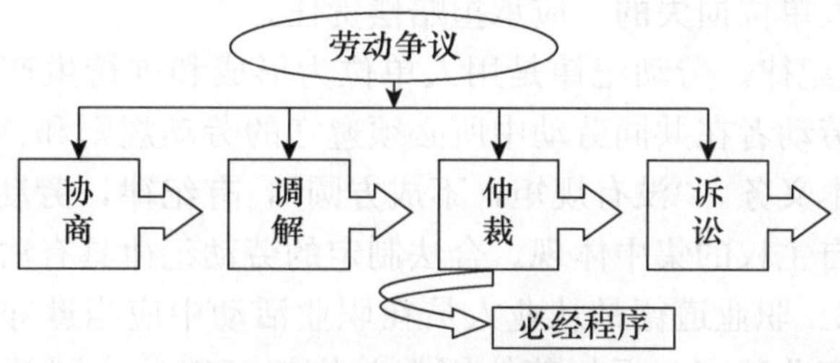

图 1－3　劳动争议处理的途径

提请劳动争议处理的权利具体包括：劳动者在行使提请劳动争议处理权时，依法享有选择争议处理途径和方式的权利；劳动者有请求劳动争议处理机构依法受理并处理争议的权利；当劳动者的合法权益遭受侵害，劳动者行使请求争议处理权，而处理机构又不依法受理时，劳动者有权检举和控告。劳动者提请劳动争议处理的权利，是劳动者其他各项基本权利实现的最有效的保障。

案例 1－2　劳动争议处理权的滥用——劳动者碰瓷为何能屡屡得逞	**案例分析**

8）结社权和集体协商权。

自由结社和集体协商权是劳动者权益保障的重要内容，它是所有劳动者以集体的形式对外表现的一种权利。结社权是指劳动者参加和组织工会的权利。我国《劳动法》第 7 条第 1 款规定：“劳动者有权依法参加和组织工会。”集体协商权又称集体谈判权，是指劳动者为保障自己的利益，通过工会或者其代表与雇主就劳动和就业条件进行协商谈判，并签订集体合同的权利。集体谈判是以制度方式化解矛盾，调整劳动关系的重要手段。

（2）劳动者的义务。

劳动者的义务是指对劳动者必须作出一定行为或不得作出一定行为的约束。权利和义务是密切联系的，任何权利的实现总是以义务的履行为条件，没有义务就无所谓权利。《劳动法》在保护劳动者基本权利的同时，也规定劳动者具有以下基本义务：

1）劳动者应当完成劳动任务。这是劳动者最主要的义务，也是强制性的义务。劳动者不能完成劳动任务，就意味着劳动者违反劳动合同的约定，用人单位可以解除劳动合同。

2）劳动者必须提高自身职业技能。劳动者享有接受职业技能培训的权利，同时也具有提高自身职业技能的义务，这也是对劳动者完成劳动任务的保障。

3）必须执行劳动安全卫生规程。劳动者在从事劳动的时候，享有获得劳动安全卫生保护的权利，但为了保护劳动者生命安全和身体健康，劳动者也有义务执行国家和用人单位制定的劳动安全卫生规程，以保证安全生产，保证劳动任务的完成。劳动者违反用人单位的操作规程导致用人单位损失的，应承担赔偿责任。

4）必须遵守劳动纪律。劳动纪律是用人单位为形成和维持生产经营秩序，保证劳动合同得以履行，要求劳动者在共同劳动中所必须遵守的劳动规则和秩序。宪法规定，遵守劳动纪律是公民的基本义务。“没有规矩，不成方圆”，有纪律，劳动才有秩序。制定劳动纪律是用人单位用工自主权的集中体现。合法制定的劳动纪律具有法律效力。

5）遵守职业道德。职业道德是从业人员在职业活动中应当遵守的道德，包括诚实守信、忠于职守、保守商业秘密、不与其他用人单位签订劳动合同等。如在签订劳动合同时，劳动者有义务就其与劳动合同直接相关的基本情况，向用人单位如实说明；劳动者有义务保守用人单位的商业秘密和与知识产权有关的事项等。

2. 用人单位的权利和义务

劳动者和用人单位作为劳动法律关系的双方当事人，其劳动权利和义务是相对应的，一方的劳动权利即为对方的劳动义务，一方的劳动义务即为对方的劳动权利。我国《劳动法》第 4 条和《劳动合同法》第 3 条、第 4 条、第 62 条对用人单位的权利和义务作出了规定。

（1）用人单位的权利。

1）招录员工的权利。用人单位有权按照国家规定和本单位需要择优录用职工，可以自主决定招工的时间、条件、数量和用工形式等。

2）组织劳动和管理员工的权利。用人单位有权按国家规定和实际需要确定机构设置、编制和任职资格条件，有权任免、聘用、管理员工，有权根据实际情况制定合理劳动定额，有权对劳动者进行职业技能考核，有权对职工进行内部调配和劳动组合，并对职工的劳动实施指挥和监督。

3）劳动报酬分配的权利。用人单位有权根据劳动者劳动技能的考核情况兑现不同的奖金薪酬，有权按国家规定确定工资分配办法，自主决定晋级增薪、降级减薪的条件和时间等。

4）建立和完善规章制度的权利。用人单位有权根据本单位的实际情况，在符合国家法律、法规的前提下制定各项规章制度，要求劳动者遵守。用人单位有权制定和实施劳动纪律，有权根据劳动法要求的劳动安全卫生标准制定本单位的劳动保护制度，要求劳动者严格遵守。

5）奖惩权。用人单位有权按照经过民主程序制定并经公示的规章制度对员工进行奖惩。

6）决定劳动法律关系存续的权利。用人单位有权与劳动者以签订协议的方式续订、变更、暂停或解除劳动合同，有权在具备法定或约定条件时单方解除劳动合同。

7）提请劳动争议处理的权利等。

（2）用人单位的义务。

用人单位的义务主要包括以下方面：

1）依法录用、分配、安排员工工作，合理使用职工的义务。

2）按照劳动质量、数量支付劳动报酬、加班费、绩效奖金，以及提供与工作岗位相关的福利待遇的义务。

3）执行国家劳动标准，提供和改善相应的劳动条件，做好劳动保护的义务。

4）对员工进行岗位培训，加强员工思想、文化和业务教育的义务。

5）保障工会和职工代表行使职权的义务。

6）执行劳动法律法规、规章、政策和劳动标准的义务。

7）服从劳动行政部门管理和监督的义务。

三、劳动法律关系的产生、变更、暂停和消灭

（一）劳动法律关系产生、变更、暂停和消灭的概念

1. 劳动法律关系的产生

劳动关系是劳动法律关系产生的基础，劳动法律关系则是劳动关系在法律上的反映。《劳动合同法》第7条规定："用人单位自用工之日起即与劳动者建立劳动关系。"劳动者与用人单位建立用工关系，依据劳动法律规范，通过签订劳动合同，明确相互间的权利义务，就形成劳动法律关系。

2. 劳动法律关系的变更

因一定的客观情况出现而引起法律关系中某些要素的变化，劳动法律关系即发生变更。劳动者、用人单位可以通过双方协商，也可以依据劳动法律规范单方决定，或者依据行政决定、仲裁裁决或法院判决，变更其原来确定的权利义务内容。劳动法律关系的变更一般是由变更工作地方、工种和工作职务的劳动法律事实而引起的。

3. 劳动法律关系的暂停

现实中，如果发生劳动者停薪留职、借调职工、职工涉嫌违法犯罪被暂时拘留等情况，劳动法律关系就不能正常运行，但又不符合劳动法律关系消灭的条件。在此种情形下，劳动法律关系中的权利义务处于有期限的停止状态。这种状态称作劳动法律关系的暂停，即劳动法律关系在存续的过程中，双方当事人之间的主要权利义务依法在一定期限内暂停行使和履行，待暂停期限届满后恢复以前的正常状态。

4. 劳动法律关系的消灭

劳动法律关系的消灭，就是劳动权利义务关系的消灭，是指劳动者同用人单位依据劳动法律规范，终止其相互间的劳动权利义务关系，包括劳动法律关系依法解除、依法终止。

（二）劳动法律关系产生、变更和消灭的法律事实

法律关系的产生、变更和消灭，必须基于一定的客观情况才能发生。依法引起法律关系产生、变更、消灭的情况，称作法律事实。劳动法律事实是指劳动法律规范规定的能够引起劳动法律关系产生、变更和消灭的客观情况。以是否以人的意志为转移为标准，劳动法律事实可以分为劳动法律事件和劳动法律行为。

劳动法律事件是指与当事人意志无关，能引起劳动法律关系产生、变更和消灭的客观现象。法律事件又分为社会事件和自然事件两种。自然事件是指其发生与人类的活动完全无关的事实，社会事件虽然与人的活动有关，但却不为人的意志所控制。前者如人的生老病死、自然灾害，后者如社会革命、战争、罢工等。劳动法律事件对于特定的劳动法律关系主体（当事人）而言都是不可避免，是不以其意志为转移的。

法律行为是人有意识的活动。劳动法律行为作为法律事实而存在，能够引起劳动法律

关系形成、变更和消灭。例如：劳动者的辞职行为会引起劳动法律关系的消灭。法律行为根据不同的标准可分为善意行为和恶意行为、合法行为与违法行为。引起劳动法律关系消灭的合法行为有劳动合同期限届满、约定的劳动合同终止条件出现、员工违反劳动纪律被除名、员工完全丧失劳动能力等。

【引例分析】本案中小王与甲公司之间并无劳动法律关系，因为他们之间没有按照法律的规定签订书面劳动合同，不符合劳动法律关系成立的条件。

操作技能

任务　认识劳动关系管理

劳动法是以劳动关系为主要调整对象的综合性法律。劳动关系是生产关系的重要组成部分，是最基本、最重要的社会关系之一。对劳动关系实施依法管理，可以使劳动关系双方（企业与员工）的行为得到规范，权益得到保障，进一步提升企业人力资源管理水平乃至企业综合实力。作为一名人力资源管理人员，必须学习和掌握专业的劳动关系和劳动法等知识，并能结合具体的案例分析，帮助企业制定科学的管理制度和掌握劳动关系管理技能，并与员工建立和谐健康的劳动关系。

一、劳动关系管理的意义

作为连接劳动者和用人单位的纽带，劳动关系是否和谐，事关广大员工和企业的切身利益，事关经济发展与社会和谐。用人单位必须注重并处理好与员工的劳动关系，将劳动关系的和谐稳定作为人力资源管理的基本定位。

（一）有利于企业防范各种用工风险，有效控制劳动争议，提升企业的竞争力

科学的劳动关系管理，能够帮助企业建立与员工沟通的良好体制，降低员工出现不满情绪的概率，形成和谐的劳动关系，进而规避出现劳动争议的风险。处理好劳动关系，创造公平竞争的工作环境，保障劳动者的合法权益，可以使劳动者安心付出，提升劳动者对企业的忠诚度和向心力，并进一步提升企业的竞争力。企业只有处理好劳动关系，充分承担其应有的社会责任，才能为社会的和谐稳定作出贡献。如果企业连员工的安全、健康都保障不了，侵犯劳动者的身体健康和尊严、人格，企业本身就失去了存在的意义。

（二）有利于保护劳动者的合法权益

规范地进行劳动关系管理，有利于合理及时地处理劳动争议，提高当事人的法制观念，保证劳资双方的合法权益。劳动关系的顺畅运行，有利于用人单位建立正常的生产经营秩序，减少侵犯劳动者权益情况的发生。劳动关系管理的实质，是对企业和员工的冲突与合作关系进行规范化的约束。对人的管理必须更加规范、合法、合理，要切实关注并保护劳动者的合法权利，这是劳动关系管理的必然要求。

（三）有利于管理者提升职业技能，促进职业生涯发展

管理者学会了正确处理企业与劳动者之间的关系，管理科学规范，体现出管理者自身

的专业素养，将会使劳动者心悦诚服。若管理者的管理范围内劳动纠纷频发，势必影响其职业发展。只有处理好劳动关系，才能实现管理者和劳动者的共赢。

二、企业中劳动关系管理的具体工作内容

为维护和谐稳定的劳动关系，我国已初步形成了以《劳动法》和《劳动合同法》以及相关法律法规为主体的调整劳动关系的法律法规体系，建立了劳动合同制度、集体合同制度、三方协商机制、劳动标准体系、劳动争议处理机制和劳动监察制度等劳动管理制度。劳动关系管理既包括传统的签订劳动合同、处理劳动争议等常规内容，也包括特殊用工形式的管理、劳资利益平衡的管理等新情况。

（一）劳动合同的管理

劳动法律关系中，最主要的一种形式是劳动合同关系。在实际的人力资源管理工作中，用人单位招聘员工后，都会与员工签订劳动合同。双方根据合法有效的劳动合同维护自身合法权益，履行各自的义务，维护双方的劳动关系。劳动合同管理是劳动关系管理的核心内容。根据劳动合同运行的基本流程，劳动合同管理的主要内容有：劳动合同制度在企业的制定与实施，劳动合同书和各类专项协议的拟订，员工入职管理与劳动合同的签订，调岗调薪与劳动合同的变更操作和各类变更文书的拟订，暂时离岗与劳动合同的中止操作和相关文书的拟订，解除、终止劳动合同的操作和相关文书的拟订、发出等。具体见图1-4。

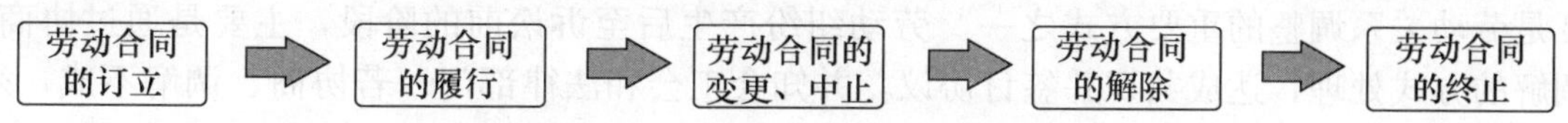

图1-4　劳动合同管理的主要内容

（二）劳资利益平衡管理

协调和促进劳资利益平衡，是法律规定劳资双方法律责任的主要考量。在现有的劳动法律的基本格局中，法律侧重于对劳动者的保护，企业为此需要承担更多的义务和责任。其具体内容包括：经济补偿金、损害赔偿金、违约金的赔偿与使用、对劳动关系进行检查与干预的劳动监察制度等。

（三）集体合同与集体协商管理

集体合同与集体协商管理是劳动关系管理的重要组成部分，也是促进劳动关系稳定和和谐发展的重要制度保障，包括：集体协商制度在企业中的制定与实施，集体谈判的实施，集体合同的起草与拟订，集体合同草案的报备等。

（四）劳动标准实施管理

劳动标准体系是指由劳动领域内各类劳动标准包括最低工资标准、工时标准、社会保险标准等所组成的有机整体，它为合理确定劳动关系双方权利、义务打下了基础。劳动关系建立和运行中的有关标准，为协调处理劳动关系提供了法律依据和操作程序依据，对维护劳动者与用人单位双方合法权益有着重要作用。劳动标准实施管理包括：薪资管理、工作时间和休息休假管理、劳动安全卫生和劳动保护标准管理、特殊福利待遇管理等。

（五）特殊用工模式的管理

劳务派遣作为一种新的用工方式，因其灵活性得到用人单位的认可，被非常多的用人

单位所使用。在这种新的用工模式下，劳动者和用人单位之间的关系不同于一般的劳动关系，具有特殊性。从广义上说，劳动关系管理应当包括劳务派遣用工管理的内容。除此之外，还有非全日制用工等特殊用工模式的管理。

（六）内部劳动规章制度管理

劳动规章制度是企业依法依规制定的企业内部的劳动管理制度。劳动规章制度管理是企业劳动关系调节的重要形式。内部劳动规章制度管理包括：劳动关系领域的政策法规的收集与掌握；内部规章制度的制定、修改和完善，以及涉及劳动报酬、工作时间、休息休假、劳动纪律等有关劳动者切身利益事项的规章制度的民主程序；规章制度的公示；正确运用规章制度等。

（七）员工民主管理

和谐的劳动关系应当是民主型的。员工民主管理是指员工依法直接或间接参与管理（员工代表大会是基本形式）所在单位内部事务。其在协调劳动关系中的作用，主要表现为员工意志对用人单位意志的影响和制约，用人单位意志对职工意志的吸收和体现，从而使劳动关系建立在民主的基础上。员工民主管理属于劳动关系管理中的纵向协调；劳动合同和集体合同管理属于劳动关系管理中的横向协调。员工民主管理具体包括：信息公开制度的制定与实施；以员工代表大会为代表的员工民主参与等内容。

（八）劳动争议管理

对已经出现的劳动争议进行处理，是劳动关系管理的必然内容之一。劳动争议处理制度是劳动关系调整的重要方式之一。劳动纠纷产生后至诉讼前的阶段，主要是通过协商、调解的方式处理，达成共识并签订协议，并知会工会和法律部门。若协商、调解不成，须通过仲裁、诉讼的方式解决。

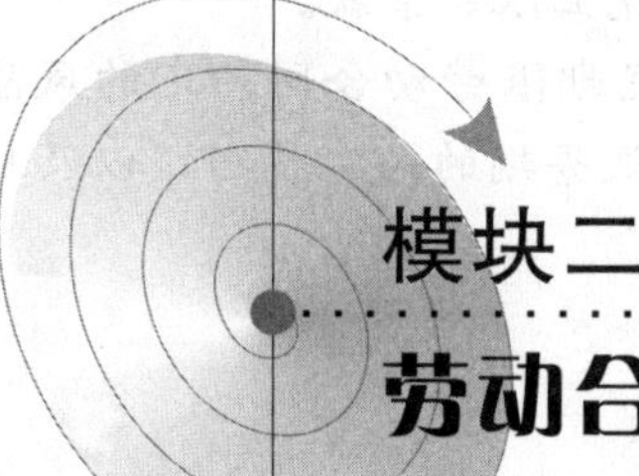

模块二 劳动合同基本法律制度

导学

劳动合同制度是指专门规范劳动合同的制度，是我国劳动关系的主要调整机制。用人单位与员工建立用工关系之后，通过签订劳动合同，保障劳动者的择业自主权和用人单位的用人自主权，平衡双方的利益关系，从而实现劳动关系的和谐稳定。本模块主要介绍劳动合同的法律知识，如劳动合同的特征、劳动合同的作用、劳动合同的内容和劳动合同的形式等。

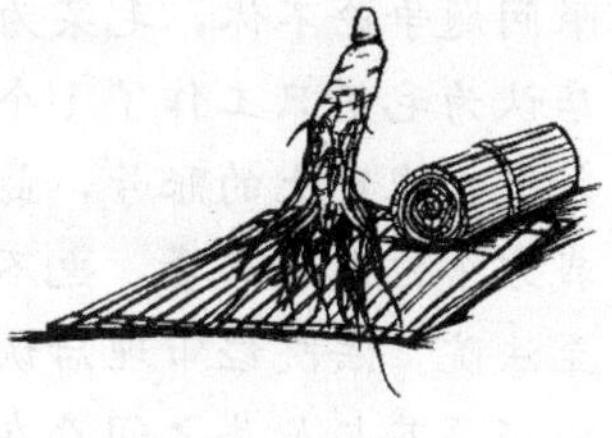

知识要点

1. 劳动合同的概念、特征、作用和分类。
2. 劳动合同必备条款和商定条款的主要内容。
3. 无固定期限合同签订的条件和情形。
4. 试用期的约定规则。
5. 培训服务期的约定规则。
6. 商业秘密的含义以及保密条款或协议的约定规则。
7. 竞业限制的含义以及竞业限制条款或协议的约定规则。
8. 劳动合同的形式，口头劳动合同的效力。

能力目标

1. 具备劳动合同管理的基本技能：能对劳动合同的条款是否齐备进行判断，具有对劳动合同内容是否合法进行初步审查的基本技能；会针对劳动者的不同情况，决定是否适用无固定期限劳动合同条款、试用期条款、培训服务期条款和竞业限制条款。

2. 具有劳动关系管理的风险意识和防范技巧：具有无固定期限劳动合同约定的风险防范意识，具有试用期约定和管理的风险防范能力，掌握培训服务期的约定技巧，以及从劳动人事层面避免公司商业秘密外泄的防范技巧等。

理论知识

知识单元一　劳动合同概述

引例

劳动合同未留存　发生纠纷维权难

【案情】2014 年 8 月，毛某在平阳县一家体育用品店工作已满三年，双方约定月工资 2 200 元，签订有书面劳动合同，但被店主拿走。2015 年 5 月，因单方面原因该店停止经营，致使劳动合同不能继续履行，因此，毛某要求该店支付经济补偿金。但双方就工作年限问题争论不休，毛某为证明自己在店里工作已满 3 年，提交了银行流水账目为证。而该店认为毛某只工作了 1 个月，双方从未签过劳动合同，并对银行流水账目提出质疑："银行流水账目上的账号，最多能证明他与别人有款项往来，和我的店没有关系，这不能证明我方给他发放工资，也不能证明我们在 2011 年 4 月已建立劳动关系。"该案先经仲裁，后至法院。法院经审理后认为，由于毛某无法提供劳动合同及社保缴纳情况，现有证据不足以证明其与原告之间存在劳动关系。

资料来源：http://py.66wz.com/system/2015/06/05/012034143.shtml.

一、劳动合同的概念

劳动合同亦称劳动契约，是指劳动者与用人单位依据法律建立劳动关系的书面法律凭证，是明确企业与员工之间权利义务的书面文件。劳动合同是确立劳动关系的法律形式，是产生劳动法律关系的法律事实。《劳动法》第 16 条规定："劳动合同是劳动者与用人单位确立劳动关系、明确双方权利和义务的协议。建立劳动关系应当订立劳动合同。"

我们一般所说的"劳动合同"有狭义和广义之分，狭义的劳动合同仅指为建立劳动法律关系而签订的合同，而广义的"劳动合同"除前者外，还包括集体合同（集体合同以劳动合同为前提条件）。如果没有特殊指明，本模块中所说的是狭义的劳动合同。

二、劳动合同的特征

与民事合同、行政合同相比，劳动合同具有如下特征：

(一) 主体具有特定性和从属性

劳动合同的一方是用人单位，另一方是劳动者，且双方在实现社会劳动过程中形成了支配与被支配、领导与被领导的从属关系。

(二) 具有诺成、有偿、双务的特性

(1) 诺成性是指双方就劳动合同条款内容依法协商达成一致意见，劳动合同即成立。

(2) 有偿性是指劳动者承担和完成用人单位分配的工作任务，用人单位享受劳动者的劳动成果，并支付给劳动者对价即劳动报酬，依法为劳动者缴纳社会保障费。

(3) 双务性是指双方主体都享有权利、承担义务。劳动者履行劳动合同约定的义务，通过劳动获得劳动报酬；用人单位有权利也有义务组织和管理本单位劳动者的劳动，并有权在法律允许的范围内对本单位的劳动者进行奖励和处罚。

(三) 其目的在于劳动过程的实现，而不单纯是劳动成果的给付

劳动者是按照用人单位的指令，在用人单位提供生产条件、原材料和生产设备的前提下进行劳动。劳动者只对劳动过程负责，而不对劳动过程之外的劳动结果负责。劳动合同的目的在于确立劳动关系，使劳动过程得以实现。

三、劳动合同的作用

(一) 劳动合同有助于建立稳定和谐的劳动关系

劳动合同明确双方当事人的权利义务。只要签订了劳动合同，就对双方产生较强的约束力。员工在进行某项行为，如旷工、擅自离岗、自动离职时，往往会考虑到劳动合同对其的约束，自觉按照合同约定处理。同时，劳动合同更注重对劳动者合法权益的保护，被誉为劳动者的“保护伞”，为构建与发展稳定和谐的劳动关系提供法律保障。

(二) 劳动合同是企业进行人力资源管理的重要手段和工具

用人单位可以根据自身经营情况和实际需要，决定不同的用工模式和岗位设置条件，录用不同人员，签订不同类型和不同期限的劳动合同，发挥劳动者的特长，合理使用劳动力。因此，劳动合同可以促进劳动力资源的合理配置。

(三) 劳动合同是处理劳动争议的法律依据

劳动合同是企业与员工双方共同的意思表示，一经成立，就约束双方当事人。劳动合同当事人在履行合同过程中，由于对劳动合同条款的认识不同，或者因为其他原因，难免发生争议。在处理这些争议时，争议处理机关就应当在查明事实真相的情况下，依照合同和法律的规定，判断是非曲直，明确当事人的责任。

四、劳动合同的种类

按照不同的标准，劳动合同可以划分为不同的种类。

(一) 固定期限劳动合同、无固定期限劳动合同和以完成一定工作为期限的劳动合同

这是按照劳动合同期限的不同所作的分类。劳动合同期限是双方当事人相互享有权利、履行义务的时间界限，即劳动合同的有效期限。

(1) 固定期限劳动合同。这是指双方当事人约定了合同有效的起止日期的劳动合同。用人单位与劳动者协商一致，可以订立固定期限劳动合同。固定期限可以是较短的半年、2年，也可以是较长的5年、10年。

（2）无固定期限劳动合同。这是指规定了合同的生效日期，没有规定合同终止日期的劳动合同。无确定终止时间，是指劳动合同没有一个确切的终止时间，劳动合同的期限长短不能确定，但并不是没有终止时间。这种合同适用于工作保密性强、技术复杂，又需要保持人员稳定的岗位。

【拓展阅读】

无固定期限合同是否等于“铁饭碗”“保险箱”？

解答：根据《劳动合同法》第14条的规定，无固定期限劳动合同是指用人单位与劳动者约定的无确定终止时间的劳动合同。合同生效后，除非法定或约定的终止条件得以满足，劳动合同将持续有效，双方当事人就要继续履行劳动合同规定的义务。这类合同相对长期稳定。但无固定期限劳动合同并不是“终身制”，不能终止和解除，它只是有明确的建立时间而没有明确的终止时间。如果劳动者存在《劳动合同法》第39条、第40条第1项和第2项规定的情形之一，用人单位可以与劳动者解除无固定期限劳动合同。

（3）以完成一定工作为期限的劳动合同。这是指当某项工作或工程完成后，劳动合同自行终止。不少农民工与建筑施工队都签订这类劳动合同。以完成一定工作为期限通常包括：以完成单项工作任务为期限、以项目承包方式完成承包任务为期限、因季节原因临时用工。

（二）全日制用工劳动合同、非全日制用工劳动合同

这是按照就业方式的不同所作的分类。

（1）全日制用工劳动合同。这是指劳动者按照国家法定工作时间，从事全职工作的劳动合同。

（2）非全日制用工劳动合同。它又称部分时间劳动合同，是指劳动者按照国家法律规定，从事部分时间工作的劳动合同。

（三）书面劳动合同、口头劳动合同

这是按照劳动合同存在形式的不同所作的分类。

（1）书面劳动合同又称要式劳动合同，是指以法定的书面形式订立的劳动合同。

（2）口头劳动合同又称非要式劳动合同，即由劳动关系当事人以口头的形式订立的劳动合同。

（四）个人劳动合同、集体劳动合同

这是按照劳动者人数的不同所作的分类。

（1）个人劳动合同一般由劳动者个人与用人单位签订。劳动者为二人的劳动合同仍属此类。

（2）集体劳动合同是指三个或三个以上劳动者（派代表）与用人单位签订的劳动合同。集体劳动合同是经全体职工或者职工代表大会讨论同意后，由工会或者职工委托的代表与用人单位为规范劳动关系订立的，是以全体劳动者的劳动条件和生活条件为主要内容的协议。

【引例分析】劳动合同是确定双方权利义务的重要凭据。在实践中，很多劳动者未与

用人单位签订书面劳动合同，或签订劳动合同后用人单位不将本应由劳动者持有的那份合同交予劳动者，从而使劳动者无法就劳动关系的存在提供充分证据证明。用人单位一旦予以否认，劳动者将无法举证证明当初双方的约定，因此承担举证不能的不利后果。劳动者不仅要主动积极要求与用人单位签订劳动合同，并且要保留好劳动合同，以便维护自身的合法权益。

知识单元二　劳动合同的内容

引例

入职协议是不是劳动合同？

【案情】李某于2018年2月经朋友介绍到被告某公司上班。李某报到当天，公司人力资源部经理就工资待遇、劳动合同期限、养老保险、工作内容等与李某进行了磋商。在磋商完毕后，人力资源部经理将双方磋商的内容形成入职协议，并约定本协议可代替劳动合同，李某在协议上签名。2018年7月，公司为了进一步明确双方之间的权利义务，在原入职协议的基础上，就双方未协商或者已协商条款再次细化，主动提出与劳动者签订正规劳动合同。李某因劳动合同期限问题未能与公司协商一致，双方未能签订正规劳动合同。后李某以双方未签订劳动合同为由申请仲裁要求公司支付双倍工资，被仲裁驳回。

劳动合同的内容，是指劳动合同双方当事人在合同中约定的权利义务。劳动合同的内容具体表现为劳动合同的条款。根据《劳动合同法》第17条的规定，劳动合同应当具备以下条款：（1）用人单位的名称、住所和法定代表人或者主要负责人；（2）劳动者的姓名、住址和居民身份证或者其他有效身份证件号码；（3）劳动合同期限；（4）工作内容和工作地点；（5）工作时间和休息休假；（6）劳动报酬；（7）社会保险；（8）劳动保护、劳动条件和职业危害防护；（9）法律、法规规定应当纳入劳动合同的其他事项。除上述规定的必备条款外，用人单位与劳动者还可以协商约定试用期、培训、保守秘密、补充保险和福利待遇等其他事项。《劳动合同法》规定了劳动合同的必备条款和可备条款，使劳动合同的内容更加明确、全面、具体，更好地规范双方的权利义务。

一、劳动合同的必备条款

必备条款也称法定条款，是指依照法律规定劳动合同应当具备的条款。根据《劳动合同法》第17条的规定，劳动合同应具备以下条款。

（一）用人单位的名称、住所和法定代表人或者主要负责人

此条款是为了明确劳动合同中用人单位一方的主体资格，以确定其当事人的身份。用人单位的名称应当是全称。住所应当以公司实际注册地为准，即以法人登记证书或者营业

执照上登记的地址为准。这一方面在未来发生劳动争议时可以依此来确定仲裁或诉讼的管辖，另一方面当用人单位住所地与劳动合同的履行地不一致时，可帮助确定劳动者的劳动标准事项。

（二）劳动者的姓名、住址和身份证或其他有效证件号码

此条款是为了明确劳动合同中劳动者一方的主体资格，确定其当事人的身份。信息必须填写清楚，防止出错和提供虚假信息。如若将身份证号码、姓名、地址等填写错误，公司可以以劳动者提供虚假信息为由单方面解除劳动合同并且不用给予补偿。

（三）劳动合同的期限

签订劳动合同必须明确期限的长短。合同期限不明确则无法确定合同何时终止，如何给付劳动报酬和经济补偿等，易引发争议，因此一定要在劳动合同中明确双方签订的是何种期限的劳动合同。为了充分保护劳动者的合法权益，《劳动合同法》特别规定了几种可签订无固定期限合同的情形：

（1）可以签订。用人单位与劳动者协商一致，可以订立无固定期限劳动合同。秉承着平等自愿、协商一致的原则，只要用人单位和劳动者协商一致，不论工龄长短，哪怕是新员工，只要没有采取胁迫、欺诈、隐瞒事实等非法手段，就可以订立无固定期限劳动合同。

（2）必须签订。劳动者提出或者同意续订劳动合同的，用人单位应当与劳动者订立无固定期限劳动合同。根据《劳动合同法》第 14 条的规定，有下列条件之一，劳动者提出或同意续订、订立劳动合同的，除劳动者提出订立固定期限劳动合同外，应当订立无固定期限劳动合同：

1）劳动者在该用人单位连续工作满十年的。

2）用人单位初次实行劳动合同制度或者国有企业改制重新订立劳动合同时，劳动者在该用人单位连续工作满十年且距法定退休年龄不足十年的。

3）连续订立二次固定期限劳动合同，且劳动者没有《劳动合同法》第 39 条和第 40 条第 1 项、第 2 项规定的情形，续订劳动合同的。

【拓展阅读】

我在单位已工作十年，在续订劳动合同时我要求将期限定为无固定期限，但单位称签不签无固定期限劳动合同由单位说了算。单位的说法对吗？

解答：《劳动合同法》第 14 条规定了必须签订无固定期限劳动合同的情形。在此情形下，续订劳动合同意愿的主动权掌握在劳动者手中，只要满足法定条件，经劳动者提出，用人单位就不能拒绝签订无固定期限劳动合同。劳动者提出续签无固定期限劳动合同的，用人单位应当同意并续签，否则属于违法终止劳动合同。那种认为是否签订无固定期限劳动合同由单位说了算的认识是错误的。

（3）视为签订。用人单位自用工之日起满一年不与劳动者订立书面劳动合同的，视为用人单位与劳动者已订立无固定期限劳动合同。这是为了规范用人单位的用工行为。

（四）工作内容和工作地点

工作内容是指劳动者具体从事什么种类或者内容的劳动，包括劳动者所从事工作的工

种、岗位、职务，劳动者在生产劳动或工作中所应达到的数量指标、质量指标等。它是用人单位使用劳动者的目的，也是劳动者通过自己的劳动取得劳动报酬的原因。该条款是劳动合同的核心条款之一，是建立劳动关系的极为重要的因素。

工作地点是劳动合同的履行地，是劳动者从事劳动合同中所规定的工作内容的地点，它关系到劳动者的工作环境、生活环境，以及劳动者的就业选择，劳动者有权在与用人单位建立劳动关系时知悉自己的工作地点，所以这也是劳动合同中必不可少的内容。

【拓展阅读】

单位所在地和实际工作地点不一致时，劳动标准如何确定?

解答： 劳动合同履行地与用人单位注册地不一致的，有关劳动者的最低工资标准、劳动保护、劳动条件防护和本地区上年度职工月平均工资标准等事项，按照劳动合同履行地的有关规定执行；用人单位注册地的有关标准高于劳动合同履行地的有关标准，且用人单位与劳动者约定按照用人单位注册地的有关规定执行的，从其约定。

（五）工作时间和休息休假

工作时间又称劳动时间，是指法律规定的劳动者在一昼夜（工作日）和一周内（工作周）从事劳动的时间。工作时间包括工作时间的长短、工作时间方式的确定，如是8小时工作制还是6小时工作制，是日班还是夜班，是标准工时制、不定时工作制还是综合计算工时制。工作时间对劳动者的就业选择、劳动报酬等均有直接的影响，因此成为劳动合同不可缺少的内容。工作时间可以由双方在合法的前提下在劳动合同中直接约定。

休息休假是指用人单位的劳动者按规定不必进行工作而自行支配的时间。休息休假的权利是劳动者的基本权利。《劳动法》第38条规定：“用人单位应当保证劳动者每周至少休息一日。”休息休假的具体时间根据劳动者的工作地点、工作种类、工作性质、工龄长短等各有不同，用人单位与劳动者在约定休息休假事项时应当遵守劳动法及相关法律法规的规定。

【劳动关系管理文书范本 2-1】

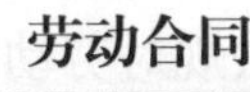

（六）劳动报酬

劳动报酬条款是关于企业应根据劳动者的工作内容、技能水平以及工作成果，以货币形式支付给劳动者工资和其他福利待遇的条款。劳动报酬是劳动合同中必不可少的内容，包括工资以及企业与劳动者约定的在工资之外为劳动者提供的其他货币福利待遇。劳动报酬制度的内容主要有：（1）劳动者适用的工资制度；（2）工资支付标准、支付时间、支付周期、计算办法；（3）津贴、补贴的获得条件、标准和奖金分配办法；（4）加班、加点工资的计算办法；（5）工资调整机制；（6）试用期及病、事假等期间的工资待遇；（7）特殊情况下职工工资（生活费）支付办法；（8）其他劳动报酬分配办法。

（七）社会保险

社会保险是政府通过立法建立的，在符合法定条件的劳动者遭遇年老、疾病、工伤、生育、失业等风险时，给予物质帮助以保障其基本生活需求的社会保障制度。社会保险制度体现了国家和社会为劳动者提供基本生活保障的责任。按照《劳动法》以及《社会保险法》等法律法规的规定，用人单位和劳动者必须依法参加社会保险，缴纳社会保险费。

【拓展阅读】

某劳动合同中关于社会保险条款的下列约定是否正确?

条款 1：劳动者不愿意缴纳社会保险，双方在劳动合同中约定劳动者自愿放弃缴纳社会保险。企业将企业该承担的社保部分以现金方式支付给劳动者。

条款 2：双方约定按照乙方的要求，由乙方自行缴纳社会保险。

条款 3：双方约定的工资中包含单位负担的社保费。

条款 4：双方约定以商业保险替代社会保险。

解答：依法参加社会保险并缴纳社会保险费是劳动关系双方应尽之义务，不缴纳或者变相不缴纳社会保险费的约定，有悖于法律强制性规定，属无效约定。

（八）劳动保护、劳动条件和职业危害防护

劳动保护、劳动条件和职业危害防护是指在劳动合同中约定的用人单位为劳动者所从事的劳动必须提供的生产、工作条件和劳动安全卫生保护措施。前者是指为保障劳动者在劳动过程中的安全和健康所采取的各项保护措施，后者是指为劳动者提供的符合国家劳动安全卫生标准的工作环境。

（九）其他条款

为了保证法律规范严谨性的表述，以期与其他法律法规的条款相协调，《劳动合同法》特别加入了一条兜底条款，在其他法律法规对劳动合同条款有特殊规定时，可以在劳动合同中作相关的约定。

案例 2－1　劳动合同必备条款约定不明，劳动合同无效吗?	**案例分析**

二、劳动合同的商定条款

除前面介绍的必备条款之外，用人单位和劳动者还可以约定试用期、培训服务期、保守秘密、竞业限制、补充保险和福利待遇等商定条款。商定条款不是劳动合同的必备条款，是否约定由当事人双方自行决定。约定了商定条款的，只要内容合法，就同必备条款一样，对当事人具有法律效力。

（一）试用期条款

试用期是指包括在劳动合同期限内，用人单位对劳动者是否合格进行考核，劳动者对用人单位是否符合自己要求也进行考核的期限，这是一种双方双向选择的体现。

1. 试用期的约定规则

根据《劳动合同法》第 19 条的规定，劳动合同可以约定试用期，劳动合同期限在 3 个月以上不满 1 年的，试用期不得超过 1 个月；劳动合同期限在 1 年以上 3 年以下的，试用期不得超过 2 个月；3 年以上固定期限和无固定期限的劳动合同，试用期不得超过 6 个月。试用期包括在劳动合同期限内。以完成一定工作任务为期限的劳动合同或者劳动合同期限不满 3 个月的，不得约定试用期。劳动合同仅约定试用期的，试用期不成立，该期限为劳动合同期限。

2. 试用期的工资待遇

《劳动合同法》第 20 条规定："劳动者在试用期的工资不得低于本单位相同岗位最低档工资或者劳动合同约定工资的百分之八十，并不得低于用人单位所在地的最低工资标准。"

3. 试用期解除合同

《劳动合同法》第 21 条规定："在试用期中，除劳动者有本法第三十九条和第四十条第一项、第二项规定的情形外，用人单位不得解除劳动合同。用人单位在试用期解除劳动合同的，应当向劳动者说明理由。"

（二）培训服务期条款

公司为员工提供培训，双方可以约定培训服务期条款，或者签订专项的培训服务期协议。服务期是指用人单位委托第三方对员工进行专业技术培训，而要求员工必须为之服务的年限。《劳动合同法》第 22 条规定："用人单位为劳动者提供专项培训费用，对其进行专业技术培训的，可以与该劳动者订立协议，约定服务期。劳动者违反服务期约定的，应当按照约定向用人单位支付违约金。违约金的数额不得超过用人单位提供的培训费用。用人单位要求劳动者支付的违约金不得超过服务期尚未履行部分所应分摊的培训费用。"由此可见，服务期条款往往和培训协议联系在一起，其内容主要是对职工和用人单位在职工培训期间的权利和义务，以及职工培训后为企业服务的义务作出规定。

1. 约定培训服务期的条件

不是所有的培训都可以约定服务期。根据《劳动合同法》第 22 条的规定，约定服务期必须满足两个条件：第一，用人单位提供的应是专项技术培训。第二，企业为专业技术培训支付了费用，有支付凭证的证明，而且企业的培训费是专项培训费用。根据用人单位提供培训的目的和培训内容的不同，培训可以分为两种类型：一种是适应性的职业技能培训，其目的是使员工技能适应岗位需要，比如对劳动者进行的入职培训、岗位安全卫生培训、转岗培训等；另一种是提升性的职业发展培训，即在已经满足岗位要求的情况下，为进一步提升员工技能素质所提供的培训，比如 MBA 教育学历进修，专项能力培训(如营销技能培训)，出国或异地培训、进修、研修、做访问学者等。职业发展培训又分为专业技术培训和非专业技术培训。适应性的培训是企业应该履行的法律义务，一般不能以此与员工约定服务期。提升性的培训是企业对劳动者的投资，可以约定服务期。

案例 2－2　这样的培训能约定服务期吗？	案例分析

2. 服务期与劳动合同期的关系

服务期不同于劳动合同期。劳动合同期是劳动合同的必备条款。劳动合同期是劳动合同存续的期限，在此期限内，劳动者合法解除合同不用支付违约金。服务期只有在符合法律规定的条件下即用人单位进行专业技术培训并支付专项费用的情况下，才可以约定。服务期更多的是对劳动者的约束，是劳动者已经先行获得企业投入后在一定时间内不辞职的承诺。在服务期内，劳动者不能提前解除劳动合同，否则要向用人单位支付违约金。服务期以劳动关系的存在为前提，即劳动合同期的约定要先于服务期。不存在劳动关系的双方也不会有服务期。双方当事人订立的培训服务期条款或者另行拟订的培训服务期专项协议，都是劳动合同的构成部分。

《中华人民共和国劳动合同法实施条例》第 17 条规定："劳动合同期满，但是用人单位与劳动者依照劳动合同法第二十二条的规定约定的服务期尚未到期的，劳动合同应当续延至服务期满；双方另有约定的，从其约定。"当劳动合同期届满而服务期尚未届满时，用人单位应当与员工补签合同，或者在签订培训服务期时就约定，劳动合同期早于服务期期限的，自动延长至服务期期限。

3. 服务期的性质

服务期是指在法定条件下劳动者承诺的为用人单位服务的期限，其本质是对劳动合同中劳动者的解除权加以限制。服务期主要是单方面约束员工的，而是否要求劳动者提供服务则成为用人单位的权利。根据民事权利可以放弃的理论，在劳动合同期满而服务期未届满时，用人单位可以放弃对剩余服务期的履行要求。用人单位放弃对剩余服务期要求的，劳动合同可以终止，但用人单位不得追索劳动者服务期的赔偿责任。

【拓展阅读】

劳动者是否绝对不能提前解除和终止服务期协议呢？

解答：服务期协议，并不是绝对不可以解除或终止的协议。如果用人单位没有依法或者按照约定履行义务，如迟延发放工资、未依法缴纳社保，劳动者仍然可以行使法定的合同解除权，且不用支付违约金。因此，即便是签订了服务期协议，用人单位一方也不能以为万事大吉，要注意随时对服务期员工的劳动关系管理工作作检讨和查验，防止出现风险。

4. 如何约定服务期

法律对服务期的年限没有作出具体规定，实务中，劳动合同双方当事人可以协商确定服务期的长短。但双方不可以滥用权利随意约定服务期，应按公平、合理的原则，根据企业为劳动者提供培训的时间长短、费用多寡、企业的实际情况（流动率高低）、员工性格特点来综合确定服务期期限。显失公平的服务期将无法得到法律支持。用人单位与劳动者约定的服务期较长的，用人单位应当按照工资调整机制提高劳动者在服务期间的劳动报酬。

5. 培训服务期条款（或协议）的内容

当事人双方可以在培训服务期条款中约定以下内容：培训的性质、培训的期限和方式、培训地点、培训内容、双方在培训期间的权利义务、培训费用的负担、培训考核、服务期限、违约责任等。

对培训的性质进行约定，即约定是否属于专业技术培训，有助于帮助双方确定是否构成约定服务期的条件。培训期限和方式依据培训目的的不同而不同。培训期间的权利义务包括培训学习期间的具体要求、培训期间的工资和福利待遇、对培训的监督管理责任等。

培训费用是指用人单位为员工培训而支出的相关费用，包括用人单位为了对劳动者进行专业技术培训而支付的有凭证的培训费用、培训期间的差旅费用以及因培训产生的用于该劳动者的其他直接费用。具体包括哪些费用，可以在培训服务期协议中明确。

【拓展阅读】

员工在培训期间所得工资是否属于培训费用？

解答： 关于员工在培训期间所得工资是否属于培训费用，目前法律没有明确规定，但《劳动合同法实施条例》规定的“因培训产生的用于该劳动者的其他直接费用”是一个兜底条款，认定“其他费用”是否属于培训费用的关键在于该费用是否因培训而产生。劳动者的劳动报酬是基于劳动合同约定产生的，而不是基于培训产生的。所以，用人单位要求劳动者返还培训期间的工资一般来说是没有法律依据的。但若培训期间双方变更劳动合同，将原有工资划分为基本工资和培训补助，并在协议中进行明确约定的，“培训补助”部分也可计入违约金基数。

6. 支付违约金的情形

劳动者违反服务期约定的，包括服务期尚未届满，经劳动者提出后双方协商一致解除劳动合同的，服务期未满的劳动者在劳动合同法规定的过错性解除合同的法定情形下被用人单位辞退的，都应当向用人单位支付违约金。但因用人单位有违法、违约行为而迫使劳动者在服务期未满的情形下辞职的，不属于违反服务期的约定，用人单位不得要求劳动者支付违约金。

按照《劳动合同法》的规定，未满服务期解除和终止劳动合同的员工，其违约金的数额不得超过企业提供的培训费用。违约金的数额和培训费用直接挂钩。培训费用可以约定为按月分摊，也可以约定为按年分摊，具体由双方当事人约定。用人单位如果要求劳动者支付违约金，需要提供相应的培训费票据，以证明专项培训的具体花费情况，并以此作为劳动者违约金的计算依据。

（三）保密和竞业限制条款

商业秘密是指不为公众所知，能为权利人带来经济效益，具有实用性并经权利人采取保密措施的技术和经营信息。商业秘密包括两类：一类是技术信息，包括完整的技术方案、开发过程中的阶段性技术成果以及取得的有价值的技术数据，也包括针对技术问题的技术诀窍；另一类是经营信息，是指经营策略、管理诀窍、客户名单、货源情报、投标标底等信息。商业秘密是企业的核心资源，是企业参与市场竞争的秘密武器。员工作为企业内部成员，最有可能接触到企业的商业秘密，在劳动法的层面上要求自己的员工保密，也是企业商业秘密保护的重要手段之一。

保守用人单位的商业秘密和与知识产权相关的保密事项，是劳动者的法定义务。《劳动合同法》第 23 条规定："用人单位与劳动者可以在劳动合同中约定保守用人单位的商业秘密和与知识产权相关的保密事项。对负有保密义务的劳动者，用人单位可以在劳动合同或者保密协议中与劳动者约定竞业限制条款，并约定在解除或者终止劳动合同后，在竞业限制期限内按月给予劳动者经济补偿。劳动者违反竞业限制约定的，应当按照约定向用人单位支付违约金。"根据该规定，用人单位与劳动者可以在劳动合同中约定劳动者保守商业秘密的义务，也可以与本单位高级管理人员、高级技术人员、其他掌握用人单位商业秘密的劳动者约定，在劳动关系解除或者终止后的一定期限内，不能到与原用人单位生产同类产品或经营同类业务且有竞争关系的其他单位任职，也不得自己生产、经营同类产品或业务。其中后者是劳动者的竞业限制义务。

1. 保密条款或保密协议

用人单位可以与员工在劳动合同中约定保密条款，就保守商业秘密的事项作出详细的约定。对那些经常接触商业秘密的员工，可以签订专门的保密协议。这是企业保护商业秘密最常见和最有效的手段。保密条款是由企业和员工选择约定的条款，只是劳动合同的一部分，相对比较简略。保密协议则是一份内容更为具体的完整的合同，具体明确地设定劳动者和用人单位之间关于保密方面的权利义务关系。

案例 2－3　没有保密协议是否就意味着员工不承担保密义务？	案例分析

保密条款和保密协议的主要内容一般包括保密信息范围、保密责任主体、保密期限、双方的权利和义务、违约责任以及其他条款。

（1）保密信息范围。商业秘密的范围是保密合同的基础性条款。用人单位哪些信息或技术属于商业秘密，应该在合同中明确界定。用人单位在约定保密内容时，务必把需要保密的对象、范围、内容明确下来。

（2）保密责任主体。保密协议的主体一般限于涉密岗位的劳动者。除涉密岗位以外，不承担保密义务的劳动者在工作中有意或无意获悉公司秘密时，也应该列入保密责任主体的范围，承担保密责任。

（3）保密期限。保密协议中应明确约定保密义务的起止时间，即保密期限，虽然法律规定劳动者保守秘密的义务不因劳动合同的解除、终止而免除，但由于商业秘密存在过期、被公开或被淘汰的情况，因此最好还是约定期限，以免引起不必要的纠纷。

【拓展阅读】

脱密期

根据《劳动部关于企业职工流动若干问题的通知》的有关规定，用人单位还可以在劳动合同中与掌握商业秘密的职工约定在劳动合同终止前或该员工提出解除劳动合同后的一定时间内（不超过6个月）调整其工作岗位，变更劳动合同相关内容。

（4）双方的权利和义务。在保密协议中双方应当就保密期内劳动者如何使用商业秘密、哪些行为是泄密行为、用人单位是否应当支付保密费、涉及商业秘密的职务成果的归属、涉密文件的保存与销毁方式等内容进行明确约定，有特殊条款的还应以列举方式进行约定。

（5）违约责任。根据《劳动合同法》的规定，保密协议中不得直接设定违约金，若约定违约金则存在被认定为无效的风险。但这并不意味着保密协议中不可约定违约责任，保密协议中可约定违反保密义务的赔偿内容以及计算赔偿数额的方式。

【拓展阅读】

违反了公司保密规定的员工应该如何处理呢？

解答：可以根据员工泄密行为的情节轻重以及造成损害后果的程度，依据公司规章制度中的有关规定，进行违纪处理。如果员工的泄密行为给公司造成了损失，那么公司可以要求其承担侵犯公司商业秘密的损害赔偿责任，赔偿给公司造成的实际损失，即使员工已经离职。若员工的泄密行为情节非常严重，给公司造成了巨大损失，还可以考虑追究员工的刑事责任。《刑法》第219条规定了侵犯商业秘密罪，一旦符合刑法的犯罪构成要件，有符合法律规定的侵犯商业秘密的行为之一，给商业秘密的权利人造成重大损失的，处三年以下有期徒刑或者拘役，并处或者单处罚金；造成特别严重后果的，处三年以上七年以下有期徒刑，并处罚金。

（6）其他条款。保密协议还可以约定保密协议的具体生效时间、保密协议的变更以及争议解决机构等条款。

【劳动关系管理文书范本2-2】

保密协议

2. 竞业限制条款

竞业限制是《劳动合同法》第23条、第24条规定的重要内容。用人单位可以和知悉本单位商业秘密或者其他对本单位经营有重大影响的信息的劳动者，约定在终止或解除劳动合同后的一定期限内不得在与本单位生产同类产品、经营同类业务或有其他竞争关系的用人单位任职，也不得自己生产或经营与原单位有竞争关系的同类产品或同类业务的竞业限制条款。

(1) 竞业限制义务与保密义务的区别与联系。

《劳动合同法》从合同约定的角度对商业秘密的保护予以规定，主要包括约定保密义务和竞业限制义务两个方面。两者都是企业采取保密措施，防范商业秘密泄露的有效手段。两者虽然内容有所重叠，但在法律性质、内容、期限以及后果方面有着本质的区别。

1) 法律性质不同。保密义务是法定义务，一般基于法律的规定或者劳动合同的附随义务而产生，不论劳动者和用人单位之间是否签有保密协议，劳动者均有义务保守商业秘密。竞业限制义务是基于用人单位与劳动者的约定而产生的，系合同约定之责。没有约定的，劳动者不承担竞业限制义务。

2) 内容不同。保密义务要求劳动者不得泄露商业秘密，侧重于不能“说”。竞业限制义务要求劳动者在劳动合同期内和离职一段时间内，不能到竞争单位任职或自营竞争业务，侧重于不能“做”。

3) 期限不同。保密义务的期限比较长，一般与商业秘密存续的期限直接关联。竞业限制义务较短，一般最长不超过2年。

4) 后果不同。用人单位不能在保密协议中约定违约金，劳动者违反保密义务，给用人单位造成损失的，只能根据实际损害要求其承担赔偿责任。《劳动合同法》允许就违反竞业限制义务约定违约金。

(2) 竞业限制条款或协议的主要内容。

1) 竞业限制适用的对象。

根据《劳动合同法》第24条的规定，竞业限制的人员限于用人单位的高级管理人员、高级技术人员和其他负有保密义务的人员。前两类人员的范围相对确定，包括高级研发人员、技术人员、关键岗位技术工人、财务会计人员、相当层次的经营管理人员等。需要注意的是，根据《公司法》的规定，公司董事、经理以及其他高层管理者未经股东会或者股东大会同意，不得利用职务便利为自己或者他人谋取属于公司的商业机会，自营或者为他人经营与所任职公司同类的业务，因此，竞业限制本身就是他们的法定义务，无须再作单独约定。竞业限制的对象一般也不包括一般岗位的临时工和普通生产线上的工人。

2) 竞业限制的内容。

竞业限制的内容即限制劳动者从事的竞争性行为，包括在职期间不得在与原企业生产同类产品或经营同类业务且有竞争关系或者其他利害关系的企业中任职和兼职，不得自行组织企业与原企业竞争；不得在离职之前抢夺原雇主客户；不得引诱其他员工一起离职；离职后在约定的期限内不得自己生产经营与原雇主相同的产品或业务，或者在与本单位有竞争关系的其他用人单位任职。需要注意的是，竞业限制的范围一定要合理限定，不能随意扩大化，不然就可能剥夺了员工再就业的机会和可能性，让劳动者陷入无工作可找的境地，这是明显违反法律的公平原则的。

3）竞业限制的期限。

根据《劳动合同法》的规定，用人单位和劳动者可以约定竞业限制年限，但最长不超过两年。超过两年的，超过的部分无效。

4）竞业限制的补偿。

用人单位与劳动者有竞业限制约定的，应当同时约定在劳动合同终止或者解除时向劳动者支付的竞业限制经济补偿。补偿金是用人单位根据竞业限制条款对劳动者在一定期限内放弃部分从业优势的对等经济性补偿。《劳动合同法》仅确定了竞业限制协议应当约定补偿金的原则，但并未规定补偿金的具体标准。根据《最高人民法院关于审理劳动争议案件适用法律若干问题的解释（四）》第 6 条的规定，如果双方没有约定竞业限制补偿的标准，劳动者履行了竞业限制义务，要求用人单位按照劳动者在劳动合同解除或者终止前十二个月平均工资的 30%按月支付经济补偿的，人民法院应予以支持。但若双方自行约定补偿金，该怎么约定？全国各地都有一些约定俗成的惯例和做法，司法实践的裁判标准各地有差异。双方当事人可以结合岗位性质、同行业同级别劳动者的薪酬水平、竞业限制的期限等因素协商确定竞业限制补偿标准。

当然，竞业限制对于劳动者来说是一种义务，对于用人单位来说则是一种权利，权利可以放弃，因此，用人单位可以放弃对劳动者竞业限制的要求，同时可以不向劳动者支付经济补偿。

根据《劳动合同法》的规定，在解除和终止劳动合同后，竞业限制补偿金以按月的方式来支付，且用人单位不能在竞业限制协议中约定劳动者的工资已经包含了竞业限制经济补偿金。补偿金本质上是对劳动者离职后不能自由选择职业的一种补偿，而工资是劳动者履行劳动合同义务应得的报酬，两者的法律基础不同，不能混同。用人单位作此项约定，其目的显然是规避劳动合同解除或者终止后支付竞业限制补偿金的义务，这显然侵犯了劳动者的合法权利，此种约定应属无效。

5）竞业限制义务的违约责任。

承担竞业限制义务的劳动者违反竞业限制约定的，要承担违约责任，即支付违约金。法律赋予用人单位在竞业限制协议中约定违约金的权利，用人单位应当充分运用此项权利，明确劳动者违反竞业限制约定的违约金标准。违约金应当由用人单位和劳动者双方协商一致，依据合理的原则并根据实际情况确定，违约金过分高于用人单位的实际损失的，劳动者可以请求仲裁委员会或法院予以减少。

案例 2-4　企业能否在劳动合同期内提前支付竞业限制补偿金？	**案例分析**

（四）补充保险和福利待遇条款

用人单位和劳动者可以在劳动合同中就用人单位为本单位劳动者提供的补充保险和福

利待遇等内容进行约定，如用人单位是否给职工提供住房、班车、托儿所、幼儿园、子女入学、补充保险等有关福利。

【引例分析】《劳动合同法》第 17 条规定了劳动合同的九项必备条款、四项商定条款。其中劳动合同期限、劳动报酬、工作内容等是劳动合同的核心条款，是劳资双方之间权利义务内容的核心所在，也是双方订立劳动合同所要实现的根本目的之所在——用人单位需要劳动者的劳动，劳动者需要用人单位对自己付出的劳动给予相对应的报酬。只要双方就劳动合同的期限、报酬、工作内容等作了明确约定，就可以认定劳动合同的实质性内容已经存在，劳动合同已经基本成立，并不能仅仅以名称不同而否认劳动合同已经签订的事实。因此，不能简单地认为入职协议就不是"劳动合同"。

知识单元三　劳动合同的形式

引例

未签订书面劳动合同，劳动关系无效？

【案情】曾某于 2018 年 12 月 8 日入职××电子科技有限公司工作，担任供应链主管。当天，曾某在××电子科技有限公司制作的格式化的《东莞市××电子科技有限公司职位申请表》上填写相关情况，双方没有签订书面劳动合同，但口头约定了试用期 3 个月，后双方协商一致延长试用期 1 个月。2019 年 4 月 14 日，双方填写了××电子科技有限公司制作的格式化的《东莞市××电子科技有限公司离职申请表》，曾某于当天结清工资即离职。问：××电子科技有限公司与曾某之间口头约定的劳动合同是否有效？

劳动合同的形式是指劳动合同内容所体现的形式。劳动合同作为约定劳动关系双方当事人权利义务的协议，也有书面形式和口头形式之分。书面合同是由双方当事人达成协议后，将协议的内容用文字形式固定下来，并经双方签字，作为凭证的合同。口头合同是经双方当事人口头承诺即告成立的合同。

一、书面劳动合同

《劳动合同法》第 10 条第 1 款规定："建立劳动关系，应当订立书面劳动合同。"即签订劳动合同应当采用书面形式。这里的"应当"是"必须"的含义。根据该强制性条款的规定，劳动合同必须采取书面形式，是典型的要式合同。劳动合同采取书面形式具有重要意义：首先，书面劳动合同具有严肃性，它是明确劳动者与用人单位权利与义务的重要依据，它把劳动合同内容文字化，能够加强合同当事人的责任感，促使合同所规定的各项义务能够全面履行。其次，书面劳动合同便于双方当事人履行和有关部门对劳动情况进行监督检查，一旦发生争议也有据可查，能更有效地保护劳动合同当事人的合法权益。在发生劳动争议时，书面劳动合同也便于当事人举证，便于有关部门处理。

案例 2－5　无纸化的电子合同是不是“书面合同”？	案例分析

二、口头劳动合同

口头劳动合同是指双方当事人的意思表示是可以清楚地通过口头方式进行表述，通过口头形式缔结的劳动合同。

《劳动合同法》第 10 条第 1 款规定：“建立劳动关系，应当订立书面劳动合同。”据此，有人认为不符合法律要件形式的劳动合同是无效合同。对此，编者持不同看法。

首先，《劳动合同法》并没有直接规定口头劳动合同是无效的，只是规定应当要签订书面劳动合同。因此，我国《劳动合同法》在将书面形式订立劳动合同作为劳动合同存在的证据时，并没有直接否认口头劳动合同的效力，而且法律并不禁止以口头方式达成协议，所以口头协议只要能证实就是有效的。只是口头劳动合同的处理规则不同于一般书面合同，要对比事实劳动关系来处理。法律承认事实劳动合同，所以口头协议是可以有效力的，但是需要其他有效证据进行补充。

其次，在实务中的确也存在很多通过口头形式达成了协议，但却没有签订书面劳动合同的情况。若将无书面形式的劳动关系统统宣告为无效，也不符合客观实际。

当事人用口头形式订立劳动合同，灵活、简便，但不便于履行和监督、检查，特别是发生劳动争议时，往往因空口无凭而难以处理。这也是口头劳动合同最大的不足之处。

根据《劳动合同法》第 69 条第 1 款的规定，非全日制用工双方当事人可以订立口头协议。非全日制用工主要就是我们平常说的“小时工”，是指每天工作时间不超过四小时，每周工作时间累计不超过二十四小时的用工形式。非全日制的用人单位和劳动者，可以通过口头形式签订劳动合同。

【引例分析】劳动合同的效力是指劳动法赋予劳动合同对双方当事人及相关第三人的法律约束力。劳动合同要生效，必须符合法定的生效要件。劳动合同的形式是指劳动合同内容所体现的形式。劳动合同是双方当事人意思自治的产物，只要双方当事人意思表示一致就能够成立劳动合同，而书面形式只是作为成立劳动合同的证据存在，证明双方当事人订立了劳动合同。我国《劳动合同法》并没有规定违反书面形式订立的劳动合同无效或者不成立。书面形式是证明存在劳动合同关系的证据，而并非订立劳动合同的唯一形式，除书面形式之外，还可以订立口头形式和默示形式的劳动合同。所以，口头形式的合同并非无效。

模块三
劳动关系的建立与员工入职管理的实务操作

导学

劳动关系管理最起始的环节，就是企业与员工建立劳动关系。劳动关系的建立意味着劳动者能够开始享受劳动法律规定的各项权利，是劳动关系存续的基础。用人单位招聘录用劳动者，劳动者到用人单位报到并开始工作，劳动关系开始建立。劳动关系的内容通过劳动合同来体现。本模块主要介绍劳动关系建立和劳动合同订立、生效的法律知识，对员工入职进行合规操作以及签订劳动合同的实务技能。

知识要点

1. 掌握劳动合同的订立、生效的法律知识以及无效劳动合同的规定。
2. 掌握招聘录用条件的设计要求和生效的程序要求。
3. 理解招聘甄别和就业歧视之间的区别。
4. 理解不同法律性质录用通知书的效力，以及劳动合同与录用通知书的关系。
5. 掌握入职审查的主要内容以及入职审查的主要方式。
6. 掌握劳动合同内容设计的要求以及签订劳动合同的流程。
7. 了解培训服务期协议、保密协议、竞业限制协议等专项协议设计的基本要求。

能力目标

1. 具备订立劳动合同的基本技能：会针对人员的不同情况，对劳动合同的条款进行合法、合理、规范的设计；能按照法定程序和要求，与劳动者依法订立劳动合同。

2. 具有对员工入职进行合规管理的基本技巧：会依法进行招聘录用条件的设计；掌握人员甄别时避免就业歧视的技巧；会发出不同性质的录用通知书；会对新员工进行入职审查；会起草、制定劳动合同的规范文本；掌握与员工签订书面劳动合同的技巧；会进行专项协议的约定。

理论知识

知识单元一　劳动合同订立的一般理论

引例

劳动者主动不签订合同，用人单位该如何处理？

【案情】某公司在与员工签订劳动合同时遇到一个棘手的问题，员工甲2008年1月1日进厂，但公司一直遗忘与员工甲签订劳动合同，员工甲知道公司如果不与其签订书面劳动合同，依法需要向其支付双倍的工资，因此一直不动声色。直至2008年5月1日，公司对劳动合同进行了一次普查，才发现与员工甲漏签了劳动合同，公司表示要与员工甲补签劳动合同，员工甲同意补签，但是要求公司先支付其2008年1月至4月的另一倍工资，否则员工甲只愿意将补签劳动合同日期定在2008年5月1日。

劳动合同是保护用人单位和劳动者双方权益、约束双方履行义务的一种受法律保护的协议。只有依法成立的、符合法律规范的劳动合同才能受到法律保护。那么，劳动合同是如何订立的呢？

一、劳动合同订立的含义

合同的本质是一种合意，合同订立就是各方当事人的意思表示一致，达成合意。劳动者和用人单位平等协商，双方意思达成一致就可以订立劳动合同。劳动合同的订立，是指劳动合同双方当事人（劳动者和用人单位）经过相互选择和平等协商，就劳动合同的内容条款达成一致的法律行为。

二、劳动合同订立的原则

（一）平等原则

平等原则是指劳动者和用人单位在法律上处于平等的地位，平等地决定是否缔约，平等地决定合同的内容。

（二）自愿原则

当事人订立合同只能出于其内心意愿。用人单位不得强迫劳动者订立劳动合同，其他任何机关、团体和个人都无权强迫劳动者订立劳动合同。

（三）协商一致原则

当事人双方就劳动合同的主要条款达成一致意见后，劳动合同才订立。虽然双方当事人都有订立劳动合同的意向，但在具体内容如工作期限、劳动报酬等问题上往往意见不一致，这时合同就不能订立。

（四）合法原则

合法原则是指劳动合同的订立不得违反法律、法规的规定。这里所说的法律、法规，既包括劳动法律、法规，也包括民事、经济方面的法律、法规。

三、劳动合同订立的一般原理

劳动合同的订立程序就是劳动合同当事人就合同条款通过协商达成一致意思的过程，这一过程应当符合合同订立的一般理论，即要经过要约和承诺两个阶段。

（一）要约

要约是指一方当事人以订立合同为目的向另一方就合同主要内容作出的意思表示。该意思表示应满足以下五个条件：第一，要约必须是特定人的意思表示；第二，要约必须向相对人发出；第三，要约必须具有缔结劳动合同的目的；第四，要约的内容必须具体、确定和完整；第五，要约必须表明要约人在得到承诺时即受其约束的意旨。要约的发出人和接受人均须特定，且要约的内容足以构成劳动合同的主要条款，同时应作出缔约的表示，否则不算有效要约。

如果仅有订约的意思而未就合同主要内容作出表示，只能称为要约邀请，不能产生要约的效力。所谓“要约邀请”，是指作出希望别人向自己发出要约的意思表示。要约邀请是当事人订立合同的预备行为，只是引诱他人发出要约，不能因相对人的承诺而成立合同。要约邀请无论对于发出邀请人还是接受邀请人，都没有约束力。在发出要约邀请以后，要约邀请人撤回其邀请，只要没有给善意相对人造成信赖利益的损失，要约邀请人一般不承担责任。在实践中，可以根据当事人所表达的意愿、订约提议的内容、是否包括劳动合同的主要条款以及交易习惯等方面来区分要约与要约邀请。

（二）承诺

承诺是指受要约人完全无条件地接受要约以成立劳动合同的意思表示。劳动者或用人单位一旦同意对方的要约而作出承诺，劳动合同即告成立。承诺必须由受要约人本人在有效期内作出，且应当完全接受要约条款，如果接受的意思与要约不一致而改变了要约的实质性内容，则只能视为反要约，不构成有效承诺。反要约是一项要约，仍需要对方承诺才能使合同成立。

劳动合同的成立，都需要经历要约、承诺两个阶段，具体见图 3－1。《合同法》第 25

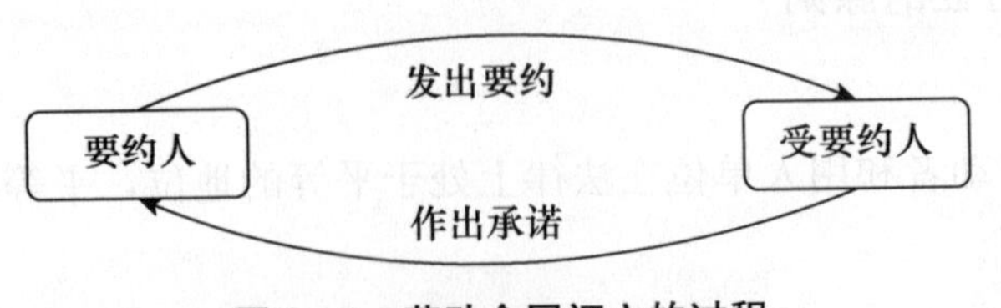

图 3－1　劳动合同订立的过程

条规定："承诺生效时合同成立。"第 26 条第 1 款规定："承诺通知到达要约人时生效。"劳动合同只要合法成立，便对双方当事人产生法律拘束力。

四、订立劳动合同的书面形式

(一) 订立劳动合同的书面形式要求

劳动合同必须要采取书面形式。《劳动合同法》第 10 条第 1 款、第 2 款规定："建立劳动关系，应当订立书面劳动合同。已建立劳动关系，未订立书面劳动合同的，应当自用工之日起一个月内订立书面合同。"用书面形式订立劳动合同规范严谨、准确可靠、有据可查，可以避免事后出现争议，有利于保护当事人的合法权益。

(二) 不签订书面劳动合同的法律后果

用人单位用工不签书面劳动合同会有什么法律后果呢?《劳动合同法》第 82 条规定："用人单位自用工之日起超过一个月不满一年未与劳动者订立书面劳动合同的，应当向劳动者每月支付二倍的工资。"第 14 条第 3 款规定："用人单位自用工之日起满一年不与劳动者订立书面劳动合同的，视为用人单位与劳动者已订立无固定期限劳动合同。"以上规定有四层含义：

(1) 用人单位自用工之日起一个月内必须与劳动者订立劳动合同。

(2) 劳动合同必须以书面形式订立。

(3) 如果用人单位自用工之日起超过一个月不满一年未与劳动者签订书面劳动合同的，自用工之日起满一个月的次日起，向劳动者支付双倍工资。

(4) 如果用人单位自用工之日起超过一年不与劳动者订立书面劳动合同的，视为用人单位与劳动者已订立无固定期限劳动合同。

用人单位先用工后签订书面劳动合同的法律后果见图 3-2。

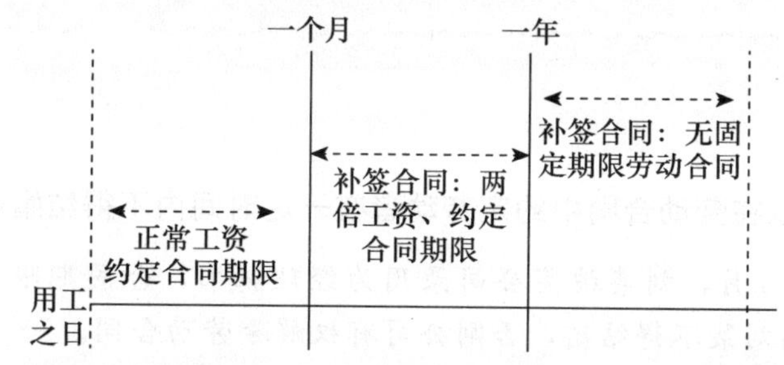

图 3-2 用人单位先用工后签订书面劳动合同的法律后果

注：
(1) 两倍工资计算的起算时间：用工之日起满一个月的次日。
(2) 两倍工资计算的截止时间：补签书面劳动合同的前一日。

在员工入职后一个月内签订书面劳动合同是用人单位的法定义务。用人单位想通过不签订书面劳动合同来规避风险是非常错误的，日后要付出高昂代价。

五、劳动合同成立和劳动关系建立的区别

《劳动合同法》第 7 条规定："用人单位自用工之日起即与劳动者建立劳动关系。"自用人单位招用劳动者从事劳动合同约定的工作之日起，劳动关系建立，双方就可以按照约

定享受权利和履行义务，接受劳动法律、法规的约束。

劳动关系的建立不同于劳动合同的成立。用人单位与劳动者平等协商，意思达成一致，双方在劳动合同上签字或者盖章即代表劳动合同成立。

合同虽然成立但用人单位与劳动者之间并没有实际用工，劳动关系就不能建立。而劳动者已经加入用人单位，成为该单位的一员，并参加单位的生产劳动，遵守单位内部的劳动规则，即使没有签订劳动合同，也依然与用人单位建立了事实上的劳动关系。

案例 3-1 劳动合同成立并不等于建立了劳动关系	案例分析

【引例分析】签订劳动合同的主动权在于用人单位。用人单位的疏忽导致一直未能与甲签订劳动合同，因此员工要求公司支付未及时与其签订劳动合同期间的双倍工资是合法的。用人单位应向该员工发出《签订劳动合同通知书》让员工签收。如果发现其再次拒签劳动合同，则应在 2018 年 6 月 1 日前立即书面通知终止与其之间的劳动关系。

知识单元二　劳动合同生效、无效的一般理论

可以在劳动合同中约定劳动者在一定时间内不得结婚吗？

【案情】2017 年 3 月，刘某被某公司录用为经理秘书，合同期限为 6 年。合同约定：从录用之日起 3 年内刘某不得结婚，否则公司有权解除劳动合同。一年以后，因刘某男友单位集资建房，为了报上名，刘某与男友结了婚，不久怀孕。公司以刘某违反合同为由，于 2018 年 6 月 4 日作出解除与刘某所订劳动合同的决定，并没收了其签订劳动合同时交纳的抵押金 5 000 元。刘某不服，向当地劳动仲裁委员会申请仲裁。

一、劳动合同的生效

（一）劳动合同生效的含义

劳动合同的生效，是指具备有效要件的劳动合同按双方当事人意思表示的内容产生了法律效力。劳动合同的生效不同于劳动合同的订立。劳动合同订立，是指劳动者和用人单位经过相互选择和平等协商，就劳动合同条款达成协议的行为。但已经订立的劳动合同并

不一定生效。只有具备法定有效要件的劳动合同，才能产生法律上的效力。劳动合同的订立是一个事实判断，即劳动合同存在与否。而劳动合同的生效是一个价值判断，即已经订立的合同是否符合法律规定而具有法律约束力。

（二）劳动合同生效的条件

劳动合同的生效要件一般包括以下几个。

1. 劳动合同的主体合法

用人单位必须按照法律规定的程序注册登记，并经审核后设立。劳动者必须年满16周岁，且须符合劳动法律对劳动者条件的规定。

2. 劳动合同的内容合法

劳动合同的内容不能违反法律或社会公共利益，尤其是劳动合同的合同期限、工作内容、劳动报酬、终止条件等均不得违反国家的强制性标准。如根据我国《劳动法》第64条的规定，年满16周岁未满18周岁的未成年工，不得从事矿山井下、有毒有害、国家规定的第四级体力劳动强度的劳动和其他禁忌从事的劳动。

3. 劳动合同中的意思表示必须真实

劳动合同双方在订立合同时的意思表示都出于本人自愿且与本人内在意志相符，不存在由欺诈、胁迫、乘人之危等而导致意思表示不真实的情况。

（三）劳动合同生效的时间

《合同法》第44条第1款规定："依法成立的合同，自成立时生效。"《劳动合同法》第16条规定："劳动合同由用人单位与劳动者协商一致，并经用人单位与劳动者在劳动合同文本上签字或者盖章生效。"一般情况下，合法的劳动合同一经成立便生效。劳动合同的成立时间和生效时间可以不同，比如当事人对生效的期限或者条件作出特别约定的，那么只有期限达到或条件成就，劳动合同才生效。

二、劳动合同的无效

无效劳动合同是指当事人虽已签订，但因不符合法律、法规规定，或缺少有效要件，导致全部或部分不具有法律效力的劳动合同。

（一）劳动合同无效的情形

根据《劳动合同法》第26条的规定，下列劳动合同无效或者部分无效：（1）以欺诈、胁迫的手段或者乘人之危，使对方在违背真实意思的情况下订立或者变更劳动合同的；（2）用人单位免除自己的法定责任、排除劳动者权利的；（3）违反法律、行政法规强制性规定的。对劳动合同的无效或者部分无效有争议的，由劳动争议仲裁机构或者人民法院确认。

根据《劳动法》第18条第1款的规定，导致劳动合同无效的原因大体有以下几种：

（1）合同主体不合格。这包括劳动者主体的不适格和用人单位主体的不适格。未达到劳动法律规定的职业性准入年龄的劳动者，或者劳动权被暂时限制和剥夺的劳动者，订立的劳动合同无效；不具有用工权利能力和行为能力的经济组织或社会组织，不能建立合法的劳动关系，所签订的劳动合同是无效劳动合同。

（2）合同内容不合法，即劳动合同有悖法律、法规及善良风俗，或是损害了国家及社会的公共利益。如约定制造冰毒、假钞等。内容不合法的劳动合同不受法律保护。"不合法”是指违反法律、行政法规的强制性规定，不能作任意扩大的解释。

(3) 意思表示不真实。劳动合同是双方合意的产物，应该是当事人真实的意思表示。采取欺诈、威胁等手段订立的劳动合同，违背一方的真实意愿，因而是无效的。所谓欺诈，是指当事人一方故意隐瞒或歪曲事实真相，致使对方当事人信以为真，同意签订劳动合同。所谓威胁，是指当事人一方要挟对方，迫使对方违背自己的真实意思表示而同意签订劳动合同。

实践中比较常见的劳动合同无效的具体情形及后果见表3-1。

表3-1 劳动合同无效的具体情形及后果

劳动合同无效的具体情形		后果
以欺诈手段订立	(1) 劳动者伪造学历、履历，提供虚假情况骗取订立合同；(2) 劳动者隐瞒尚未与其他单位解除劳动关系的事实骗取订立合同；(3) 用人单位虚假承诺，包括夸大工资待遇或者提供其他福利待遇条件	合同全部无效
以胁迫手段订立	(1) 用人单位限制劳动者人身自由；(2) 用人单位威胁押金不予退还	
以乘人之危手段订立	用人单位趁劳动者生活处于窘境，刻意压低劳动者工资，劳动者迫不得已接受的	
用人单位免除自己法定责任、排除劳动者权利	(1) 用人单位对工伤概不负责，约定劳动者自行负责工伤、职业病责任的条款；(2) 约定无工资上岗的合同条款；(3) 用人单位有权根据经营状况随时变动劳动者工作岗位，劳动者必须服从单位安排的条款	合同条款无效
违反法律、行政法规强制性规定	(1) 合同期内不得恋爱、结婚、生育的条款；(2) 劳动合同的内容违反法律保护妇女的规定，安排妇女从事禁忌劳动的；(3) 雇用某人为赌场保镖的劳动合同；(4) 强制收取培训费、保证金、抵押金、风险金、股金的条款；(5) 加班不支付加班工资，支付低于最低工资标准的工资	合同全部或部分无效

(二) 劳动合同无效的法律后果

《劳动法》第18条第2款规定：“无效的劳动合同，从订立的时候起，就没有法律约束力。确认劳动合同部分无效的，如果不影响其余部分的效力，其余部分仍然有效。”无论是全部无效还是部分无效，无效部分从订立之日起，就不具有法律效力。

1. 劳动合同全部无效

劳动合同的基础性条款或实质性条款不符合法定有效条件，劳动合同全部条款对当事人没有约束力。所谓的实质性条款，是指劳动合同的某些对其他部分有实质性影响的条款，如劳动合同主体一方或双方不具有劳动合同主体资格，劳动合同全部无效；为了对女职工进行特殊保护，法律可能会限制某些岗位、工种招用女性劳动者，劳动合同违反这些规定亦全部无效。

劳动合同全部无效的法律后果体现在：

(1) 随时解除合同。劳动合同被认定为全部无效，当事人之间的劳动关系自然归于消灭。如果是劳动者的原因导致合同全部无效的，用人单位可以随时解除合同，且不用支付经济补偿金。如果是用人单位的原因导致合同全部无效的，劳动者可以随时解除合同。

（2）劳动者已付出劳动的，用人单位应支付报酬。劳动合同被确认无效，无论是哪一方的过错，只要劳动者已经付出劳动，用人单位就应当向劳动者支付劳动报酬，但劳动者与用人单位恶意串通，损害国家利益、社会公共利益或者他人合法权益的除外。劳动报酬的数额，可参考用人单位相同或相近岗位劳动者的劳动报酬确定；用人单位无相同或相近岗位的，按照本单位职工平均工资确定。

（3）有过错的一方承担赔偿责任。劳动合同被确认无效，给对方造成损害的，有过错一方应当承担赔偿责任。

2. 劳动合同部分无效

劳动合同部分无效，是指劳动合同的部分条款被确认无效。在部分无效的劳动合同中，无效条款如不影响其余部分的效力，其余部分仍然有效，对双方当事人仍有约束力。

（1）可以对无效部分依法进行变更，使之有效，调整的效力可溯及劳动合同订立之时。

如果依法对劳动合同无效的部分进行变更，使之符合法律规定，这种效力则可以追溯到合同订立之时。如合同规定的劳动报酬低于当地最低工资标准的，该条款无效，应当按照当地最低工资标准执行或者由当事人双方另行约定，并且应当补足以前的差额部分，同时还应当支付经济补偿金。

（2）有过错的一方承担赔偿责任。劳动合同部分被确认无效，给对方造成损害的，有过错一方应当承担赔偿责任。用人单位在订立劳动合同的过程中，应该仔细审核合同条款，否则一旦与法律规定冲突，无效劳动合同用人单位就要承担法律责任。在实践中，有的单位出于内部管理需要，经常会在合同中约定严禁办公室恋爱、不允许结婚、不投保社会保险等违法条款。这些条款并不具有法律上的效力，用人单位反而会因此承担一定的法律后果。同时，用人单位要审慎审查劳动者与工作有关的各种信息，避免劳动者以欺诈手段骗取入职。

【引例分析】劳动争议仲裁委员会应作出如下裁决：（1）确认合同中约定不得结婚条款无效，撤销该公司解除劳动合同的决定。因为刘某依法行使结婚自由权是合法行为，受法律保护，合同中限制其结婚的条款因违反法律规定而无效。（2）责令公司退还没收的合同抵押金。该公司向刘某收取合同抵押金，违背了劳动合同法的有关规定，侵犯了刘某的合法权益。

操作技能

员工的招聘与录用是建立劳动关系的准备阶段。员工入职前的投递简历、笔试、面试、通知录用等招聘环节也是劳动关系管理比较容易遇到风险的环节，如图 3－3 所示。对这些环节处理得当，将为劳动关系管理的后续工作奠定良好基础，但稍有不慎，用人单位就将面临一系列的用工风险。如招聘录用条件设置不合理，就会为后续在试用期内解除劳动合同留下隐患；员工入职基本情况审查不到位，就会让通过虚假手段骗取入职的人的企图得逞等。因此，用人单位必须做好员工入职前后的各项审查工作，规范劳动关系的建立，有效防控各类用工风险。

招聘录用流程	员工入职管理
环节1：确定人员需求	
环节2：制订招聘计划	任务一：招聘录用条件的规范设计
环节3：甄别人员	任务二：人员合理甄别时的就业歧视规避
环节4：确定拟聘人选、通知	任务三：录用通知书的合法制作
环节5：员工入职报到	任务四：做好员工入职审查
环节6：签订劳动合同	任务五：劳动合同的拟订与签订实务操作
环节7：专项协议签订	任务七：各类专项协议的拟订

图 3-3　招聘录用的流程、法律风险点与员工入职管理

任务一　招聘录用条件的规范设计

录用条件不明确导致解除合同违法

【案情】 某外国软件企业在媒体上发布了招聘软件工程师的公告：录用条件是“计算机相关专业本科以上学历，有数据库程序开发经验，精通 Visual C++，有行业软件开发经验者优先录用”。张某顺利通过该企业面试并最终被企业录用，入职后双方签订了为期3年的劳动合同（其中试用期3个月）。然而张某入职后，该公司用人部门发现他与外籍员工语言沟通不够顺畅，严重影响工作进度，于是该企业以张某在试用期不符合录用条件为由决定解除与张某的劳动合同。张某认为，企业在录用条件中对工作语言交流没有特殊要求，现在以此作为解除劳动合同的理由不符合法律规定，应当支付经济补偿金。企业不同意支付补偿金，张某遂将企业诉至劳动争议仲裁委员会，最终企业因无法证明张某不符合录用条件而败诉。

一、招聘录用条件设计的重要性

录用条件是用人单位针对不同岗位自行制定的岗位需求标准，是对聘用的劳动者的基本要求。劳动者符合录用条件的，试用期满时予以转正；劳动者不符合录用条件的，用人单位可以在试用期解除劳动合同。对劳动者而言，录用条件就相当于为劳动者设定了一个目标指向；对用人单位而言，录用条件是用人单位决定对劳动者进行转正还是解除劳动合同的前置性条件，对员工进行试用期考核评估要围绕事先设定好的录用条件进行；对司法机关而言，录用条件则是司法机关判定解除劳动合同是否合法的重要依据。因此，录用条件设定的重要性不言而喻。

二、招聘录用条件的体现形式

用人单位招聘人才，经常需要使用招聘录用条件来设定职位要求。招聘录用条件可以通过以下方式来体现：

(1) 招聘广告。用人单位可以通过在招聘过程中发布招聘广告、招工简章、招聘计划来设置录用条件。

(2) 规章制度。用人单位可以将招聘条件中的共性条件规定在规章制度中，比如将一些通用的职业道德要求、身体健康要求、诚信要求等条件加以明确。

(3) 录用条件说明书。用人单位可以制作明确、具体的录用条件说明书专门告知。

(4) 岗位说明书。用人单位可以在岗位说明书中对录用条件进行详细约定，并将其作为劳动合同的附件。

(5) 劳动合同。劳动合同中也可以具体约定录用条件或不符合录用条件的情形。

【劳动关系管理文书范本 3-1】

录用条件说明书

三、招聘录用条件的设计要求

(一) 内容上体现为共性与个性相结合

所谓“共性”，是指大部分企业和岗位的员工都应当具备的基本条件，比如工作能力要求、身体健康要求、诚信要求、避免利益冲突要求等。所谓“个性”，是指结合具体岗位的特殊要求而设置的具体条件，比如有的岗位需要特殊技能要求，有的岗位需要身体条件的要求等。个性条件包括但不限于学历、经历、资历、身体素质、内在品质等。

(二) 形式上体现为肯定性条件和排除性条件的结合

用人单位可以对拟招聘岗位需要具备什么条件进行肯定性的明确规定，如健康状况、道德品质、文化水平、工作技能、绩效等条件；也可以用列举的方式，规定不予以录用的条件，即排除性条件。一般可视为“不符合录用条件”的情形有：

(1) 被判处刑罚，尚未执行完毕者。

(2) 通缉在案者。

(3) 未满 16 周岁者。

(4) 曾经以违反规章制度为由被辞退者或擅自离职者。

(5) 在订立劳动合同过程中有欺骗、隐瞒或者其他不诚实行为者。

(6) 求职过程中提供虚假简历或信息者。

(7) 患有精神疾病或患有《传染病防治法》规定的甲类传染病和乙类传染病者。

(8) 酗酒、吸毒者。

(9) 违反国家法律规定或严重违反企业的规章制度者。

(三) 要具体、明确、合法、合理

首先，招聘录用条件一定要具体、明确。切忌笼统和抽象的描述，能量化的条件尽可能量化，无法量化的尽可能有明确的评判准则，尽可能对录用条件作出清晰的描述和定义。

其次，招聘录用条件要合法，不能违反国家法律法规的规定以及公序良俗。如不得存在就业歧视、不得向劳动者索要财物、不得要求劳动者从事违法行为、不得扣押劳动者身份证件等。如把"能陪客户喝酒"等作为录用条件是无效的。

最后，招聘录用条件要合理。"合理"是指设置的录用条件须与工作相关且劳动者在正常的工作条件下可以实现。如果条件与工作不相关或是根本就不能够实现，那么很有可能会被法院认定为无效。

四、招聘录用条件生效的程序要求

录用条件要想生效，必须事先公示。录用条件公示的方法有：

(1) 通过招聘公告公示。

(2) 招聘时向员工明示，在员工入职时要求其签字确认，并作为入职登记表的附件。

(3) 通过发录用通知书的方式明确，并要求签字确认。

(4) 在岗位说明书中对录用条件进行详细约定，并将其作为劳动合同附件。

(5) 在劳动合同中明确约定录用条件或不符合录用条件的情形。

(6) 在规章制度中对录用条件进行详细的规定，并在建立劳动关系前对员工进行公示。用人单位要注意保留员工签收或录用条件公示的证据。

用人单位一定要认识到录用条件对员工管理的重要性，科学合理地设计录用条件，为企业合法合理管理试用期员工提供更多的权利和便利。录用条件一旦设置不当，用人单位不仅会丧失甄别员工是"真材实料"还是"假冒伪劣"的机会，还会在淘汰试用期不合格员工时付出巨大的代价。

【引例分析】根据《劳动合同法》第 39 条的规定，在试用期间，如果劳动者被证明不符合录用条件的，企业可以解除劳动合同。这也正是企业在招聘前要设计好详细的录用条件的原因，因为录用条件是企业解除试用期员工劳动合同的重要依据。招聘条件的设计很有讲究，如果录用条件规定模糊或者关键条件没有澄清和公示，在员工入职后就会造成劳动纠纷隐患。在招聘阶段，企业应当把重点工作放在每个岗位的录用条件设计上，确保录用条件严密、完善，注重能力考核，并且具有可操作性。

任务二　人员合理甄别时的就业歧视规避

就业歧视法律风险不容忽视

【案情】应届女毕业生小郭在应聘巨人环球教育科技有限公司行政助理岗位时，不服对方只招男生，于是以遭遇性别歧视为由将对方诉至法院，要求对方赔礼道歉并赔偿精神损害抚慰金50 000元。2013年12月18日，双方在海淀法院当庭达成和解，“巨人教育”承诺支付小郭3万元作为关爱女性平等就业专项资金。该案被媒体称为“中国就业性别歧视首案”。

用人单位在完成录用条件的设计、发布后，必然要通过招聘甄选过程选拔出高素质、符合人岗匹配原则的人才。那么，招聘甄选过程如何做到有据可依、规范有效呢?《就业促进法》第8条规定：“用人单位依法享有自主用人的权利。用人单位应当依照本法以及其他法律、法规的规定，保障劳动者的合法权益。”《劳动法》第12条规定：“劳动者就业，不因民族、种族、性别、宗教信仰不同而受歧视。”劳动者依法享有平等就业权，即在获得就业机会时，劳动者不因人的自然差别而受歧视。用人单位在招聘甄选过程中，要注意对应聘者的平等就业权的保护，在就业权和用工自主权之间要注意协调和平衡，特别是要注意区分合理甄别和就业歧视之间的界限。

一、合理甄别和就业歧视的界定

所谓合理甄别，是指在应聘者享有平等竞争机会的前提下，考查应聘者与工作相关的关键能力和关键性格等评价要素，优胜劣汰。合理甄别是用人单位行使用工自主权的表现，是合法的。

所谓就业歧视，是指因某些与工作无关的理由，比如种族、肤色、宗教、政治见解、民族、社会出身、性别、户籍、残障或年龄、身高、语言等，剥夺求职者与他人平等的就业机会，侵害劳动者平等就业权的行为。就业歧视侵害和剥夺了求职者的平等就业权，是应当被禁止的。

根据国际劳工组织大会1958年通过的《消除就业和职业歧视公约》(第111号公约，以下简称《公约》)第1条关于就业歧视的定义，“歧视”一语是指：基于种族、肤色、性别、宗教、政治见解、民族血统或社会出身的任何区别、排斥或优惠，其效果为取消或损害就业或职业方面的机会平等或者待遇平等。第2条规定：基于特殊工作本身的要求的任何区别、排斥和优惠，不视为歧视。用人单位招用人员，应当向劳动者提供平等、公平的就业机会，不得规定就业歧视性条件。

【拓展阅读】

《劳动法》第13条规定：“妇女享有与男子平等的就业权利。在录用职工时，除国家规定的不适合妇女的工种或者岗位外，不得以性别为由拒绝录用妇女或者提高对妇女的录用标准。”

《就业促进法》第3条规定：“劳动者依法享有平等就业和自主择业的权利。劳动者就业，不因民族、种族、性别、宗教信仰等不同而受歧视。”

《就业促进法》第27条规定：“国家保障妇女享有与男子平等的劳动权利。用人单位招用人员，除国家规定的不适合妇女的工种或者岗位外，不得以性别为由拒绝录用妇女或者提高对妇女的录用标准。用人单位录用女职工，不得在劳动合同中规定限制女职工结婚、生育的内容。”

用人单位实施就业歧视，将承担相应的法律责任。《就业促进法》第 62 条规定：“违反本法规定，实施就业歧视的，劳动者可以向人民法院提起诉讼。”第 68 条规定：“违反本法规定，侵害劳动者合法权益，造成财产损失或者其他损害的，依法承担民事责任；构成犯罪的，依法追究刑事责任。”用人单位应承担侵犯平等就业权的赔偿责任，赔偿范围包括劳动者因此遭受的直接损失，如应聘所产生的费用等，如果造成严重精神损害的，还应当赔偿精神损失费。

部分地方性法规对就业歧视问题也作出了细化规定，例如《深圳经济特区性别平等促进条例》第 16 条规定：“用人单位在招聘、录用人员时，除国家法律另有规定外，不得设置性别要求，不得以性别、婚姻、生育等为理由拒绝招录某一性别或者提高某一性别的招录标准。但是根据性别比例平衡指导意见以及有关法律、法规的规定对某一性别采取优先、优惠措施的除外。违反前款规定的，由人力资源和社会保障部门责令限期改正；逾期拒不改正的，处三千元以上三万元以下的罚款。”因此，如果违反地方法规的规定，还可能承担责令改正、罚款等行政处罚的法律责任。

二、合理甄别与就业歧视的区分

人员甄别的权利是用人单位用人自主权的一种体现。甄别必须合法，否则就会构成就业歧视。甄别行为究竟是属于用人自主权的范畴，还是属于就业歧视的行为，可以综合考虑以下因素来评价。

（一）甄别的目的是对人才进行合理区分还是简单地排除竞争

就业歧视是企业在招聘过程中以与工作无关的情况为理由，将部分应聘者排除在就业竞争机会之外，其目的是不公平、不合理、不合法的。而合理甄别的根本目的还是识别人才，通过考查应聘者对工作本身的胜任程度，如对受教育程度，相关工作经历，工作所需的知识、技能、个性特征等方面的考查，优胜劣汰选拔和录用员工，其目的是合法的。

（二）甄别条件的设置基础是否基于职业或者岗位需要

甄别的标准如是根据职业的内在需要设置的，不具备这样的条件就无法从事或者无法很好地从事某一类职业或者岗位，比如总厨需要厨师工作经历、前台需要容貌端庄等，则是合理的。反之如果条件并非职业相关或者并非基于职业要求，则涉嫌构成职业歧视。如某地邮政局的招聘信息显示，应聘人必须是本市户口，还必须是女生，这样的甄别标准没有任何合理性，涉嫌歧视。

（三）甄别是对先天劳动能力还是后天劳动能力进行区分

先天劳动能力是个人与生俱来或无法通过后天努力改变的能力，如人的性别、血型、民族等。后天劳动能力指可以通过个人后天的学习和实践获得的能力，如个人的学历、技能、工作经验等。人生而平等，基于先天劳动能力所获得的平等就业权不应受到侵犯，否则构成就业歧视。用人单位要避免将基于先天能力的“个人属性”，如性别、年龄、身高、民族、地域等设为甄别的标准。对应聘劳动者的后天劳动能力可以进行合理区分，以便挑选更优秀、更适合的劳动者。但区分也须以职业需要为前提，一旦脱离职业需要也可能违法。

三、用人单位在招聘录用环节规避就业歧视风险的建议

为了规避就业歧视的风险，用人单位在甄选环节应该注意以下问题：

（1）面试时不使用歧视性语言，不问任何有歧视性的问题。

（2）除国家法律、行政法规和卫生部门规定禁止传染病病人、病原携带者从事的易使传染病扩散的工作，可能存在职业禁忌证的工作和有职业病危害的工作外，其他工作不应要求对应聘者进行体检。

（3）结果告知。在告知未被录用的原因时，不得出现“民族原因、非本地户口、年龄太大”等歧视性语言；除不适合妇女的工种或者岗位外，不得以性别为由拒绝录用妇女或者提高妇女录用标准。用人单位应尽量以不符合企业文化等主观性理由婉拒应聘者，而非明确告知应聘者被拒录的原因是其不符合单位内部把握的年龄、性别、地域等带有歧视性内容的招聘条件。

【引例分析】劳动者享有平等就业的权利，劳动者就业不因性别等情况的不同而受歧视，国家保障妇女享有与男子平等的劳动权利。用人单位招用人员，除国家规定的不适合妇女的工种或者岗位外，不得以性别为由拒绝录用妇女或者提高对妇女的录用条件。本案中被告并未举证证明该岗位属于法律、法规所规定的女职工禁忌从事的工作，根据其发布的招聘要求，女性完全可以胜任。因此，其只招录男性的理由与法律不符。其行为侵犯了小郭平等就业的权利，构成就业歧视，给小郭造成了精神损害，故小郭要求被告赔偿精神损害抚慰金的理由充分。

任务三　录用通知书的合法制作

引例

录用通知书有法律效力吗？

【案情】刘某是上海某大学的大四学生，2018 年 4 月，经过两轮面试，他被一家知名外企看中。第二次面试结束后，面试官直接向刘某出具了录用通知书，该通知书上写明了刘某的职位、月工资标准、年终奖、其他福利待遇和报到时间。刘某觉得很满意，此后便没有再参加其他招聘，开开心心地过完了在学校最后的一段时光。毕业后，刘某如期去公司报到，可意想不到的事情发生了，他被告知公司因故需要临时裁员，对于新一批的员工都将不再聘用。刘某无论如何也接受不了这样的事实，于是他向劳动争议仲裁委员会申请了劳动仲裁，要求公司承担赔偿责任。

用人单位在决定录用人选以后，往往会发放录用通知书。录用通知书在劳动关系的缔结过程中起着十分重要的作用。录用通知书具有什么法律效力？用人单位能否撤销？用人单位撤销的后果又是什么？企业如何规避发放录用通知书的风险呢？这些问题都直接关系

到劳动者利益的保护和企业劳资关系的良性管理。

一、录用通知书的概念

录用通知书是用人单位向拟录用的劳动者发出的表明自己愿意与之建立劳动关系的文书。发放录用通知书并不是法定的订立合同的必经程序，但是许多用人单位习惯于在与新员工签订劳动合同之前，向拟录用的应聘者发一份录用通知书，通知应聘者前来签订劳动合同。

二、录用通知书的法律性质

对于录用通知书的法律效力，《劳动合同法》中未作出明确规定。很多用人单位认为录用通知书不是正式的劳动合同，没有法律效力，因此在设计、发送及撤销方面都很随意，从而引发大量的劳动争议。

从法律性质上看，录用通知书可能是要约，也可能是要约邀请。

如果用人单位向劳动者发出的录用通知书内容具体，对被录用劳动者的岗位（职位）、薪资、合同期限以及相关福利等与工作相关的主要信息有着明确的约定，且表明用人单位愿意受到该录用通知书约束的意思，那么该录用通知书在法律上的属性应为“要约”。

录用通知书作为要约的法律效力体现在两个方面：对于劳动者来说，录用通知书不是劳动合同，劳动者可以接受这份工作机会而与用人单位签订劳动合同，也可以不接受，而不接受并不需要承担任何法律后果。对于用人单位来说，录用通知书一旦送达，就发生法律效力，用人单位要受到这份要约的约束，履行要约中的诺言，和劳动者签订劳动合同。除非根据合同法的规定，在劳动者发出承诺之前通知劳动者撤销该要约。

如果录用通知书从内容上看，仅仅表示了聘用的意向，对于具体的职位、工作地点、工作待遇等内容也都没有明确，只是希望劳动者发出要约的一个邀请，那么这种录用通知书属于要约邀请，用人单位可以不受其约束，也不会因为没有招录劳动者而承担缔约过失责任或违约责任。

【劳动关系管理文书范本 3-2】

录用通知书

（要约版本和要约邀请版本）

三、录用通知书和劳动合同的关系

录用通知书并不能取代劳动合同。当签订劳动合同后，录用通知书可以作为劳动合同的附件继续生效。当劳动合同与录用通知书中的内容不一致时，谁的效力更高呢？因劳动合同产生于录用通知书之后，其约定的内容不同于录用通知书，应当视为用人单位与员工就同一问题作的新约定。因此，劳动合同条款的效力高于录用通知书。但是，当录用通知书中具备的内容没有在劳动合同中出现时，不能完全依据协议形成时间来确定谁更具有效力，而是要看录用通知书在劳动合同签订后是否还有效。如果录用通知书没有有效期，其内容在劳动合同签订后仍然有效，那么对用人单位与员工双方就都具有法律约束力。

四、用人单位撤销录用通知书的后果

对于要约性质的录用通知书，其一旦生效，用人单位就无权撤销，如用人单位单方撤销的话，则视为违约，劳动者可证明其因为企业的违约行为遭受的损害，向该用人单位索赔。另外，如果企业发放录用通知书后，双方未签订劳动合同，但该员工已经事实上履行了劳动义务，则双方实际上已经形成了事实劳动关系。在这种情况下，用人单位单方撤销的话，就构成了劳动合同法中的违法解除劳动合同的情形，该员工可向劳动争议仲裁委员会申请仲裁。而要约邀请性质的录用通知书，用人单位可以随时撤销。

【引例分析】劳动争议仲裁委员会认为，该公司向刘某所发的录用通知书是一个内容具体、确定的要约，于送达刘某时即已生效，用人单位就应该受到该要约全部内容的约束。刘某按该录用通知上写明的报到日期如期报到，即表明双方已经就该录用通知书的全部内容达成了合意，该合意对双方当事人都具有法律约束力。本案中，刘某放弃继续求职，完全是基于对该录用通知的合理信赖，因此，该公司因自身原因不履行订立劳动合同的义务，构成违约，应赔偿刘某因此遭受的全部损失。

任务四　做好员工入职审查

引例

企业招入假员工，被盗损失自承担

【案情】2018 年 9 月，某物流公司招聘朱某担任采购员。入职三个月后，朱某突然失踪。公司经盘点，发现朱某侵占公司财物达 100 多万元。公安机关经侦查发现朱某的身份、学历、电话等均属伪造，侦查工作进展艰难，公司蒙受的财产损失无法得到弥补。

入职前审查是企业录用求职者的最后一个关卡。企业做好入职前审查，能够进一步避免潜在的法律风险。如果企业忽略了这个环节，后果可能很严重。了解此环节的法律风险点并制定相应的应对之策，用人单位方能从容不迫，并省去诸多不必要的纷争。用人单位应适当运用知情权的法律规定，并建立行之有效的入职审查制度。

一、入职审查的法律依据

根据《劳动合同法》第 8 条的规定，用人单位有权了解劳动者与劳动合同直接相关的基本情况，劳动者应当如实说明。对劳动者与劳动合同直接相关的基本情况，如劳动者的年龄、性别、学历、专业技术、工作经历、健康状况等，用人单位享有知情和审查的权利，此即用人单位的知情权。劳动者需要向用人单位提供有关的书面证明材料，用人单位同样应该好好保留、掌握和管理。

二、入职审查的内容

（一）劳动者年龄审查

入职者的年龄直接关系到双方劳动关系是否成立。对劳动者入职年龄的审查要注意以下两个方面。

1. 审查劳动者有没有达到法定的劳动年龄

我国《劳动法》《未成年人保护法》《禁止使用童工规定》均明确规定禁止用人单位招用未满 16 周岁的未成年人。《劳动法》第 15 条规定："禁止用人单位招用未满十六周岁的未成年人。文艺、体育和特种工艺单位招用未满十六周岁的未成年人，必须遵守国家有关规定，并保障其接受义务教育的权利。"根据《禁止使用童工规定》第 2 条和第 6 条的规定，国家机关、社会团体、企业事业单位、民办非企业单位或者个体工商户均不得招用不满 16 周岁的未成年人，否则，由劳动保障行政部门按照每使用一名童工每月处 5 000 元罚款的标准给予处罚。并且劳动保障行政部门应当责令用人单位限期将童工送回原居住地交其父母或者其他监护人，所需交通和食宿费用全部由用人单位承担。用人单位经劳动保障行政部门依照上述规定责令限期改正，逾期仍不将童工送交其父母或者其他监护人的，从责令限期改正之日起，由劳动保障行政部门按照每使用一名童工每月处 1 万元罚款的标准处罚，并由工商行政管理部门吊销其营业执照或者由民政部门撤销民办非用人单位登记；用人单位是国家机关、事业单位的，由有关单位依法对直接负责的主管人员和其他直接责任人员给予降级或者撤职的行政处分或者纪律处分。

2. 审查劳动者有没有达到法定的退休年龄

根据《国务院关于安置老弱病残干部的暂行办法》和《国务院关于工人退休、退职的暂行办法》的规定，国家法定的企业职工退休年龄是男年满 60 周岁，女工人年满 50 周岁，女干部年满 55 周岁。从事井下、高温、高空、特别繁重体力劳动或其他有害身体健康工作的，退休年龄为男年满 55 周岁，女年满 45 周岁；因病或非因工致残，由医院证明并经劳动鉴定委员会确认完全丧失劳动能力的，退休年龄为男年满 50 周岁，女年满 45 周岁。

如果劳动者达到法定退休年龄并享受养老保险待遇，劳动合同应该终止，之后属于劳务关系。已退休人员与所在单位发生争议，通过民事诉讼解决。如员工在入职时和用人单位签订了劳动合同。

（二）劳动者身份审查

首先，审查劳动者的身份是否是在校大学生。如果是，用人单位就要注意审查其劳动的性质，劳动性质不同，用人单位与其签订的合同不同。如果在校大学生从事的是正式员工的工作，获得的是工资，且用人单位对大学生进行日常管理，那么劳动者与所在的用人单位是劳动关系，适用劳动法律以及《劳动合同法》的相关规定调整。属于非全日制用工性质的，按非全日制用工管理；属于全日制用工性质的，按一般的劳动关系进行处理。如果大学生付出劳动，获得的是劳动报酬，用人单位只是购买了大学生的劳动成果，那么大学生的身份就不是劳动者，其与用人单位之间是劳务关系，用人单位可以与其签订劳务协议。

其次，需要审查劳动者的国籍和身份。除一些持有特殊规定证件的以外，外国人以及港澳台同胞在境内就业需要办理"两证"，即就业证和就业许可证，否则用人单位将会受到处罚。《外国人在中国就业管理规定》第5条规定："用人单位聘用外国人须为该外国人申请就业许可，经获准并取得《中华人民共和国外国人就业许可证书》后方可聘用。"第8条第1款规定："在中国就业的外国人应持Z字签证入境（有互免签证协议的，按协议办理），入境后取得《外国人就业证》和外国人居留证件，方可在中国境内就业。"没有办理"两证"的，双方建立的不属于劳动关系，属于劳务关系。

（三）劳动者基本信息审查

劳动者的学历、资格及工作经历很大程度上反映了劳动者的工作能力，是用人单位判断其能否胜任应聘的工作岗位的重要依据，是用人单位招聘管理人员应高度关注的事项。在现今职业诚信体系尚未建立的情况下，劳动者提供虚假学历、资质证明或工作经历的情况经常发生，所以，用人单位审查劳动者的基本信息的真实性是非常有必要的。用人单位可将相关资格证书送至专业机构验证，或登录相关网站查询等，如表3-2所示。如果忽视上述审查，使得劳动者以欺诈手段骗取录用，用人单位将要为此付出较大的招聘成本。

表3-2　员工基本信息审查

序号	员工信息种类	查询及核实方式	参考网站及渠道
1	身份信息	身份信息网站查询	www.ip138.cn
2	学历、学位、资格证书	学历及资格认证网站查询	www.chsi.com.cn
3	英语四、六级考试成绩真实性	四六级考试官方网站查询	www.cet.edu.cn
4	工作年限	所在地社会保险网站查询	劳动者提供社保缴费单或者查询各地社保网

（四）劳动关系状态审查

我国《劳动法》和《劳动合同法》并未明文完全禁止劳动者的兼职行为。但是《劳动合同法》第91条规定："用人单位招用与其他用人单位尚未解除或者终止劳动合同的劳动者，给其他用人单位造成损失的，应当承担连带赔偿责任。"所以，为避免不必要的法律风险，用人单位要做好劳动者的现有劳动关系状态的审查。用人单位招用劳动者时必须查验终止、解除劳动合同的证明以及其他能够证明该劳动者与原用人单位不存在劳动关系的凭证，方可与该劳动者建立劳动关系。

（五）健康状况审查

用人单位查验劳动者的身体健康证明主要是为了防止录用患有潜在疾病、残疾、职业病的员工。如果用人单位录用了以上人员，在试用期内发现员工患有疾病、职业病，除非用人单位能证明劳动者患病导致其不符合录用条件，否则不能马上辞退。另外，员工在患病期间依法享有医疗期，而在医疗期期间，用人单位不能辞退员工。处于医疗期的劳动者，用人单位要按一定比例发放工资，还要视患病严重程度承担50%～100%的医疗费补助，这必然增加用人单位的用人成本。医疗期满，辞退还需遵循相应程序，还需要支付经济补偿金和医疗补助金。更严重的是，根据《职业病防治法》的规定，员工在工作中发现职业病，除非用人单位能够证明其职业病是先前用人单位的职业危害造成的，否则由现在的用人单位承担责任。因此员工入职前的健康检查是非常有必要的。在实践中，用人单位可以要求劳动者在入职前提供正规的体检报告或者要求劳动者到指定医院参加体检。

（六）保密义务和竞业限制审查

劳动者违反了保密义务，涉嫌向新用人单位泄密的话，原用人单位可以追究劳动者泄密的责任，并让新用人单位承担连带责任。劳动者违反竞业限制义务，原用人单位可以要求该员工承担违约金，该劳动者也可能因原用人单位要求继续履行竞业限制义务而不得不离开新用人单位。新用人单位将因此白白浪费招聘、培训等成本。因此，在新员工入职时，一定要做好劳动者的保密情况和竞业限制情况的调查，以此来有效防止负有保密义务或者竞业禁止义务的人员进入本企业。人力资源部门应对员工进行询问，必要时联系原单位进行确认，并制作书面确认文件。

三、入职审查的方式

（一）入职背景调查

1. 入职背景调查的含义

入职员工背景调查就是通过各种正常的、符合法律法规的方法和途径，获得被调查员工背景资料的相关信息。通过对获得的信息与被调查者所提供的简历信息、面试收集的信息等进行对比，为企业人力资源管理者对员工的聘用提供参考依据。国内政府机构和事业单位一直沿用的颇具中国特色的“政审”，其实也起到了与背景调查类似的作用。

2. 入职背景调查的内容

入职背景调查一般包括以下内容：身份识别、犯罪记录调查、教育背景调查、工作经历调查、数据库调查。其中，身份识别指核实候选人身份证的真假；工作经历调查包括调查工作经历是否真实，即时间、职位、是否正常离职等信息，和工作具体表现两种；数据库调查指通过各种权威的信息库来查找候选人被公开的一些负面信息。

3. 入职背景调查的方法

入职背景调查的方法主要有：对比员工个人填写的不同表格中的信息；通过专业网站确认学历等信息的真伪；通过历任雇用公司电话对应聘者经历进行核实。

4. 入职背景调查应注意的问题

第一，告知应聘人，获得允许和理解。背景调查在一定程度上可能侵犯了应聘者的隐私，为了全面了解彼此，获得互相合作的机会，应在征得应聘者的允许和理解后进行。可以在应聘人员登记表中设计“背景调查”一栏，让应聘者签字，并声明所填的信息都是真实的。

第二，不对应聘人未离职的单位进行调查。如果向应聘者正在受雇用的公司了解情况的话，会给应聘者的工作带来不便。因此，在做背景调查时，不宜贸然对应聘者正在受雇的公司进行背景调查。

第三，在面试过程中确定背景调查的重点。背景调查主要是为了了解应聘者提供的信息是否真实及应聘者未曾提到但与工作密切相关的信息，背景调查时也不一定要面面俱到，但是一定要把关键的信息收集到，如面试中的重要疑点。

第四，最迟在决定聘用之前做背景调查。背景调查最好安排在终试结束后，并在入职前进行。安排在最后的面试结束后，有助于减轻工作量。

做好背景调查，不仅可以为企业选择合适的人提供事实依据，还能减少公司的各方面风险。

【劳动关系管理文书范本 3-3】

入职员工背景调查表

（二）入职登记表

1. 入职登记表的作用

入职登记表是用人单位为新进员工专门设计并要求其填写的一份最基本的文书资料，其目的在于了解员工的基本情况，是员工和公司建立劳动关系的凭据之一。入职登记表比较完整地记录员工的情况，其作用在于以员工亲笔书写的方式固定了员工信息，便于简历有假时落实责任，在涉及诉讼的时候也是很重要的证据。如劳动者提供虚假信息而入职的，在入职登记表的证明下，可能会因欺诈而导致劳动合同无效或者用人单位可以解除劳动合同并且不用承担法律责任。设计并制作一份详尽的入职登记表，对于用人单位来讲具有重要的意义。

案例 3-2　入职登记表的设计对劳动争议案件的影响

案例分析

2. 入职登记表的内容

一份详尽的入职登记表应有以下信息：

（1）员工的基本信息：姓名、年龄、性别、国籍、身份证号码等。

（2）教育背景信息：教育经历、专业、学历、学位、专业资格证书、专业职称、技术操作水平等。

（3）工作经历信息：即资历，是员工信息中重要的组成部分，也是决定员工薪资的重要标准和依据。

（4）家庭成员、紧急联络人以及通信地址信息。

（5）入职信息：入职时间、试用期时间、试用期工资、转正后工资等。

（6）健康信息：是否从事过井下、高空、高温、特别繁重体力劳动以及有毒有害工种，是否曾被认定工伤或持有残疾人证明，是否被劳动能力鉴定委员会鉴定为具有伤残等级以及何级伤残，是否有传染性疾病，最近几个月内接受过的医学检查与治疗等。

（7）前工作单位信息：离职原因、离职时间、是否与前工作单位约定有保密协议与竞业限制协议、是否与前工作单位有未尽法律事宜等。

（8）其他信息：参加工作时间、累计工作时间、是否有连续工作 12 个月的事实、是否享受过婚假、是否正处在三期中、应聘信息来源等。年休假与劳动者过往的累计工作年限挂钩，所以入职登记表上应注明“劳动者应对其过往的工作年限承担举证的责任，否则公司有权不予确认其相关工作年限”。

（9）声明信息：

1）员工确认，公司已如实告知工作内容、工作地点、工作条件、职业危害、安全生产状况、劳动报酬以及员工要求了解的情况。

2）员工提供的个人信息、学历证明、资格证明、身份证明、工作经历等个人资料均真实，员工充分了解上述资料的真实性、合法性是双方订立劳动合同的前提条件，如有弄虚作假或隐瞒的情况，属于欺诈导致劳动合同无效或者构成严重违反公司规章制度，同意公司有权解除劳动合同，公司因此遭受的损失，员工有赔偿的义务。

3）员工确认，本表所填写通信地址为邮寄送达地址，公司向该通信地址寄送的文件或物品，如果发生收件人（本人及成年家属）拒绝签收或查无此人的情形，员工同意，从公司寄出之日起 3 日内视为公司已经送达。

（10）员工签字信息：在入职登记表每一页的最下方设置员工签字信息栏。

【劳动关系管理文书范本 3－4】

员工入职登记表

【引例分析】这个案例凸显了做好招聘及员工入职审查工作的重要性。用人单位要注意采取以下措施防范风险：（1）要全面审查了解新员工的基本信息。入职登记表除了要求员工填写姓名、性别、年龄、学历、学位、籍贯等信息外，还要填写毕业证号码，该号码可供查询真假；要求填写家庭联系电话，便于员工出现异常之后公司联络家人和送达文书使用。（2）工作经历的填写一定要附上证明人及联系电话。可以通过拨打工作经历证明人的电话查询其真实履历信息。（3）要求员工提供本人照片，一旦员工擅自离职，可以刊登照片寻找“失踪员工”。核实新员工的基本信息是人力资源管理人员的本职工作，员工入职后的审查工作必须落到实处。

任务五　劳动合同的拟订与签订实务操作

引例

做好合同条款的设计，让劳动争议案件走向不同的结局

【案情】某木工给公司做商城专柜的装修工作，其向公司索要高温津贴。公司认为，员工做装修都是室内作业，不存在高温作业，不用给高温津贴。而该员工认为，做装修作业的时候，空间是封闭的，且要使用电锯之类的工具，房间很闷热。那么，员工主张高温津贴，是由员工来证明其是高温作业，还是由单位来举证证明员工不是高温作业？这一般由仲裁员或法官根据情况进行自由裁量，判断到底举证责任分配给哪一方。多数情况下，由用人单位来负举证责任。用人单位若不能举证证明员工不是高温作业，则公司要支付高温津贴。纠纷发生后，用人单位要去证明劳动者不是高温作业是很困难的。有没有更好的解决办法？

作为劳动合同管理的起点，一份合法且符合用人单位实际情况的劳动合同，将对劳动合同的履行起到非常重要的作用。在实践中，由于大多数用人单位对劳动合同文本的格式及条款设计并不太重视，使得劳动合同的管理存在许多隐患，比如有的选择当地的劳动部门提供的劳动合同范本一签了之，内容简单，形式粗糙，一旦发生劳动争议，用人单位才发现合同约定过于简单，对自身不利，但却为时已晚。那么，用人单位应该如何拟订劳动合同条款，如何签订劳动合同呢？

一、劳动合同的拟订

（一）劳动合同拟订的基本要求

1. 要有法律风险防范意识

在设计劳动合同条款时，就应考虑到劳动合同并非仅仅作为管理依据，将来也有可能成为解决纠纷的最好证据。合同的条款应当尽量避免出现漏洞，以免给未来合同管理留下不必要的风险。

2. 遵循合法原则

这是劳动合同条款设计最重要的原则，如条款不合法，合同可能会无效。合同条款应当注意不要违背法律法规、最高人民法院的司法解释、地方法院的指导意见等规范性文件的规定和精神。

3. 遣词造句应简单明确，不产生歧义

条文词语的运用要简单明了，同时又不产生歧义，所以在审查、修改劳动合同文本时，应反复考量，做到最好。

4. 条款的设计应有前瞻性、灵活性

合同的条款一旦作出明确约定，对双方均有约束力。如需要变更劳动合同的内容，双方应协商同意，且签订书面的变更协议。在实践中，要达成变更的合意并非易事。因此在设计条款时，要留有回旋的余地，要有前瞻性。

（二）劳动合同内容（条款）的设计

1. 劳动合同期限条款的设计

我国目前的劳动合同期限有三类：固定期限、无固定期限、以完成一定工作任务为期限。在劳动合同中设计运用这三类期限时要注意以下问题：

（1）劳动合同期限应分档次安排。

企业应当拟订劳动用工计划，对于第一次签订的固定期限劳动合同的期限，应按照短期、中期、长期三个档次进行合理安排。一般情况下，短期劳动合同的期限应在1年之内，中期劳动合同的期限应为2～3年，长期劳动合同的期限可保持在5年左右。这样对劳动合同期限进行递次安排，既能保持劳动力的相对稳定，又有利于劳动力能进能出，合理流动。

（2）确定劳动合同期限应考虑企业与员工两方面因素。

从企业生产经营的角度考虑，一般来讲，可替代性、技术性不强的生产经营岗位，应签订短期劳动合同；技术性、专业性强的生产业务岗位以及管理岗位，应签订长期劳动合同；介于两者之间的生产经营岗位，则应签订中期劳动合同。

从劳动者个人的角度考虑，对于初次就业的劳动者，鉴于其选择工作单位和岗位的盲目性大，稳定性差，且知识、技能、工作经验欠缺，一般与其签订短期劳动合同；对于重复就业，本人希望获得稳定职业，又有一定的知识、技能和工作经验的劳动者，应考虑与其签订中期或长期有固定期限的劳动合同。

（3）签订第二次固定期限劳动合同应慎重决定。

劳动者在同一用人单位连续订立两次固定期限劳动合同后，订立无固定期限劳动合同的主动权就掌握在员工手中。企业如果与劳动者连续订立了两次固定期限劳动合同，从某种程度上说就等于与员工订立了无固定期限劳动合同。所以，两次固定期限劳动合同的安排，关键是第一次有固定期限的劳动合同期满后，是否再连续订立第二次有固定期限的劳动合同，企业必须慎重作出选择。

【拓展阅读】

劳动合同期限设计实例

（1）甲、乙双方就合同期限选择以下______类劳动合同。

A. 有固定期限合同：本合同期限自______年______月______日起，至______年______月______日止，其中试用期为______个月，自______年______月______日起，至______年______月______日止。

B. 无固定期限合同：本合同期限自______年______月______日起履行，其中试用期为______个月，自______年______月______日起，至______年______月______日止。如终止条件出现，劳动合同即行终止。

C. 以完成一定工作任务为期限的合同：本合同自______年______月______日起履行，至工作完成时止，并以该工作任务完成为终止合同的标准。

(4) 要注意区分劳动合同期限和工作岗位期限。

劳动合同期限较长时，用人单位如想掌握一定的调整员工工作的主动权，可以将劳动合同期限与工作岗位期限分开设置，在一个较长的劳动合同期限内，先对员工的工作岗位约定一个较短的工作岗位期限，在该工作岗位期限届满后，用人单位再根据需要重新聘用员工到一个新的岗位。

2. 工作内容和工作地点条款的设计

(1) 工作内容条款的设计。

工作内容条款是劳动合同的核心条款，它是用人单位使用劳动者的目的，也是劳动者为用人单位提供劳动以获取劳动报酬的原因。工作内容包括劳动者从事劳动的岗位、工作的性质和范围以及劳动生产任务所要达到的效果、质量指标等。

劳动合同中的工作内容条款应当尽量明确。为了灵活调岗，有的用人单位在劳动合同中约定非常泛化的大岗位概念，如生产岗位、管理岗位等，然而这并不能达到目的，反而增加了事后因双方理解不一致而产生纠纷的可能性。像“单位可根据实际经营管理需要，对劳动者的工作岗位进行调整”这样的条款，其实质是赋予了用人单位随意调整劳动者工作内容的无限权利，是免除自己责任、排除对方权利的格式条款，并不具备法律效力。

(2)“工作地点”条款的设计。

按《劳动合同法》的规定，工作地点条款是必备条款，用人单位在劳动合同上必须注明劳动者的工作地点。工作地点条款的设计也要遵循具体和明确原则。首先，不能把普通岗位的工作地点约定为“中国”或“全省”，那样会被认为是在免除单位的责任。工作地点至少要约定到市一级。其次，工作地点也不能设置为不确定的多个。对于岗位不固定，在劳动合同履行过程中可能需要不断变更的员工，可以在劳动合同中约定一个较大的范围，如工作地点约定为公司注册地，即在某城市的某个区，也可约定为某城市。对于销售和市场人员、跨地域职能部门管理人员，可以在劳动合同中约定多个工作地点，也可以约定一个确定的地点，然后另外约定一些具体的调整工作地点的条件。

【拓展阅读】

工作内容与工作地点的设计实例

(1) 甲方根据生产经营需要，安排乙方在______部门从事工作。乙方应履行本岗位的工作职责，按时、按质、按量完成其本职工作。

(2) 乙方的工作地点可随着甲方经营范围的扩大而调整，甲方在与乙方协商一致后，可委派乙方至其他城市工作。

(3) 乙方同意，甲方有权在以下情形之一出现时调整乙方的工作岗位、工作内容、劳动报酬、工作地点，乙方应服从甲方的安排：1) 乙方不胜任本职工作；2) 客观情况发生变化致使乙方工作岗位或职务不复存在；3) 甲方根据业务经营需要调整或认为有更适合乙方的工作岗位。

3. 工作时间和休息休假条款的设计

(1) 工作时间条款的设计。

工作时间主要是指工时制度和加班加点制度。有关工时制度和加班加点制度的介绍请见本教材模块七。在实践中，用人单位可以结合岗位的实际情况，与劳动者协商确定实行哪种工时制度。需要注意的是，如果劳动合同中约定了不定时工时制或者综合计算工时制，但未经相关行政部门审批的，可能仍会按照标准工时制来计算工资报酬。

工作时间是劳动合同的必备条款，但未约定该条款并不当然地推定合同无效。从保护劳资双方利益的角度考虑，虽然双方没有在合同中明确约定工作时间，但已实际履行了劳动合同的，应通过其他补充手段，如协商来解决此问题。

【拓展阅读】

工作时间条款设计实例

甲、乙双方同意按以下第____种方式确定乙方的工作时间：

(1) 标准工时工作制，即每日工作____小时，每周工作____天，每周至少休息一天。

(2) 不定时工作制，即经劳动保障部门审批，乙方所在岗位实行不定时工作制。

(3) 综合计算工时工作制，即经劳动保障部门审批，乙方所在岗位实行以____为周期，总工时____小时的综合计算工时工作制。

(2) 休息休假条款的设计。

休息休假是指劳动者在国家规定的法定工作时间以外自行支配的时间，包括劳动者每天休息的时数、每周休息的天数、节假日、年休假、探亲假等。用人单位应当按规定给予劳动者法定休假日、年休假、婚假、丧假、探亲假、产假、看护假等带薪假期，并按约定支付工资。对于法律法规有明文规定的，用人单位只需在自己的规章制度中作出详细的说明即可，对于涉及劳动者的条款，则可以简要约定。

4. 劳动报酬条款的设计

(1) 劳动报酬条款设计的法律依据。

根据《劳动法》第3条的规定，劳动者享有取得劳动报酬的权利。《劳动法》第50条规定："工资应当以货币形式按月支付给劳动者本人。不得克扣或者无故拖欠劳动者的工资。"

(2) 劳动报酬条款的设计技巧。

1) 要注意工资不得低于当地最低工资标准。在具体约定时，要注意各地方工资相关立法有关最低工资的规定。一般各地都会根据情况逐年提高标准。

2) 要注意写明劳动报酬的具体数额或计算方法及支付日期，并明确该劳动报酬是税前还是税后等事项。企业还可以与员工约定，由企业在工资之外为劳动者提供其他货币性福利待遇。

案例3-3　劳动报酬条款设计不合理，公司败诉	案例分析

3）劳动报酬条款约定要注意保持弹性。劳动报酬条款不能只约定一个总数，否则会让调岗调薪变得很被动。可以采用复合式工资结构，将劳动报酬的一部分作为固定工资，另一部分与经营状况、绩效考核挂钩。当企业效益下滑或者员工业绩不佳时，企业可以调整工资绩效考核部分，对固定部分仍然正常发放。

5．社会保险条款的设计

依照国家规定，每个职工都应该享受养老保险、医疗保险（含生育保险）、失业保险、工伤保险。社会保险具有法定性，缴费基数、缴费比率等均由法律或当地政府规定，因此，就这一条款而言，用人单位在进行条款设计时可发挥的余地很小，在进行条款设计时一语带过即可。

6．劳动保护、劳动条件和职业危害防护条款的设计

用人单位保证劳动者完成劳动任务过程中安全健康保护的基本要求，包括劳动场所和设备、劳动安全卫生设施、劳动保护用品等方面的保护。对于职业危害防护，有关法律法规也有明确规定，尤其是用人单位有在车间、工厂作业的员工的，更应当注意。

劳动保护、劳动条件和职业危害防护条款覆盖面较广，并且大多数为国家强制性规定。从用人单位设计劳动合同条款的角度来看，就必要性而言，这些具体的规定并不必然被写入劳动合同中；就可能性而言，这些庞杂的规定也很难被写入一纸劳动合同中。因此，建议用人单位针对此条款可以简要叙述，约定按照国家有关规定执行即可。

【拓展阅读】

劳动报酬条款设计实例

甲方为乙方提供符合国家规定的劳动安全卫生标准的工作环境，确保乙方在人身安全及人体不受危害的环境下从事工作。甲方将按照国家及当地政府的相关规定，积极采取职业病防护措施，确保乙方的人身安全不受伤害。

二、签订劳动合同的合规操作

（一）劳动合同订立的工作步骤

订立劳动合同，一般包括以下几个步骤：

（1）确定主体资格范围。

根据劳动法的规定，劳动合同的当事人必须具有合法的主体资格。签订劳动合同时，首先要确定用人单位和劳动者的主体身份。

1）用人单位签订劳动合同的主体资格确定。

根据《劳动法》的规定，用人单位必须是依法成立的企业、个体经济组织、国家机关、事业组织和社会团体等法人或其他组织。只有符合以上条件的用人单位才有权签订劳动合同。

【拓展阅读】

用人单位设立的分支机构有没有签订劳动合同的资格？

解答：分支机构是用人单位的一个组成部分，其并不是一个独立的法人主体，法理上一般也不能独立承担法律责任。但在实践中，分支机构在财务上和人员管理上却具有

相对的独立性。其是否具备用工主体资格，即是否可以独立地以自己的名义招用劳动者，《劳动合同法实施条例》第 4 条对此作出了明确规定："劳动合同法规定的用人单位设立的分支机构，依法取得营业执照或者登记证书的，可以作为用人单位与劳动者订立劳动合同；未依法取得营业执照或者登记证书的，受用人单位委托可以与劳动者订立劳动合同。"据此，用人单位的分支机构具有用工资格，但同时受到一定的限制。该问题的关键是分支机构是否已经依法取得了营业执照或登记证书。

2）劳动者签订劳动合同的主体资格范围。

签订劳动合同的职工范围包括我国境内与企业、个体经济组织建立和形成劳动关系的全部劳动者，以及与国家机关、事业组织、社会团体建立和形成劳动合同关系的劳动者。

一些在编不在岗人员，仍属于劳动合同签订范围，包括：①有职业病或因工负伤，并经劳动鉴定委员会鉴定为丧失劳动能力的劳动者；②经司法鉴定为无行为能力或限制行为能力的劳动者；③依照有关政策规定应保留劳动关系的其他人员，如下岗待工人员、企业内提前退休人员、劳务输出人员、停薪留职人员、按规定申请出国探亲人员、带薪上学人员、患严重疾病而休假人员、外借人员等。

下列人员虽然为用人单位提供劳动，但不属于签订劳动合同的范围：①不需要签订劳动合同的人员；②使用的已达法定退休年龄的职工；③使用的劳务派遣组织派出的人员；④在校实习生。

（2）签发签订劳动合同通知书。

（3）双方协商。劳动合同文本应该提前一天时间交给劳动者阅览，以便有一定的时间对双方需要协商之处进行沟通，达到有效沟通、协商一致的目的。

（4）签字盖章。协商达成一致后，由劳动者和用人单位双方签字盖章。双方当事人尽量在一起当面签字。一般先让劳动者签字，再由用人单位法人或其委托人签字，然后统一盖章。盖章要做到合同末尾有章，每页还有骑缝章。这样确保书面合同签字的真实性和有效性，以防被篡改。最后将两份劳动合同，一份交给劳动者保管，并保留劳动者的签收凭单；另一份由用人单位保存并及时归档。在履行了上述手续后，劳动合同即依法订立。

（二）订立劳动合同时的注意事项

1. 应当建立职工名册备查

职工名册是用人单位制作的用于记录本单位劳动者基本情况及劳动关系运行情况的书面材料。根据《劳动合同法》第 7 条的规定："用人单位自用工之日起即与劳动者建立劳动关系；用人单位应当建立职工名册备查。"《劳动合同法实施条例》第 8 条规定："劳动合同法第七条规定的职工名册，应当包括劳动者姓名、性别、公民身份号码、户籍地址及现住址、联系方式、用工形式、用工起始时间、劳动合同期限等内容。"劳动合同法规定用人单位建立职工名册，既是督促用人单位规范用工，同时也是为用人单位在劳动争议中承担举证责任预设的一个重要依据。

2. 注意用人单位和劳动者双方的知情权和告知义务

《劳动合同法》第 8 条规定："用人单位招用劳动者时，应当如实告知劳动者工作内容、工作条件、工作地点、职业危害、安全生产状况、劳动报酬，以及劳动者要求了解的其他情况；用人单位有权了解劳动者与劳动合同直接相关的基本情况，劳动者应当如实说明。”劳动者和用人单位在签约时，需要对彼此的有关情况进行必要的了解，即对对方与工作有关的信息享有知情权。

用人单位应主动告知劳动者与劳动合同有关的情况，以满足员工的知情权，而无须劳动者主动询问。用人单位应当以书面形式告知劳动者，并保留相关证据。

劳动者在享有知情权的同时，也负有如实告知与劳动合同直接相关的基本情况的义务。劳动者的告知义务是附条件的，只有在用人单位要求了解劳动者与劳动合同直接相关的基本情况时，劳动者才如实说明。与劳动合同无关的基本情况，单位无权过问，劳动者也有权拒绝说明。用人单位知情权的行使可能涉及劳动者的隐私，所以法律还特别对其进行了限制。

案例 3－4　员工入职时“隐婚”，用人单位有权追究法律责任吗？	案例分析

3. 不得要求劳动者提供担保

《劳动合同法》第 9 条规定：“用人单位招用劳动者，不得扣押劳动者的居民身份证和其他证件，不得要求劳动者提供担保或者以其他名义向劳动者收取财物。”在实践中，许多用人单位为防止员工偷窃、擅离、逃跑、恶意犯规等原因对自身造成损害，试图通过扣押劳动者的居民身份证或者其他证件，如暂住证、资格证书和其他证明个人身份的证件等，以达到掌控劳动者的目的。有的用人单位则以收取服装费、电脑费、住宿费、培训费、集资款（股金）等方式，变相收取风险抵押金。甚至一些犯罪分子利用劳动者求职心切，收取高额抵押金后逃之夭夭。这些做法都是违反我国劳动法规定的。

【引例分析】纠纷发生后，用人单位要去证明劳动者不是高温作业是很困难的。如果在拟订劳动合同时做好预防，在劳动合同中增加“乙方的工作内容（岗位或工种）为：□高温作业　□非高温作业”条款，那么在合同中明确其工作岗位是非高温作业（勾选“非高温作业”）的员工再主张高温津贴，就应由员工来举证证明他是高温作业了。

任务六　各类专项协议拟订的实务操作

引例

竞业限制协议约定在劳动者离职半年后一次性发放补偿金是否合法？

【案情】2018 年 5 月 24 日，陈某入职某公司从事商业咨询顾问工作，双方签订了为期三年的劳动合同，公司同时与陈某签订了竞业限制协议，协议约定，陈某离职后一年内不得到与公司有竞争关系的单位就职，在陈某离职半年后，公司将一次性发放陈某一年的竞业限制补偿金。

一、培训服务期协议的拟订

用人单位给劳动者提供培训，并提供专项经费支持的，就可以与劳动者约定服务期，双方就可以签订服务期协议。签订培训服务期协议时，需要注意以下要求：

（1）用人单位与劳动者签订培训服务期协议，应当包括以下内容：培训的性质、培训的期限和方式、培训地点、培训内容、双方在培训期间的权利和义务、培训费用的负担、培训考核、服务期限、违约责任等。这些条款务必要约定明确，以防双方事后理解不一致产生争议。

（2）明确培训的性质，有助于帮助双方确定是否构成约定服务期的条件。

（3）要注意对培训期间的权利和义务进行合理合法约定，包括培训学习期间的具体要求、培训期间的工资和福利待遇、对培训的监督管理责任等，比如劳动者是否享受补贴、保险、休假等待遇，以防止事后出现纠纷或争议。

（4）培训费用是指用人单位为员工培训而支出的相关费用，包括用人单位为了对劳动者进行专业技术培训而支付的有凭证的培训费用、培训期间的差旅费用以及因培训产生的用于该劳动者的其他直接费用。具体包括哪些费用和计算方式，可以在培训服务期协议中明确。

（5）违约金的数额和培训费用直接挂钩。培训费用可以约定为按月分摊，也可以约定为按年分摊，具体由双方当事人约定。

（6）要明确培训效果和要求。签订培训服务期协议时，必须明确培训员工需要取得的成绩、材料、相关证书、学到的技能以及其他能够分享的成果。

（7）服务期。服务期约定要公平合理，否则可能会被认定为无效。

（8）违约责任。员工未能达到培训的要求、培训期间损害公司的形象与利益、无合法理由单方解除劳动合同、违反服务期约定的，都应本着公平的原则，由员工对用人单位的经济损失给予适度赔偿。

（9）要处理好服务期期限和劳动合同期的关系。在签订培训服务期协议时最好约定，劳动合同期早于服务期期限届满的，自动延长至服务期期限。

【劳动关系管理文书范本 3－5】

培训服务期协议

（10）处理好培训服务期协议和劳动合同的关系。培训服务期协议属于专项协议，如内容、期限与劳动合同不一致，视为对原合同的变更，为防止冲突，可在培训服务期协议中约定：协议与劳动合同不一致的，双方同意以专项协议为准。

总之，对培训服务期协议的详细规范作好约定，就会无形之中约束员工行为，帮助用人单位合理地规避风险及降低费用支出，为劳动关系的和谐稳定奠定良好基础。

二、保密协议的拟订

对一些涉密岗位的员工，尤其是关键技术岗位的员工，进行保密义务的约定是很有必要的。当然，即使不签订保密协议，员工也负有保密的义务。但保密协议的约定，一方面有助于提升员工的保密意识，另一方面有助于防止员工泄密事件的发生，帮助企业防范一些不必要的损失和风险。那么，保密协议该如何约定呢？

（一）保密信息范围

在签订保密协议时，首先，要在合同中对哪些信息或技术属于商业秘密进行明确界定，不能简单笼统地将所有企业的技术信息和经营信息都描述为商业秘密，也不能把一般的商业信息、技术信息作为商业秘密。其次，可以通过列举的方式列明所有需要保密的内容。再次，不同的企业和同一企业的不同时期，保密范围、内容可能会有变化，用人单位应及时审核保密协议的内容。最后，不同岗位的人员接触和了解的商业秘密的内容不同，所以其保密信息范围也应有所不同。

（二）保密主体

保密协议的主体一般仅限于涉密岗位的劳动者。除涉密岗位的劳动者以外，不必然承担保密义务的劳动者在工作中有意或无意获悉公司秘密时，也应该列入保密主体的范围，承担保密责任。

（三）保密期限

虽然法律规定劳动者保守秘密的义务不因劳动合同的解除、终止而免除，但保密协议中应明确约定保密义务的起止时间。

（四）双方的权利、义务

在保密协议中双方应当就保密期内劳动者承担什么样的保密义务、哪些行为是泄密行为、保密期限、用人单位是否应当支付保密费、涉及商业秘密的职务成果的归属、涉密文件的保存与销毁方式等内容进行明确约定，有特殊条款的还应以列举方式进行约定。

1. 保密义务的内容

负有保密义务的劳动者，不得披露、赠与、转让、销毁或者协助第三人侵犯公司的商业秘密，不得以任何形式将公司的任何机密泄露给公司以外的任何其他人，包括不得在私人交往或通信中泄露公司机密，不得在公共场合谈论公司机密，不得通过其他方式向第三方传递公司机密信息。

2. 保密费与保密期限

保密协议中的保密义务包括法定义务和约定义务（可以不约定），如协议中仅有法定义务时，基于成本的考虑，可以不约定保密费和保密期限；如协议中存在约定义务，则保密费应作为约定义务的对价予以支付。最好约定保密义务的起止时间，以免引起不必要的纠纷。

3. 保密期与合同期限

如保密协议仅作为劳动合同的一部分，则保密期限不得超过劳动合同期限；如保密协议单独约定，则其具有独立性，可以不受劳动合同期限的限制。

（五）违约责任条款

保密协议中可提前约定违反保密义务时赔偿损失的内容以及计算赔偿数额的方式。提前约定可以有效预防员工泄密行为发生后给企业造成的损失难以举证的风险。用人单位的实际损失可能包括以下内容：

（1）商业秘密（一般为技术秘密）研制开发的成本，包括投入的时间、金钱和付出的努力等。

（2）现实的优势，也就是使用商业秘密给权利人带来的优势或利益，涉及生产成本的降低、销售额的提高、利润率的增加等。侵犯商业秘密时权利人现实利益的丧失属于实际损失。

（3）将来的优势，即权利人对将来的利益进行合理预期。在因披露而使商业秘密丧失的情况下，或者实际情况表明不宜责令停止违法行为的情况下，将来优势的损失往往是实际损失的重要组成部分。

（六）其他条款

其他条款包括：保密协议生效的时间，保密协议的变更以及争议解决机构等条款。

三、竞业限制协议的拟订

除通过与劳动者签订保密协议外，用人单位还可以通过与相关员工签订竞业限制协议来保护企业的商业秘密。用人单位可以根据自身情况，灵活选择竞业限制事项的约定。拟订一份对企业有利且合法有效的竞业限制协议，有助于企业防范法律风险。

（一）竞业限制协议的签订范围要合法

只有对负有保密义务的人员，才可以约定竞业限制义务。如果劳动者是并不负有保密义务的普通员工，竞业限制的约定是无效的。用人单位可以与掌握关键技术的高级技术人员、高级管理人员，如技术总监、销售总监、财务总监等，签订竞业限制协议；也可以从“其他负有保密义务的人员”入手，明确哪些比较重要的销售人员属于负有保密义务的人员，进而约定竞业限制义务。在实践中，没有必要与所有员工都签订竞业限制协议。一方面，这违反劳动法关于竞业限制的规定；另一方面，与每一名员工约定竞业限制义务，企业也要为此承担高昂补偿金的成本。

（二）要合理确定竞业限制的范围、地域和期限

竞业限制的范围是指限制员工在职期间或离职以后一段时间内所从事的行业和岗位。一般来说，约定不能从事与公司经营类似业务的企业中的销售、运营、财务、生产、工艺、研发等关键性岗位为妥。也可以用列举的方式明确劳动者不能从事的具体行业、领域，或类似的工作岗位名称等。如果有很明确的竞争公司的，则可以在竞业限制协议中将这些公司的全称写入竞业限制协议。

要确定好竞业限制的地域。企业不同，竞业的地域也有不同。可以以地级城市为地域，也可以以省级或者直辖市为地域，进行竞业限制。跨国公司还可以约定一个国家或一个地区进行竞业限制。

用人单位需要根据实际情况约定合理的期限，最长不超过两年。一般来说，约定的期

限越长，用人单位需要支付给劳动者的补偿金就越高。所以用人单位一定要在成本和收益之间进行综合平衡，选择最适合自己的期限。

（三）合理约定、及时支付竞业补偿金

竞业限制协议中补偿金的数额，不仅需要依据《最高人民法院关于审理劳动争议案件适用法律若干问题的解释（四）》的规定，同时还应结合所在省市的相关意见制定。首先，标准不能过低，否则有被认定为无效的风险。其次，约定有利的支付方式；到底是员工按月到公司领取，还是转账至员工薪资卡内，都要进行明确约定。如果公司没有及时支付补偿金，竞业限制约定可能会被宣告无效。因此，补偿金的支付也很重要。

建议用人单位在具体适用时最好结合自身的实际情况，综合考虑各方面因素后周详设计竞业限制协议的内容，以规避相应的风险，减少劳动纠纷。

【劳动关系管理文书范本 3－6】

竞业限制协议

【引例分析】根据《劳动合同法》第23条的规定，用人单位在竞业限制期限内应按月给予劳动者经济补偿。从法律规定来看，并没有禁止用人单位采取一次性给付的做法，但是根据权利义务对等的原则，既然劳动者从劳动合同解除或终止之日起即开始履行竞业限制义务，那么用人单位也应该相应地适时履行支付竞业限制经济补偿金的义务。本案中公司与陈某约定在其离职半年后一次性支付竞业限制补偿金的做法，显然违背了劳动法保护劳动者权益的立法本意与立法精神，因此，如果陈某要求用人单位按月支付竞业限制补偿金，应当予以支持。

模块四 劳动合同的履行、变更、中止与员工在职管理的实务操作

导学

劳动关系存续时，用人单位和劳动者应当按照劳动合同的约定享受相应的权利，全面履行各自的义务，并采取变更、中止劳动合同的措施来应对客观情况的变化。《劳动合同法》对劳动合同的履行、变更、中止的条件和程序作了具体的规定。本模块就以上内容作详细的介绍，帮助用人单位严格依法、合规地对劳动合同的履行、变更和中止进行操作，加强对在职员工的管理。

知识要点

1. 劳动合同履行的原则和主要内容。
2. 劳动合同变更的原因、情形和内容。
3. 劳动合同中止的含义、情形、期限和后果。
4. 劳动合同变更和中止的不同。
5. 协商变更劳动合同和单方变更劳动合同的不同。
6. 协商中止劳动合同和单方中止劳动合同的不同。
7. 协商变更劳动合同的要求和程序。

能力目标

1. 具有诚实守信、全面、亲自履行劳动合同的意识。

2. 具备变更劳动合同的基本技能，会进行协商变更劳动合同和调岗调薪的操作，会起草变更劳动合同的相关法律文书，会针对不同对象适用不同的变更合同形式。

3. 具备中止劳动合同的基本技能，会进行协商中止和单方中止劳动合同的操作，会起草中止劳动合同的相关法律文书，会针对不同对象适用不同的中止合同形式。

理论知识

知识单元一　劳动合同履行的基本理论

引例

企业法人代表变更，劳动合同是否应当继续履行？

【案情】张某原在某集团公司人事部工作，2015 年 7 月出国留学，学习期与公司签订了五年期限的劳动合同，因张某所学专业是人事管理，所以双方在合同中约定，张某留学回来后仍回人事部从事原岗位工作。2018 年 6 月，张某从国外留学回来，此时由于公司已经更换了法人代表，张某被安排到子公司当客服经理。张某要求公司按合同约定安排工作，而公司称原合同是前任领导签订的，不同意张某继续回人事部工作。双方因此发生劳动争议。

劳动合同一经依法订立即具有法律约束力，当事人必须履行劳动合同规定的义务。《劳动合同法》第 29 条规定："用人单位与劳动者应当按照劳动合同的约定，全面履行各自的义务。"劳动合同的履行，形式上表现为对劳动合同中约定内容的执行，其实质是劳动合同约定内容在现实中的实现。只有当事人双方按照劳动合同的约定或者法律的规定，全面、正确地完成各自承担的义务，才能使订立劳动合同的目的得以实现。

一、劳动合同履行的原则

履行劳动合同要遵循以下原则。

（一）全面履行原则

劳动合同的全面履行，是指用人单位与劳动者应当按照劳动合同的约定，全面履行各自的义务。当事人要按照合同规定的内容，在适当的履行期限、履行地点，以适当的履行方式，全面完成合同约定的义务。双方当事人不仅要履行合同中明确约定的义务，还要履行基于诚实信用原则自然延伸出来的附随义务，即便这些义务在劳动合同中没有写明。比如劳动者对用人单位的忠诚义务，包括尽力避免用人单位利益受损害、不得为可能对用人单位不利的行为等义务；再比如用人单位对劳动者的保护义务，包括保护劳动者的健康、保护劳动者不受工作场所的性骚扰以及为劳动者提供发展机会等内容。

（二）亲自履行原则

劳动者亲自履行，是指必须由劳动者履行劳动合同约定的义务，而不能委托他人代为履行。劳动合同的人身属性决定了劳动合同双方当事人具有高度的人身信赖关系。用人单位选择了劳动者，就是选择了该特定劳动者的劳动能力；劳动者选择了用人单位，也是基于理性判断的特定选择。所以双方都必须亲自履行合同义务。劳动者不应当将应由自己完成的工作交由第三方代办，用人单位也不能将应由自己对劳动者承担的义务转嫁给其他第三方承担。

（三）协作履行原则

协作履行的原则，是指双方当事人在合同的履行过程中要发扬协作精神，相互理解和配合，相互协作履行，互相帮助，共同完成合同规定的义务，共同实现合同规定的权利。

二、劳动合同履行的内容

（一）用人单位应当依法履行自己的义务

（1）用人单位应当按照国家规定和劳动合同的约定，向劳动者及时足额支付劳动报酬。用人单位拖欠或者未足额支付劳动报酬的，劳动者可以依法向当地人民法院申请支付令，人民法院应当依法发出支付令。

（2）用人单位应当严格执行劳动定额标准，不得强迫或者变相强迫劳动者加班。

（3）劳动者拒绝用人单位管理人员违章指挥、强令冒险作业的，不视为违反劳动合同。劳动者对危害生命安全和身体健康的劳动条件，有权对用人单位提出批评、检举和控告。

（4）用人单位变更名称、法定代表人、主要负责人或者投资人等事项，不影响劳动合同的履行。

（5）用人单位发生合并或者分立等情况，原劳动合同继续有效，劳动合同由承继其权利和义务的用人单位继续履行。

（二）劳动者应当依法履行自身的义务

（1）劳动者应当履行法定的和劳动合同中约定的义务。

（2）劳动者应当履行基于诚信原则自然衍生出来的劳动合同附随义务，如对工作过程中遇到的可能损害用人单位利益的情况立即汇报等义务。

（3）劳动者拒绝用人单位管理人员违章指挥、强令冒险作业的，不视为违反劳动合同。

【引例分析】劳动合同一经依法订立即具有法律约束力，当事人必须履行劳动合同规定的义务。用人单位变更名称、法定代表人、主要负责人或者投资人等事项，不影响劳动合同的履行。企业的法定代表人在劳动关系中的行为是代表企业，而不是个人，只要企业法人资格不变，无论法定代表人如何变换，都不影响企业享有的权利和承担的义务。

知识单元二　劳动合同变更的基本理论

引例

如此调岗合法吗？

【案情】某IT公司经过产品研发阶段，终于取得了成果，并申请了专利投入市场。由于市场上竞争激烈，公司调整了战略部署，裁减了研发中心技术人员，成立了售后服务部，部分研发中心的人员转为售后服务人员。洪某原是研发人员，对公司的调整产生反感，不愿到售后服务部上班。人力资源部经理告诉洪某："你与公司签订了劳动合同，公司就可以根据经营需要调整你的工作岗位，你应当服从，这是企业的用人自主权。"遂要求洪某立即到售后服务部上班。洪某觉得很委屈，不服从调动，公司以洪某不服从管理、构成严重违纪为由解除了与洪某的劳动合同，并且不支付任何经济补偿。

劳动合同订立后，即对双方当事人产生法律效力。但这并不意味着劳动合同的内容永恒不变。事实上，合同订立时，不可能做到面面俱到；合同订立后，在履行劳动合同的过程中，社会生活和市场条件的不断变化可能使得劳动合同难以履行或者无法履行，这就需要用人单位和劳动者双方对劳动合同的部分内容进行适当的调整或变更。

劳动关系的变更是指劳动合同依法订立后，在合同尚未履行或者尚未履行完毕之前，经用人单位和劳动者双方当事人协商同意或者在法定情形下凭单方意思，对劳动合同内容作部分修改、补充或者删减的法律行为。劳动关系的变更，是双方已存在的劳动权利义务关系的内容发生改变。劳动合同的变更管理，也是劳动关系管理的重要内容。

一、劳动合同变更的原因

（一）客观环境方面的原因

客观环境方面的原因主要是指劳动合同订立时所依据的客观情况发生了重大变化，致使劳动合同无法履行，必须要变更劳动合同的情况。例如：(1) 订立劳动合同时所依据的法律、法规、规章发生变化，如国家调整最低工资标准、社会保险和工伤待遇等，致使劳动合同的部分条款与国家新颁布的法律、法规相抵触。(2) 发生自然灾害、不可抗力、国家经济政策的调整等情况，确实无法履行劳动合同。

（二）用人单位方面的原因

用人单位因搬迁、改制、调整生产经营、转产等使企业自身的情况发生变化，导致工作岗位、工作地点、劳动报酬、社会保险、劳动条件等劳动合同的内容发生变化。这时，劳动合同需要作出相应的修改，否则与发展变化的情况不相适应。

（三）劳动者方面的原因

劳动者提出加薪晋升、改善工作环境或工作条件的要求，或者劳动者身体健康和劳动能力发生变化，无法履行原来劳动合同约定义务的，如因意外事故致伤、致残，经劳动鉴定委员会确认部分丧失劳动能力的，用人单位需要另行安排工作，因此要对劳动合同的内容进行调整。

（四）劳动合同约定的其他情况

用人单位和劳动者也可以在劳动合同中事先约定可以变更劳动合同的情形。在履行劳动合同过程中，当出现约定的可以变更劳动合同的情形时，用人单位或劳动者可以变更劳动合同。

二、劳动合同变更的情形

（一）协商一致变更劳动合同

《劳动合同法》第 35 条规定："用人单位与劳动者协商一致，可以变更劳动合同约定的内容。变更劳动合同，应当采用书面形式。变更后的劳动合同文本由用人单位和劳动者各执一份。”

这一规定意味着，当事人有权根据自己的真实意愿，在得到对方当事人同意的情况下，变更劳动合同的内容。未经对方当事人同意擅自改变合同内容的，变更行为无效，变更后的内容对另一方没有约束力。因此，变更劳动合同的实质要件是劳动者和用人单位协商一致，形式要件是采取书面形式。

（二）用人单位单方变更劳动合同

在现实生活中，用人单位实际上处于不断变动的状态，比如难免会发生搬迁、合并、分立、业务调整等变化，故对员工进行调职、变更工作地点实乃经常发生之事。此时如果过分强调企业任何变动均须与劳动者协商一致，则过于僵化，不能满足实际需要。为保障用人单位对劳动过程的组织管理自主权，法律赋予用人单位在下列特定情况下单方变更劳动合同的权利：

（1）根据《劳动合同法》第 40 条的规定，在下列情形下，用人单位有单方调岗的权利：1）劳动者患病或者非因工负伤，在规定的医疗期满后不能从事原工作的，用人单位可以为劳动者另行安排工作岗位；2）劳动者不能胜任工作，用人单位可以单方面调整劳动者的工作岗位；3）劳动合同订立时所依据的客观情况发生重大变化，致使劳动合同无法履行，用人单位与劳动者协商一致后可以调整劳动者的工作岗位。从以上规定可以看出，用人单位单方变更合同被作为解除合同的前置程序。这实质上赋予了用人单位在此情况下的单方调岗权。

（2）劳动基准法作出修改，用人单位可以单方变更劳动合同。如最低工资标准、工作时间制度、劳动条件、社会福利等法律法规、政策的修改，导致劳动合同的相关内容与新出台的法律、法规不一致时，要根据新的法律、法规作出相应的变更。

（3）集体合同或条款的内容发生变化，用人单位可以单方变更劳动合同。如工资谈判取得的增长工资的结果，使劳动合同中原较低的工资标准相应调整至新的较高的标准。

（4）用人单位根据生产经营需要，拟调整劳动者工作岗位的，首先要尽量与劳动者协商一致。如确实不能与劳动者协商一致，用人单位可以单方调岗，但应当具备以下条件：调岗属用人单位生产经营所必需；对劳动者的报酬及其他劳动条件未作不利变更；无其他违反劳动合同或劳动法律、法规的行为。此种情形下如何处理对劳动者的单方调岗，法律没有明文规定，实践中主要是参照各地司法审判的指导性意见。

三、劳动合同变更的内容

劳动合同变更就是对原订劳动合同的部分条款进行修改、补充或废止。其涉及的内容很广，可以是工作内容的变更、工作地点的变更，也可以是合同期限的变更、劳动报酬的变更等。当事人既可以变更一个条款，也可以同时变更几个条款。

随着用人单位经营发展的变化，人员管理、工作安排也势必变化，劳动合同内容的变更已成为用人单位劳动合同管理中的一项重要工作。用人单位在就劳动合同内容进行变更时，应遵循法律规定，同时充分利用法律条款和合同条款使合同成为争取权益的有力工具。

【拓展阅读】

员工岗位发生变更时，调岗可否同时调薪？

解答：如果劳动合同或规章制度中明确了“薪随岗变”的原则，且企业具有相应的岗位体系和薪酬对应标准，则企业可以根据新岗位所对应的薪酬标准确定员工的薪资待遇；但是，如果企业的规章制度和劳动合同中均无上述规定，则调岗后的薪酬标准就应当与员工协商确定，而不能由企业单方决定。

【引例分析】本案涉及的是洪某工作岗位调动、劳动合同变更的问题。某IT公司根据战略部署，调整了经营方针，裁减研发中心人员，转而成立了售后服务部，而研发岗位人员富余，属于“合同订立时所依据的客观情况发生重大变化的情形”。具体到洪某，其劳动合同无法再继续履行，存在着变更劳动合同即调整洪某岗位的法定理由。该公司可以调整洪某的工作岗位。根据《劳动合同法》第40条第3款的规定，洪某不服从公司的岗位调整，即公司与洪某就劳动合同变更问题没有达成一致，公司可以提前30天通知洪某解除劳动合同，但须说明的是，该公司在此种情形下解除与洪某签订的劳动合同，应当向洪某支付经济补偿金。

知识单元三　劳动合同中止的基本理论

引例

劳动合同中止期间，用人单位可以不为劳动者缴纳社会保险费吗？

【案情】2013年5月，王某到某化工公司工作，双方当日订立了无固定期限劳动合同。2014年12月，双方签订中止劳动合同协议书，其中约定：因个人原因，王某要离开单位解决家庭问题，经双方平等协商，签订本中止劳动合同协议，中止期限为2015年1月1日至2015年12月31日。劳动合同中止期间，保留劳动关系，单位不支付工资并停止缴纳社会保险费。2016年1月，王某回到该化工公司继续履行劳动合同，并要求公司为其补缴2015年度社会保险费。

在实践中，由于某种特殊情形，用人单位与特殊劳动者之间暂时不能互相享受劳动合同约定的各项权利，无法受既定给付义务的约束，又不能或者不愿解除劳动合同，双方的劳动关系处于一种暂停的状态，此时，用人单位与劳动者可以以劳动合同的中止来处理。在劳动用工过程中，何种情况下能适用劳动合同中止？劳动合同中止后的工资如何支付？社会保险、工龄问题以及恢复劳动合同履行问题该如何解决？下面对这些问题作简要介绍。

一、劳动合同中止的含义

劳动合同中止，是指劳动合同存续期间，由于某些因素，劳动关系主体双方主要权利义务在一定时期内暂时停止行使和履行，没有劳动过程，但劳动合同关系仍然保持的状态。劳动合同中止履行的，劳动合同约定的权利和义务暂停行使和履行（但是法律、法规、规章另有规定的除外），待到法定或约定的原因消除后，劳动合同仍继续履行。

劳动合同中止是劳动合同的一种特殊状态，具有如下特点：

（1）劳动合同中止发生在劳动合同存续期间。劳动合同中止建立在劳动合同所确立的劳动法律关系基础上。没有劳动合同的订立，就不会有劳动合同的中止。

（2）“中止”不是“解除”，也不是“终止”，它意味着一定期限内的权利义务关系的暂停，而不是消灭。中止期满后，当事人之间的权利义务重续。

（3）中止期间，劳动合同双方当事人的权利义务关系不同于正常履行期的劳动合同的内容。双方之间法律关系的内容有可能冻结或者显著失衡。

（4）中止有一定期限，但期限长短取决于中止原因，多数情况下，劳动合同中止期限有上限，但没有下限。

二、劳动合同中止的情形

我国《劳动合同法》未采用劳动合同中止的概念。《劳动合同法实施条例〈征求意见稿〉》第二十四条中曾有规定，因该条争议较大，后来正式通过的《劳动合同法实施条例》并未采用。虽然在国家法律、行政法规层面未对劳动合同中止予以规范，但在部分省市的地方性法规、规章及司法机关的会议纪要中对劳动合同的中止有所涉及，如《上海市劳动合同条例》《天津市贯彻落实〈劳动合同法〉若干问题的规定》等。在实践中，不少用人单位会与劳动者达成劳动合同中止协议。依据这些地方性法规、规章的规定，联系实践中用人单位和劳动者之间中止劳动合同的一些做法，劳动合同的中止有如下情形：

（一）协商中止

协商中止是指双方当事人通过协商的方式中止履行劳动合同的全部或部分内容。此种中止需要双方的合意并通过书面的形式达成。根据提出请求主体的不同，协商中止又分成两种情况。

1. 劳动者一方因个人原因主动提出与用人单位协商中止劳动合同

主要事由有：停薪留职、劳动者请事假、劳动者脱产学习等。在停薪留职期间，劳动者与用人单位之间的权利义务暂停行使和履行，期限届满，劳动者愿意回到单位的，双方继续履行劳动合同，不愿意回到单位的，单位可与其解除劳动关系，其实质是劳动合同的中止；劳动者请事假，经用人单位同意获准处理私人事务，事假期间双方暂停履行劳动合同但仍然保留劳动合同关系，事假期满后双方恢复劳动合同的履行；劳动者脱产学习，在该期间劳动者经用人单位的同意暂停向用人单位提供劳动，劳动者学习期满重新回到原单位继续工作。

2. 用人单位一方主动提出与劳动者协商中止劳动合同

主要事由有：单位出现结构性调整；因资方的原因暂时停工停业；认为员工不适应工作暂时性待岗等。为了防止作为强势一方的用人单位滥用权利主动中止，应当限定用人单位主动中止仅限于遇遇不可抗力暂时不能履行合同的情形，且应对中止期限作出严格的上限规定，如最长不得超过 3 个月。

（二）单方中止

单方中止是指当发生劳动合同约定或者法律规定的情形时，用人单位可单方依照法律的规定或者劳动合同的约定中止履行劳动合同。不同于协商中止，单方中止仅需一方通知另一方便能达到劳动合同中止履行的目的。单方中止的决定权往往掌握在用人单位手里。为了避免单方中止权被用人单位滥用，法律规定用人单位须在以下情形下才能单方中止劳动合同。

1. 劳动者依法服兵役

劳动者依法服兵役期间，劳动合同暂停履行但仍然保留劳动关系，劳动者退伍后回原单位恢复履行劳动合同。

2. 劳动者失踪但是尚未被人民法院宣告失踪、宣告死亡的

因地震、洪水、海啸、台风等自然灾害或因战争、社会动乱等社会事件或意外事件导致劳动者失踪无法履行劳动合同的，或者劳动者因自己的主动行为而下落不明的，劳动合同应当中止而不是解除或终止。

3. 劳动者被限制人身自由

当劳动者涉嫌违法犯罪，已经被公安机关收容审查、拘留或逮捕，即被采取限制人身自由的强制措施但尚未被依法追究刑事责任期间，劳动者因被限制人身自由无法正常提供劳动，此时不能解除劳动合同但可以中止劳动合同，以明确双方的权利义务。暂时中止劳动合同的安排，可避免劳动者因劳动合同被解除而再次受到伤害，是对劳动者的一种人性化的关怀。

三、劳动合同中止的期限

（一）协商中止劳动合同的期限

原则上用人单位与劳动者协商一致中止劳动合同的，中止的期限应由双方协商一致确定。

特殊情形下的劳动合同中止，其中止期限为：

（1）用人单位停产、转产、机构调整、联营，可以以上级主管部门或当地政府对该用人单位停产、转产、机构调整、联营规定的期限作为合同中止的期限。

（2）内退：自办理内退手续之日起到符合法定退休之日这段时间就是合同中止期限。

（3）停薪留职：以双方约定的停薪留职时间作为合同中止的时间。

（4）借用：以劳动者被其他单位借用的期限作为劳动者与本单位合同中止的期限。

（5）脱产学习与进修：由单位指派或征得单位同意脱产学习与进修的，一般以学习或进修时间作为合同中止期限。

（二）单方中止劳动合同的期限

（1）劳动者应征入伍或者离职履行国家规定的其他义务的，合同中止的期限就是劳动者服兵役的时间或者履行国家规定的其他义务的时间。

（2）劳动者因被依法限制人身自由而不能履行劳动合同约定义务的，被强制限制人身自由的期限就是合同中止的期限。

（3）用人单位与劳动者中的一方因不可抗力不能履行劳动合同的，不可抗力存续的时间就是合同中止的期限。

四、劳动合同中止的后果

（一）劳动关系保留，劳动合同暂停履行

中止履行劳动合同期间，用人单位与劳动者的劳动关系仍然保留，但劳动合同的权利义务暂停行使和履行。劳动者无须向用人单位提供劳动。用人单位到底是全部暂停还是部分暂停劳动合同的权利义务，要根据劳动者主观过错情况和用人单位的实际情况来确定，具体见表 4-1。

表 4-1　劳动合同中止期间用人单位的权利义务暂停情况分析

中止的理由			中止期间用人单位的权利义务
劳动者自身原因	有过错的	意外失踪被强制限制人身自由的	可以中止全部义务的履行
	无过错的	应征入伍	
用人单位的原因	依据企业主管部门和当地政府的有关规定执行，亦可依据经职工代表大会或职工大会表决通过的相关决议、办法、规章制度来执行		
双方协商中止	双方协商劳动合同中止期间的权利义务		
其他原因	根据双方的合同和事后约定内容来执行		

（二）工资支付

理论上，劳动合同中止期间，因为劳动者无须为用人单位提供劳动，则用人单位也无须支付工资，这样权利义务方能对等。实务中，用人单位在中止期间是否向劳动者支付工资，需具体情况具体对待：

协商中止劳动合同的情形下，中止合同期间是否支付工资，要区分情况对待：(1) 如劳动者主动提出动议的，双方可以约定中止期间的工资支付标准；如无约定的，用人单位可以不支付。(2) 如用人单位主动提出动议的，用人单位应向劳动者支付不低于其正常工资的一定比例的工资。

法定中止劳动合同的情形下，劳动者依法服兵役、劳动者遭遇不可抗力、劳动者被限制人身自由期间，用人单位可以不向劳动者支付工资。

（三）社会保险费、住房公积金的缴纳

鉴于劳动者没有为用人单位提供劳动，用人单位也无须为劳动者缴纳社会保险和住房公积金。但是用人单位与劳动者达成协议，同意继续缴纳的除外。劳动合同中止期间，用人单位一般办理社会保险账户暂停结算（封存）手续。当然用人单位和劳动者双方当事人也可以协商以单位的名义办理缴纳全部或部分的社保费，办理手续由用人单位负责，而社会保险费用由劳动者个人负担。

（四）工龄的计算

劳动合同中止时，工龄的计算因合同中止的原因不同而有所差异。因劳动者失踪或劳动者被限制人身自由而中止的情形下，应当停止计算该劳动合同中止期间的工龄。对于由劳动者主动提出与用人单位约定中止劳动合同的，工龄的计算依双方的约定处理。根据《关于退伍义务兵安置工作随用工单位改革实行劳动合同制的意见》第 5 条的规定，军队退伍、复员、转业军人的军龄，计算为接收安置单位的连续工龄。因此，劳动者因应征入伍服兵役而与用人单位中止劳动合同，退役后回原用人单位继续工作的，其军龄应当计算

为该职工在用人单位的工作年限。

【引例分析】劳动合同中止期间，劳动关系保留，劳动合同暂停履行，用人单位可以不支付劳动报酬并停止缴纳社会保险费。本案中，王某与某化工公司遵循平等自愿、协商一致的原则签订中止劳动合同协议，且协议书约定内容并未违反劳动法律、法规和政策的相关规定，合法有效。在此情形下，该化工公司有权依照约定停止为王某缴纳 2015 年度社会保险费。

操作技能

任务一 劳动者追索劳动报酬督促程序的操作应对

引例

女高管仗新法循捷径，追索劳动报酬

【**案情**】2007 年 5 月，谭女士开始担任某拍卖公司的副总经理兼营销总监，约定的年薪是税前 7.5 万元。7 月上旬，谭女士突然发现自己怀孕，妊娠反应严重，但尽管如此，她仍坚持上班和出差，并圆满完成了公司的相关拍卖任务。8 月 27 日，公司法定代表人口头通知谭女士回家休息，并称工资待遇不变。但从 9 月份起，公司就停发了谭女士的工资，并且之前未足额发放的工资也不补发，谭女士多次找公司交涉，但均无果。2008 年新年上班第一天，谭女士决定运用维权捷径，向所供职的拍卖公司讨要权利。她带着《追索劳动报酬支付令申请》直奔鼓楼区法院立案大厅，提出了包括欠薪、浮动绩效工资、加班工资等追索请求，共计 3 万余元。后法院通过审查，认为谭女士的申请符合立案条件，受理了其申请。

用人单位拖欠劳动者工资怎么办？按照目前我国的劳动争议处理体制，劳动者有两种维权途径：第一种是可以申请劳动仲裁，对劳动仲裁裁决不服的，可以向人民法院起诉。但这种维权途径需要耗费很多的时间和精力，劳动者往往没有那么多时间去打官司而不得不放弃自己的权利。第二种就是不必经过法院的审理程序直接申请支付令。根据《劳动合同法》第 30 条的规定，用人单位拖欠或者未足额支付劳动报酬的，劳动者可以依法向当地人民法院申请支付令。

一、支付令暨督促程序的主要内容

支付令即民事诉讼督促程序，是指人民法院根据劳动者的申请，以支付令的方式，催促用人单位在法定期间内向劳动者履行给付金钱和有价证券义务，如果用人单位在法定期间内未履行义务又不提出书面异议，劳动者可以根据支付令向人民法院申请强制执行的程序。根据《劳动合同法》的规定，用人单位拖欠或者未足额支付劳动报酬的，劳动者可以依法向当地人民法院申请支付令。运用支付令程序解决劳动报酬的纠纷，便于发挥支付令灵活、快捷，同时又具有强制执行力的优势。

支付令督促的法定程序见图 4-1。

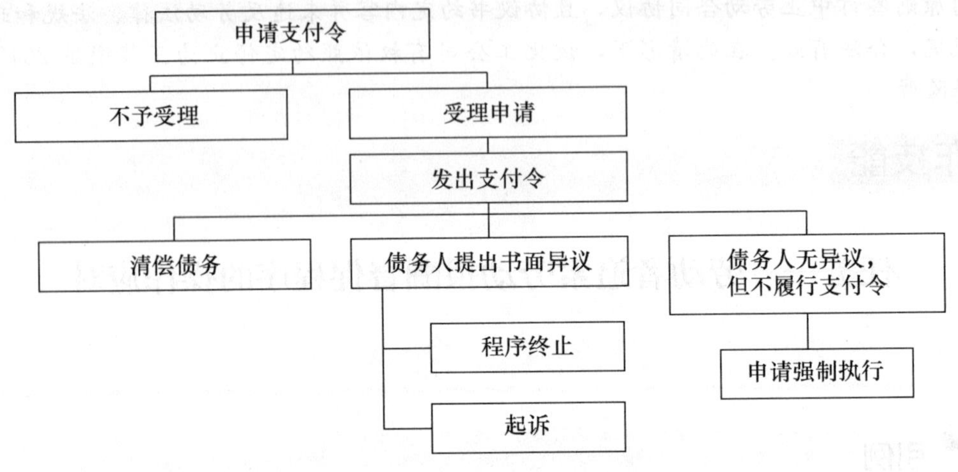

图 4-1　支付令督促的法定程序

(1) 劳动者申请支付令。劳动者请求用人单位给付劳动报酬，双方又没有其他债务纠纷，支付令能够送达用人单位的，可以向有管辖权的基层人民法院申请支付令。

(2) 法院决定是否受理。劳动者提出申请后，人民法院应当在 5 日内通知劳动者是否受理。

(3) 发出支付令或者驳回申请。人民法院受理申请后，经审查劳动者提供的用人单位拖欠劳动报酬的事实、证据，确认法律关系明确、合法的，应当在受理之日起 15 日内向用人单位发出支付令；申请不成立的，裁定予以驳回。

(4) 用人单位或清偿债务，或者提出书面异议。用人单位应当自收到支付令之日起 15 日内清偿债务，或者向人民法院提出书面异议。因此，支付令发出后，用人单位要么按照支付令的要求向劳动者支付拖欠的劳动报酬，要么书面提出异议。

(5) 用人单位在收到人民法院发出的支付令之日起 15 日内不提出书面异议，又不履行支付令的，劳动者可以向人民法院申请强制执行，法院就可以采取强制措施，比如，查封企业账号，直接从单位账号上划拨钱给劳动者。

二、用人单位对劳动者支付令督促程序的应对操作——支付令异议

发出支付令前，法院实际上并没有对事实进行全面的审查，也没有要求用人单位答辩，而有时劳动者向法院申请支付令未必是合法合理的。此时，为了维护自身的合法权益，用人单位对支付令及时提出异议非常重要。用人单位提出书面异议，如果异议成立，法院就会裁定终结督促程序，支付令自行失效。支付令的异议具有终结支付令的效力，而异议书是法院终结督促程序的依据。

（一）支付令异议的含义及效力

支付令异议是指用人单位向人民法院申明不服支付令确定的劳动报酬给付义务的法律行为。用人单位在法定期间提出异议，经人民法院审查符合异议条件的，支付令失效。

（二）支付令异议书的制作

支付令异议书供债务人认为人民法院作出的支付令不符合法律规定的条件，依照法定程序提出异议时使用。支付令异议书的格式和内容详见范本 4－1 及附注。

【劳动关系管理文书范本 4－1】

支付令异议书（追索劳动报酬）

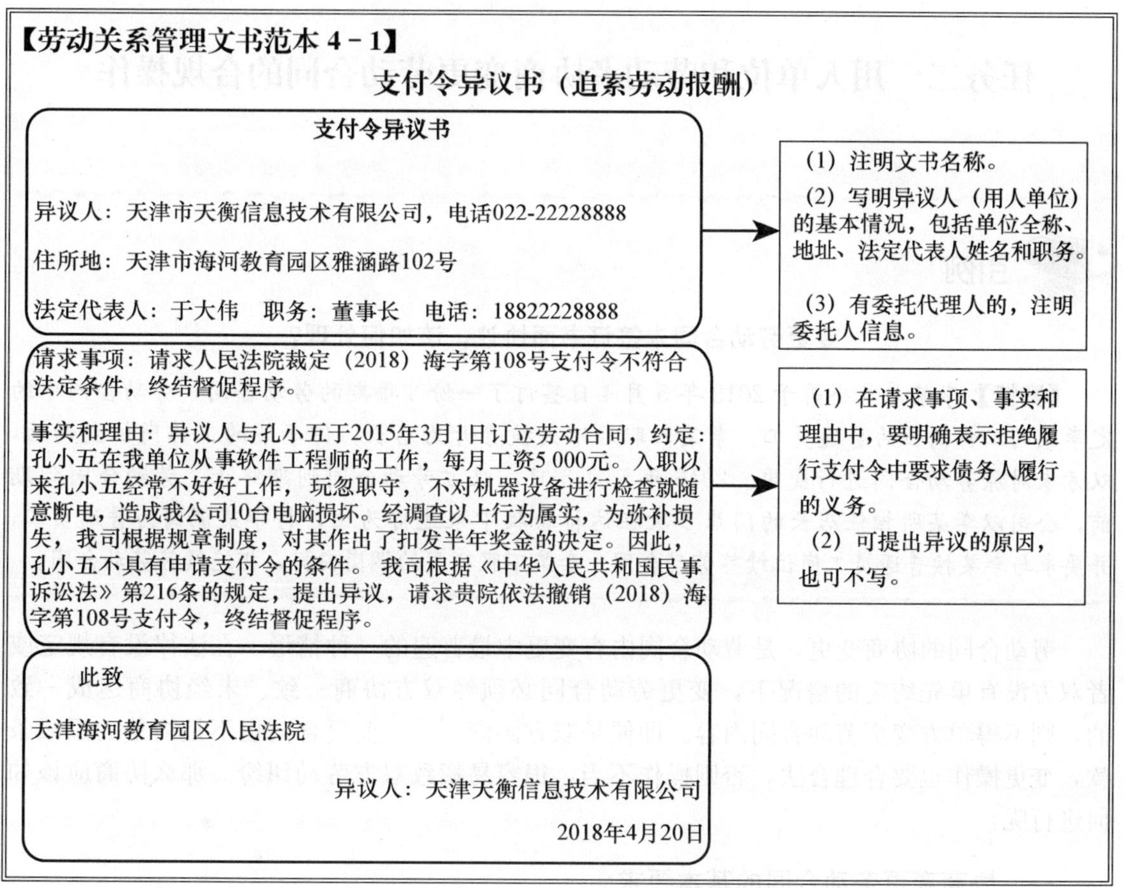

支付令异议书

异议人：天津市天衡信息技术有限公司，电话022-22228888

住所地：天津市海河教育园区雅涵路102号

法定代表人：于大伟　职务：董事长　电话：18822228888

请求事项：请求人民法院裁定（2018）海字第108号支付令不符合法定条件，终结督促程序。

事实和理由：异议人与孔小五于2015年3月1日订立劳动合同，约定：孔小五在我单位从事软件工程师的工作，每月工资5 000元。入职以来孔小五经常不好好工作，玩忽职守，不对机器设备进行检查就随意断电，造成我公司10台电脑损坏。经调查以上行为属实，为弥补损失，我司根据规章制度，对其作出了扣发半年奖金的决定。因此，孔小五不具有申请支付令的条件。我司根据《中华人民共和国民事诉讼法》第216条的规定，提出异议，请求贵院依法撤销（2018）海字第108号支付令，终结督促程序。

此致

天津海河教育园区人民法院

异议人：天津天衡信息技术有限公司

2018年4月20日

（1）注明文书名称。

（2）写明异议人（用人单位）的基本情况，包括单位全称、地址、法定代表人姓名和职务。

（3）有委托代理人的，注明委托人信息。

（1）在请求事项、事实和理由中，要明确表示拒绝履行支付令中要求债务人履行的义务。

（2）可提出异议的原因，也可不写。

（三）用人单位提出支付令异议的注意事项

（1）支付令异议只能由用人单位提出。

（2）异议必须以书面形式提出。用人单位要向法院提出书面的异议，以便确定异议是否提出，防止滥用权利。

（3）异议的提出，必须符合法定期间。我国民事诉讼法要求债务人自收到支付令之日起 15 日内提出异议。

（4）异议可以附理由，也可以不附理由，而且无论其异议是否有理由，只要在异议书中作出异议陈述，异议就成立。用人单位只是提出缺乏清偿能力的，不影响支付令的效力。只要用人单位依法提出异议，即表明用人单位与劳动者在劳动报酬的债权债务关系问题上存在着争议，人民法院签发的支付令就自行失效，督促程序即告终结。

因此，在督促程序中，用人单位是否提出异议是一个非常关键的问题，它能决定督促程序是否终结，也能阻止支付令发生法律效力，从而为用人单位防范一些不必要的风险。

【引例评析】本案中，谭女士以向法院提交追索劳动报酬支付令申请的方式主张自己享有的权利，这在很大程度上减少了当事人的诉累，避免了劳动争议仲裁、提起诉讼及再申请法院执行的烦琐程序，是一种有效的维权渠道。用人单位应增强法律意识，切实维护劳动者的合法权益。在员工的应得报酬和待遇上打小算盘，损害的最终还是自身的利益。随着劳动者依法维权意识的增强，用人单位必将为自己的违法之举付出信誉和经济上的双重代价。

任务二 用人单位和劳动者协商变更劳动合同的合规操作

引例

变更劳动合同未签订书面协议，该如何处理?

【案情】李某与某公司于2013年5月4日签订了一份3年期的劳动合同，劳动合同中约定李某的工作岗位为普通员工。李某入职后不久被晋升为店长，但李某的工作岗位变动后，双方未对原劳动合同进行变更。2016年5月3日，双方劳动合同到期终止。劳动合同到期前，公司以李某所担任店长的门店多次在达标验收中未达标为由，将李某调岗为普通员工，并要求与李某按普通员工岗位续签劳动合同。李某不服公司的调岗安排，拒绝续签劳动合同。

劳动合同的协商变更，是劳动合同内容变更中最普遍的一种情形。在法律没有规定或者双方没有事先约定的情况下，变更劳动合同必须经双方协商一致。未经协商达成一致的，则不得单方变更劳动合同内容。即便是双方协商一致，变更合同也不是简单的添减条款，变更操作也要合理合法，否则操作不当，很容易招致双方劳动纠纷。那么协商应该如何进行呢?

一、协商变更劳动合同的基本要求

协商变更劳动合同的，必须要注意以下要求：

（1）必须在劳动合同依法订立之后，在合同没有履行或者尚未履行完毕之前的有效时间内进行。如劳动合同尚未订立或者已经履行完毕，则不存在劳动合同的变更问题。

（2）必须要遵循合法、公平、平等自愿、协商一致、诚实信用的原则。

【拓展阅读】

某用人单位采取公开考试的办法，对考试不通过的职工，一律另行安排工作岗位，这种方式是否合法呢?

解答：非法定情形下，劳动合同的变更需要经过双方当事人协商一致，否则不能变更。采取公开考试的办法似乎公平，但在未经劳动者同意的情况下，对劳动者不具有约束力。用人单位仍应履行原合同。

（3）必须合法，不得违反法律、法规的强制性规定。劳动合同变更也并非随意变更，变更内容必须符合国家法律、法规的相关规定。

（4）变更结果必须以书面形式来体现。协商变更达成一致意见时，必须签订变更劳动合同的书面协议。劳动合同变更的书面协议应当指明对劳动合同的哪些条款作出变更以及变更协议的生效日期。书面协议经双方当事人签字盖章后生效。

（5）劳动合同的变更要及时进行。无论是哪一方要求变更劳动合同，都应当及时向对方提出要求，说明变更劳动合同的理由、内容和条件等。如果应变更而未及时变更，会导致劳动合同不适应变化了的新情况，从而引起不必要的争议。一方得知另一方变更劳动合同的要求后，应在对方规定的合理期限内及时作出答复，不得对对方提出的变更劳动合同的要求置之不理。

二、协商变更劳动合同的程序

协商变更劳动合同，实质就是就劳动合同的某些条款进行重新磋商并达成一致的过程。因此，变更劳动合同也要遵循劳动合同订立的基本程序，即必须要经历要约和承诺两个阶段。

（一）提出变更劳动合同的要约

变更劳动合同，需要一方向另外一方提出变更合同的请求。提出请求的当事人即要约人，可以是用人单位，也可以是劳动者。不管是哪一方当事人提出变更合同的要约，都要就合同变更的理由、内容、条款和条件等作出说明，并给对方当事人即受要约人一个答复的期限。

关于变更劳动合同要约的形式，法律没有明确规定。对于劳动者来说，可以以口头或者书面方式提出变更劳动合同的请求。对于用人单位来说，建议采取书面形式发出要约，有利于用人单位固定证据；实践中通常是以发放变更劳动合同意向通知书的方式，将变更合同的意思送达劳动者。

【劳动关系管理文书范本 4-2】

变更劳动合同意向通知书

（二）承诺

受要约人接到对方的变更请求后，应当及时答复，明确告知对方同意或是不同意变更。同意变更的，构成合同法意义上的承诺。承诺生效，变更劳动合同的合意达成。受要约方也可以提出自己不同的意见，供双方进一步协商。对于不符合法律规定的变更请求，受要约人可以明确表示拒绝。答复的形式可以是口头的，也可以是书面的。变更劳动合同的要约注明有答复期限的，受要约人应按期向要约人作出答复。没有答复期限的，应当在合理的期限内作出答复。

（三）订立书面变更协议

当事人双方平等协商，取得一致意见后，签订书面变更协议。协议要载明变更的内容，要就变更的内容和条款进行详细说明，经双方签字盖章后生效。变更后的劳动合同文本由用人单位和劳动者各执一份。

【劳动关系管理文书范本 4-3】

劳动合同变更协议书

变更后的劳动合同内容取代原条款，原条款即失去法律效力。但变更劳动合同时未予以变更的原合同条款仍然有效。

《劳动合同法》对劳动合同的变更作出了“协商一致”和“以书面形式进行”的要求。然而，在实践中很可能出现双方达成了变更劳动合同的协议，且已实际履行但却没有进行书面变更的情况。那么此种变更应该如何处理？没有采用书面形式的劳动合同变更是否具有法律效力？

《最高人民法院关于审理劳动争议案件适用法律若干问题的解释（四）》第 11 条规定："变更劳动合同未采用书面形式，但已经实际履行了口头变更的劳动合同超过一个月，且变更后的劳动合同内容不违反法律、行政法规、国家政策以及公序良俗，当事人以未采用书面形式为由主张劳动合同变更无效的，人民法院不予支持。"

由此可见，即使双方“协商一致”，变更劳动合同没有采取“书面形式”，但只要“实际履行”变更后的劳动合同超过一个月，且变更后的劳动合同内容不违反法律、行政法规、国家政策以及公序良俗，法律对此种形式的劳动合同变更也予以认可。

【引例分析】本案中，虽然双方当事人签订的劳动合同中约定李某的工作岗位为普通员工，但李某入职后不久被晋升为店长，双方对李某工作岗位的变更予以认可。双方虽未对原劳动合同进行“书面形式”的变更，但时至2016年5月3日，双方对变更后的劳动合同“实际履行”远超过一个月。因此，双方劳动合同的实际变更是合法有效的。

任务三　用人单位单方调岗的合规操作

未经协商擅自调岗，员工不服却败诉

【案情】戴某于2013年5月入职某公司，岗位约定为工程部管理岗位。2014年6月，公司因生产经营需要，将戴某自工程部的管理岗位调至项目部的管理岗位，级别和待遇均未降低。但是戴某以公司未与其协商一致擅自调岗为由不服从公司安排，公司对其发出8次警告，要求其到新岗位上班，但是戴某一直未服从安排，公司因此以戴某严重违反规章制度为由辞退戴某。戴某不服，申请仲裁，认为公司系违法辞退，要求支付赔偿金。仲裁及一审均裁决戴某败诉，戴某上诉至深圳市中级人民法院。

资料来源：广东省深圳市中级人民法院（2015）深中法劳终字第3224号民事判决书.

调岗是用人单位行使员工管理权的一种表现，属于用人单位用人自主权的范畴，据此很多企业认为可以随时对员工岗位进行调整。劳动者一般认为调整工作岗位是劳动合同变更的主要情形，应该经双方当事人协商一致，企业无权单方决定。立场和认识的不同导致劳资双方在调岗问题上出现纠纷成为一种必然。那么，用人单位在何种情形下可以单方调整劳动者岗位？如何对调岗进行合规性的操作，以避免因调岗不当产生的法律风险？这对用人单位来说，是一个非常重要也必须要解决的问题。

一、用人单位单方调岗的情形

调岗是指用人单位根据生产经营的需要，为最大限度地降低用工成本，实现效益最大化，对劳动者的工作岗位进行调整和变更的用工自主行为。根据《劳动合同法》的规定，对劳动者的调岗主要包括协商一致调岗和用人单位单方调岗两种情形。前者因系双方协商一致，基本很少有争议，但后者却容易产生纠纷。根据调岗事由的不同，用人单位单方调岗分为以下情形。

（一）法定情形下的用人单位单方调岗

在符合法律规定的特定情形下，用人单位可以单方变更劳动合同。根据《劳动合同法》第40条的规定，劳动者患病或者非因工负伤，在规定的医疗期满后不能从事原工作，也不能从事由用人单位另行安排的工作的，或者劳动者不能胜任工作，经过培训或者调整工作岗位，仍不能胜任工作的，用人单位提前30日以书面形式通知劳动者本人或者额外支付劳动者一个月工资后，可以解除劳动合同。该条款重点在于规定了法定情况下用人单位单方解除劳动合同权，但其实也同时赋予了用人单位法定条件下的单方调岗权。

（二）约定情形下的用人单位单方调岗

这种调岗本质上是协商一致调岗的特殊形式。劳动合同双方当事人把事后的协商变成事先的协商，在劳动合同中事先约定工作岗位变更的情形。当出现劳动合同约定的变更事由时，岗位以及与此相关的薪酬变更为新的岗位、薪酬，无须日后变更事由出现时双方再启动协商程序即可导致劳动合同当然变更。

（三）用人单位因生产经营需要单方调岗

在法定情形外，用人单位出于经营管理的需要，单方调整劳动者的工作岗位，是否能得到支持，因为没有法律明文规定，实践中需要用人单位证明单方调岗的合理性，由各地司法机关根据其内部指导意见自由裁量。

二、用人单位单方调岗的条件把握

（一）法定情形下用人单位单方调岗的条件把握

1. 劳动者不能胜任工作，用人单位行使单方调岗权要件

（1）劳动者不能胜任工作。

不能胜任工作是企业行使单方调岗权的前提条件之一，是指劳动者确实不能按照单位的岗位职责要求完成劳动合同约定的工作任务或者同工种岗位人员的工作量。当员工依据企业合法有效的绩效考核制度被考核为不合格时，企业可以认为其不能胜任工作。对于不能胜任工作的员工，用人单位可以调整其工作岗位。

【拓展阅读】

企业能否以“末位淘汰”证明员工不能胜任工作?

解答：不能。末位淘汰制是实践中很多用人单位采取的一种管理手段，但是，《劳动合同法》实施以后，以末位淘汰的结果对员工实施单方调岗，或解除劳动合同都是违法的，对双方不具有约束力，这是因为绩效考核中排名末位的员工并不一定是不能胜任工作的。因此，用人单位想要单方调岗，还需要拿出充分的证据证明员工确实不能胜任工作。

（2）单方调岗行为本身要合理。

在劳动者不能胜任工作的情形下，用人单位可以不经员工同意对其调整工作岗位，并不意味着用人单位可以随意调岗。调整岗位的行为本身应当具备充分的合理性，即岗位的调整是针对员工的不足作出的，且调整前后的岗位有一定的关联，并与劳动者的劳动能力、专业和技能相适应。

案例 4－1　员工不能胜任工作，企业就能随意调岗吗?	案例分析

需要注意的是，劳动者不能胜任工作，用人单位并不必然行使单方调岗权。根据《劳动合同法》第 40 条的规定，用人单位也可以给不能胜任工作的员工安排培训。经过培训仍不能胜任工作的，可以直接引起用人单位单方合同解除权的行使。

2. 劳动者患病或非因工负伤，医疗期满不能从事原工作时，用人单位行使单方调岗权的要件

在此种情形下，用人单位行使单方调岗权必须要具备以下三个条件：（1）劳动者患病或非因工负伤；（2）劳动者医疗期满；（3）劳动者不能从事原工作。这三个条件要同时具备，缺一不可。劳动者正处于医疗期的，以及医疗期满以后仍能从事原工作的，用人单位就不能行使单方调岗权。用人单位调岗时，也要同时注意调岗行为本身的合理性，比如不能故意将医疗期满的劳动者调整到劳动强度或绩效标准更高的工作岗位上，迫使劳动者辞职。新岗位与原岗位级别和薪酬差别较大时，尽量与员工协商一致，以避免单方调岗无效的法律风险。

（二）用人单位因生产经营需要单方调岗的条件把握

用人单位出于经营管理的需要，单方调整劳动者的工作岗位需要具备哪些要件，法律

没有明文规定。实践中，各地司法审判实践对此给出了一些指导性意见。比如，根据广东省高级人民法院、广东省劳动人事争议仲裁委员会《关于审理劳动人事争议案件若干问题的座谈会纪要》第22条的规定，用人单位调整劳动者工作岗位，同时符合以下情形的，视为用人单位合法行使用工自主权，劳动者以用人单位擅自调整其工作岗位为由要求解除劳动合同并请求用人单位支付经济补偿的，不予支持：(1) 调整劳动者工作岗位是用人单位生产经营的需要；(2) 调整工作岗位后劳动者的工资水平与原岗位基本相当；(3) 不具有侮辱性和惩罚性；(4) 无其他违反法律法规的情形。根据以上文件精神，用人单位因生产经营需要，对劳动者调岗需要考虑以下两个主要条件。

1. 调岗理由要合理、目的要正当

用人单位调整工作岗位，是基于生产经营的需要。企业为了合法营利作出各种生产经营决策而对员工的岗位产生影响便构成因生产经营需要单方调岗的前提条件。如生产经营毫无调岗必要，则调岗理由欠缺合理性，存在权利滥用之嫌。另外，调岗目的要正当，为了打击、报复、胁迫劳动者，或者迫使劳动者辞职的调岗是不合法的。

2. 调岗行为本身要合理

调整后的岗位符合员工本身的教育背景、技能、薪酬或职级。原岗位和新岗位应存在一定的关联，不能工作性质和技术技能要求差别太大。调岗后的薪酬待遇不得随意降低或者降低太多，应当进行合理幅度的调整，除非双方在劳动合同中另有约定。调岗后的工作地点不应给劳动者带来明显不便；调岗前后的工作时间亦应相差不大，且在法律规定的合理范围内。另外，新岗位不应具备惩罚性或侮辱性。例如，部门经理或高管被用人单位调至后勤部门，负责卫生工作，即明显损害了劳动者的人格尊严和职业荣誉。用人单位因生产经营需要调岗时，一定要检视自身情况是否达到了调岗的条件和要求，毕竟因生产经营需要调岗的举证责任在于用人单位，而不在于劳动者。

三、用人单位单方调岗时的程序要求

符合法定的情形或者约定的条件，用人单位可以单方调岗。但这并不意味着调岗工作就可以随意进行。单方调岗也要遵循合法的程序。用人单位在行使单方调岗权的操作过程中应保障劳动者的知情权、表达权，这既体现了用人单位对劳动者的尊重，也有利于增强变更合同决定的可接受性。有时候，员工拒绝变更，其原因并不是变更决定本身，而是对调岗程序的不满。

第一步，要将调岗的决定，包括作出调岗决定的原因充分告知员工。调岗属于与员工切身利益相关的重大事项，员工享有知情权。企业有义务就相关调岗事项向涉及员工进行充分的告知。建议以书面的形式通知，以有利于证据的保存。

【劳动关系管理文书范本4-4】

调岗调薪通知单（用人单位单方变更）

编号：________

______女士/先生：

现由于公司生产经营需要，根据《中华人民共和国劳动合同法》及相关法律、法规规定，公司将对您的岗位及相关内容作如下变更：

□您的岗位由______部岗位，调动至______部岗位，从______年______月______日开始执行 □您的职级从______级别调动至______级别，岗位的计薪方式为______，从______年______月______日开始执行 □该岗位有年终分红　□该岗位无年终分红 备注： 公司《薪酬管理规定》文件要求："公司的工资报酬额度（含薪点）必须严格保密"。 此通知单作为双方于______年______月______日签订的原劳动合同的附件。 ×××公司（盖章）： 年　月　日 员工确认签名：　　工号：　　年　月　日

第二步，给予员工合适的考虑期限。建议用人单位给予员工7～10天的考虑期限。

第三步，听取员工意见。听取员工意见是单方调岗程序的核心内容，但是并不等于企业必须按照员工的意见作出决定，譬如员工坚决不同意调岗时，企业仍可以在调岗具有充分合理性之时实行单方调岗。

第四步，企业作出决定并回复员工。企业结合自身实际和员工意见作出调岗的决定并告知员工，同时对员工的意见进行一一回应，包括被采纳的意见及未被采纳意见的合理解释，此步骤是为了充分保证员工的知情权。

第五步，给予适应期及相应协助。从诚实信用原则出发，企业应当给予员工一定的适应期及相应协助，如给予员工新岗位所需技能的培训、在员工的交通成本增加时给予一定的补贴等。

【引例分析】用人单位基于经营和管理的需要，在不违反法律规定的情形下，应当拥有用工自主权和管理权，在不违反劳动合同的约定且未降低劳动者的待遇的情况下，用人单位应当拥有合理的调整岗位的权利。本案中，公司基于经营需要对部分人员的工作内容及相关部门架构进行了调整，并非仅针对戴某个人，不具有侮辱性和惩罚性。双方劳动合同约定的原工作岗位也仅是"管理岗位"，工作调整后的级别及待遇并未改变。因此，该公司的调岗行为是合法的。

任务四　劳动合同中止的合规操作

引例

公司如此中止合同是否合法？

【案情】刘某于2011年9月与某建筑公司签订了为期8年的劳动合同（2011年9月1日至2019年9月1日）。2016年10月20日，公司因没有承揽到工程，决定与刘某等中止履行劳动合同，并停发了刘某等5人的工资。刘某被迫停止工作后，多次要求复工，公司未给予答复。2016 年 11 月 30 日，刘某向劳动争议仲裁委员会申请仲裁，要求公司继续履行劳动合同，并补发工资。

一、协商一致中止劳动合同的合规操作

如前所述，当出现特殊情形，劳动合同的双方无法继续履行合同时，劳动者或者用人单位任何一方都可以主动提出中止劳动合同。协商中止劳动合同是劳动合同双方当事人自愿达成一致的过程。从程序上来讲，中止合意的达成应当履行以下程序：首先，由一方向另一方提出中止合同的意思表示；其次，双方就中止合同的意思进行协商，就中止期间的权利义务进行约定；最后，双方签订劳动合同中止协议书，自协议签订之日起或者协议约定的时间起，劳动关系处于暂停状态。

【劳动关系管理文书范本 4－5】

劳动合同中止协议书

二、用人单位单方中止劳动合同的合规操作

劳动者应征入伍、劳动者被依法限制人身自由或者劳动者失踪但是尚未被人民法院宣告失踪、宣告死亡的，用人单位可以单方中止劳动合同。此种情况下的中止合同是用人单位的单方权利，只需作出决定并将中止劳动合同的决定书送达劳动者即可。

【劳动关系管理文书范本 4－6】

劳动合同中止决定书

员工：

您于______年______月______日与公司签订的劳动合同（编号：______），现因下列第______项原因中止：

1. 员工应征入伍的。
2. 员工离职履行国家规定的其他义务的。
3. 员工涉嫌违法犯罪被拘留或逮捕的。
4. 员工被强制戒毒的。
5. 员工失踪的。
6. 其他。

特此决定

××××公司

年　月　日

【引例分析】这是一起因用人单位擅自中止劳动合同履行而引起的劳动争议案件。本案中，建筑公司中止履行与刘某等 5 人签订的劳动合同，显然不符合以上所述的条件，所以是一种错误的、违约的行为，应当承担违约责任。该案提醒用人单位，劳动合同一经订立就不得擅自中止履行，如果生产经营发生变化，可与职工协商变更劳动合同内容。建筑公司因无工程，确实没有岗位安排给刘某，可与其协商待岗，并变更劳动合同相关内容。

模块五 劳动合同的解除、终止与员工离职管理的实务操作

导学

劳动关系的终结是劳动关系运行的最后一个环节。劳动关系的终结可能因为很多原因发生。劳动合同可以到期自然终止，用人单位和劳动者可以友好和平地协商“分手”，劳动者可以主动辞职，用人单位也可以以解雇、辞退、裁员等方式解除劳动合同（也可以视为劳动者“被动离职”）。但不论基于什么原因终结劳动关系，解除劳动合同都应当遵循法定的条件和程序的要求。本模块主要介绍我国解除、终止劳动合同的法律制度以及员工离职管理、续订劳动合同的实务操作技巧。

知识要点

1. 掌握劳动合同解除、协商解除劳动合同、单方解除劳动合同的概念。
2. 掌握劳动者单方解除劳动合同的法律规定，会进行条件的把握。
3. 掌握用人单位过失性解除劳动合同和预告性解除劳动合同的法律规定，会进行条件的把握。
4. 掌握企业经济性裁员的法律规定，会进行裁员条件的把握。
5. 理解特殊劳动者的解雇保护规定。
6. 理解劳动合同终止的概念、劳动合同终止与解除劳动合同的不同、劳动合同续延的规定。掌握劳动合同续订的条件和程序要求。

能力目标

1. 具有解除、终止劳动合同的合规操作意识。

2. 具备解除劳动合同的基本技能：会对劳动者单方解除劳动合同的风险进行防范，能够对劳动合同的解除或终止进行合法性审查，提出审查意见，会依法依规进行经济性裁员，防止或避免违法解除劳动合同。

3. 具备终止劳动合同的基本技能：会对劳动合同到期的劳动者进行终止劳动合同或者续订劳动合同的操作，会进行劳动合同期限续延的计算。

理论知识

知识单元一　劳动合同解除的基本理论

引例

因两次书面警告处罚而解除员工的劳动合同合法吗？

【案情】 2016 年 5 月，某单位与黄先生签订了一份为期 3 年的固定期限劳动合同。2018 年 5 月，在合同履行期内，用人单位以黄先生受到年度累计两次书面警告处罚为理由单方解除了劳动合同，而黄先生对这两次书面处罚决定的真实性以及合理性产生怀疑。2018 年 8 月 4 日，用人单位在没有提供具体而有信服力的事实证明以及处罚依据的情况下，单方以电话通知的形式强行解除了与黄先生的劳动关系，并且在没有履行正常的解除劳动合同手续的情况下强行阻止黄先生进厂继续工作，致使双方发生纠纷。

一、劳动合同解除的概念、分类和特征

劳动合同的解除是指劳动合同订立后，尚未完全履行完毕以前，由于各种原因导致双方或一方当事人提前消灭劳动关系的法律行为。劳动合同的解除具有提前终止劳动合同的法律效力。

根据《劳动合同法》第 36 条至第 41 条的规定，劳动合同的解除可以分为合意解除、单方解除两种。合意解除，又称协商解除，是指用人单位与劳动者在完全自愿的情况下，互相协商，在达成一致意见的基础上提前终止劳动合同的行为。单方解除又称法定解除，是指法定或者约定的解除权人，无须经对方当事人的同意，直接行使解除权，提前终结劳动合同效力的行为。根据行使解除权主体的不同，单方解除又分为劳动者单方解除和用人单位单方解除两种。劳动合同解除的类型见图 5－1。

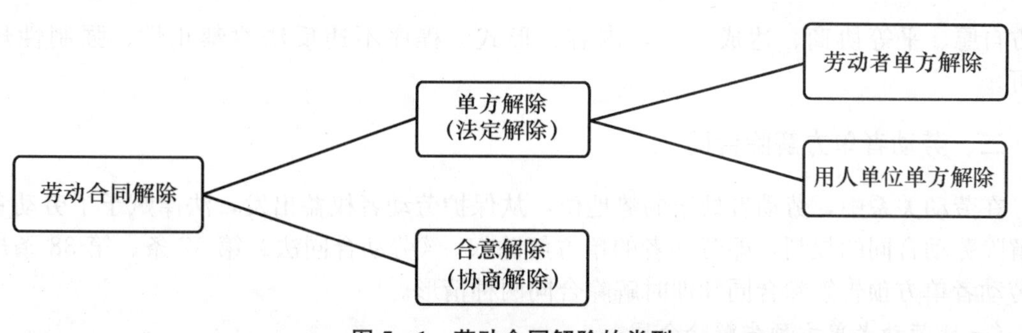

图 5-1　劳动合同解除的类型

劳动合同解除不同于劳动合同的变更，劳动合同的变更是用新的条款代替变更前的条款，合同双方当事人的权利义务从变更合同的协议约定之时起发生变更，未变更的劳动合同条款继续有效；劳动合同解除，是终结双方当事人间的劳动关系并消灭双方当事人之间的权利与义务。

劳动合同解除也不同于劳动合同中止，主要表现在：(1) 发生原因不同。劳动合同中止的发生取决于合同期内当事人是否能实际履行劳动合同。不能履行劳动合同又不能终结劳动合同关系的，可以采取中止的方式来处理。而解除劳动合同是因为当事人有履行能力而不愿履行合同。解除劳动合同要依据法定的原因或约定的解除合同的事由。(2) 法律后果不同。劳动合同中止是法律关系的中途停止，双方之间的劳动关系并未解除，只不过因为一些特殊的原因而暂时不能继续履行各自的义务。而劳动合同解除是提前中断劳动关系，合同解除后，劳动关系终结。

二、协商解除劳动合同

《劳动合同法》第 36 条规定："用人单位与劳动者协商一致，可以解除劳动合同。"协商解除，是指用人单位与劳动者在完全自愿的情况下，互相协商，在彼此达成一致意见的基础上提前终止劳动合同的效力。协商包括了单位动议协商一致和员工动议协商一致两种情况。

协商一致解除劳动合同具有以下特点：

(1) 被解除的劳动合同是依法成立且未履行完毕的合同。如果劳动合同未成立或已履行完毕，则不存在解除的问题。

(2) 用人单位和劳动者均有权提出解除劳动合同的请求。提出请求的主体不同，所承担的法律后果不同：单位提出动议的，需要支付经济补偿金；员工提出动议的，则不需要支付经济补偿金。

(3) 只要用人单位和劳动者双方自愿、平等协商，达成一致意见，即可解除劳动合同，不问解除劳动合同的原因。其他类型的解除劳动合同大多需要具备法定条件。

(4) 适用于各种劳动合同，包括固定期限劳动合同、无固定期限劳动合同和以完成一定工作任务为期限的劳动合同。

(5) 适用于所有劳动者，包括劳动法规定给予"解雇保护"的特殊劳动者，比如处于三期内的女职工。

总之，协商解除劳动合同，法律并没有具体的实体、程序上的限定条件。原则上只要双方自愿、平等协商、达成一致，内容、形式、程序不违反法律禁止性、强制性规定即可。

三、劳动者单方解除合同

在劳动关系中，劳动者处于弱势地位，从保护劳动者权益出发，法律赋予了劳动者单方解除劳动合同的权利，即劳动者的单方解除权。《劳动合同法》第 37 条、第 38 条规定了劳动者单方预告解除合同和即时解除合同两种情形。

（一）劳动者单方预告解除合同

《劳动合同法》第 37 条规定："劳动者提前三十日以书面形式通知用人单位，可以解除劳动合同。劳动者在试用期内提前三日通知用人单位，可以解除劳动合同。"本条规定了劳动者通过预告的方式解除劳动合同的权利，即辞职权。此种情况的解除劳动合同，劳动者无须说明任何理由，也无须征得用人单位同意，只要提前 30 日以书面形式将解除劳动合同的决定通知用人单位即可。超过 30 日劳动者向用人单位提出办理解除劳动合同手续的，用人单位应予办理。

劳动者单方预告解除劳动合同，必须遵守法定的程序要求。

1. 遵守解除预告期

一般情况下，劳动者要将解除合同的意思，提前 30 天通知用人单位。劳动者在书面通知用人单位后还应继续工作至少 30 天，这样便于用人单位及时安排人员交接工作，保持劳动过程的连续性，确保正常的工作秩序。劳动者未遵守预告期约定的，构成违法解除劳动合同。劳动者在试用期内解除合同的，要提前 3 日通知用人单位。

2. 书面形式通知用人单位

劳动者单方预告解除劳动合同，必须以书面形式告知对方。书面形式通常以辞职信、辞职报告的方式体现。辞职信、辞职报告送达对方的时间，是解除合同预告期的起算时间。

（二）劳动者单方即时解除合同

《劳动合同法》第 38 条规定了劳动者享有无须预告即可解除劳动合同的特殊解除权。鉴于劳动者即时解除合同往往会给用人单位的正常生产经营带来很大的影响，所以，为了平衡劳动者与企业双方的合法利益，法律规定只限于在用人单位有过错行为的情况下才允许劳动者行使特殊解除权。劳动者单方即时解除合同有以下两种情况。

1. 须告知的即时解除

根据《劳动合同法》第 38 条第 1 款的规定，用人单位有下列情形之一的，劳动者可以随时通知用人单位解除劳动合同：（1）未按劳动合同约定提供劳动保护或者劳动条件的；（2）未及时足额支付劳动报酬的；（3）未依法为劳动者缴纳社会保险费的；（4）用人单位的规章制度违反法律、法规的规定，损害劳动者权益的；（5）因该法第 26 条第 1 款规定的情形致使劳动合同无效的；（6）法律、行政法规规定劳动者可以解除劳动合同的其他情形。在以上六种情形下，劳动者告知用人单位就可以即时解除劳动合同。须告知的劳动合同解除权的行使，需要具备两个要件：一是用人单位存在《劳动合同法》第 38 条第 1 款所列举的情形之一；二是劳动者须告知用人单位，至于告知方式，《劳动合同法》未明确规定，在实践中，劳动者可采取书面或者口头告知方式。

2. 无须告知的即时解除

《劳动合同法》第 38 条第 2 款规定："用人单位以暴力、威胁或者非法限制人身自由的手段强迫劳动者劳动的，或者用人单位违章指挥、强令冒险作业危及劳动者人身安全的，劳动者可以立即解除劳动合同，不需事先告知用人单位。"如用人单位存在极其严重的违法行为，危及劳动者的生命健康权和人身自由方面的权利，那么基于生命健康和安全方面的考虑，劳动者可当即解除劳动合同，无须履行任何通知程序。

（三）劳动者单方解除劳动合同的法律后果

劳动者单方预告解除合同的，除非劳动者违反竞业限制义务或服务期合同约定这两种特殊情况，否则用人单位无权要求劳动者支付违约金。在此情形下，用人单位无须给付经济补偿金。

劳动者即时解除劳动合同的，因用人单位存在过错，故劳动者无须支付违约金，用人单位应当支付经济补偿。

（四）劳动者违法单方解除劳动合同

1. 劳动者违法单方解除劳动合同的情形

（1）违反提前预告期解除劳动合同。劳动合同履行期内，劳动者解除劳动合同的提前预告期是 30 天，试用期是提前 3 天。如果劳动者未提前 30 天（试用期是 3 天）辞职的，即构成违法辞职行为，包括两种：1）辞职前通知，但未提前 30 天；2）不辞而别，即没有提前告知就离职。

（2）违反服务期的约定单方解除合同。用人单位提供专项培训费用，对劳动者进行专业技术培训的，可以与劳动者约定服务期。劳动者违反服务期约定，在服务期未满时，无法定理由单方提出辞职，是一种违法解除劳动合同的行为。但是，劳动者在服务期内，以用人单位存在《劳动合同法》第 38 条第 1 款所规定的 6 种情形，即用人单位存在过错为由提出解除合同的，则并不违法。

2. 劳动者违法单方解除劳动合同的法律后果

（1）劳动者未提前通知的法律责任。

依据《劳动合同法》第 90 条的规定，劳动者未提前 30 天通知单位即解除合同的违法解除行为导致用人单位损失的，劳动者应当承担相应的赔偿责任。劳动者赔偿损失的范围包括：用人单位招录新的劳动者所支付的费用，用人单位为劳动者支付的培训费用，对生产、经营和工作造成的直接经济损失，以及劳动合同约定的其他赔偿费用。

案例 5-1　劳动者辞职未提前通知单位，单位可否向其索赔？	案例分析

（2）劳动者违反服务期的法律责任。

劳动者违反服务期约定，违法解除劳动合同的，应当向用人单位支付违约金。具体数额由双方当事人依照法律规定在培训服务期条款或协议中约定。

四、用人单位单方解除合同

《劳动合同法》在赋予劳动者单方解除权的同时，也赋予用人单位对劳动合同的单方解除权。为防止用人单位滥用解除权，随意与劳动者解除劳动合同，立法上严格限定企业与劳动者解除劳动合同的条件，以保护劳动者的劳动权利。《劳动合同法》第 39 条至第 41 条规定了用人单位单方解除劳动合同的三种情形。

（一）用人单位即时性解除劳动合同（过失性辞退）

根据《劳动合同法》第 39 条的规定，劳动者有下列情形之一的，用人单位可以解除劳动合同：（1）在试用期间被证明不符合录用条件的；（2）严重违反用人单位的规章制度的；（3）严重失职，营私舞弊，给用人单位造成重大损害的；（4）劳动者同时与其他用人单位建立劳动关系，对完成本单位的工作任务造成严重影响，或者经用人单位提出，拒不改正的；（5）因该法第 26 条第 1 款第 1 项规定的情形致使劳动合同无效的；（6）被依法追究刑事责任的。该条规定的是劳动者存在过错的情形。用人单位在此情况下解除合同，无须提前 30 天通知劳动者，且不受《劳动合同法》第 42 条规定的对劳动者解雇保护的法律限制，也无须向劳动者支付经济补偿金。

1. 劳动者在试用期间被证明不符合录用条件的

因劳动者不符合录用条件而解除劳动合同，是用人单位在试用期内终结劳动关系的一种常见情形。用人单位必须提供有效的证明来证明劳动者不符合录用条件，否则便不能解除劳动合同。

2. 劳动者严重违反用人单位的规章制度的

用人单位的内部规章制度是用人单位自己的“内部法”，是对国家劳动法律、法规的延伸和具体化，是职工行为的基本准则，也是企业内部管理行为的重要依据。劳动者严重违反用人单位规章制度，无理取闹，打架斗殴，散布谣言损害企业声誉等行为，给用人单位的正常生产经营秩序带来了严重损害的，用人单位可以解除劳动合同。

案例 5-2　是否可以解除违纪职工的劳动合同?	案例分析

3. 严重失职，营私舞弊，给用人单位造成重大损害的

劳动者在履行劳动合同时应当尽职尽责。劳动者若违反其忠于职守、维护用人单位利益的义务，有未尽职责的严重过失行为或者利用职务之便牟取私利的故意行为，使用人单位的财产或人员遭受重大损失，但未达到受刑罚处罚的程度的，用人单位可以与该劳动者单方解除劳动合同。在实践中，“严重失职，营私舞弊”的主要行为表现有：上班期间粗心大意、擅离岗位而造成事故；因工作不认真不负责而经常产生废品、严重损坏工具设

备、浪费原材料或能源等。

4. 劳动者同时与其他用人单位建立劳动关系，对完成本单位的工作任务造成严重影响，或者经用人单位提出，拒不改正的

劳动合同具有人身性的特点。劳动合同必须由劳动合同当事人亲自履行。作为劳动者，首先应该完成本职工作，这是其应尽的义务。劳动者若同时与其他用人单位建立劳动关系，可能会影响与本用人单位之间劳动合同的正常履行。对于一个不能全心全意为本单位工作并严重影响工作任务完成的人员，用人单位当然有权与其解除劳动合同。

5. 因《劳动合同法》第 26 条第 1 款第 1 项规定的情形致使劳动合同无效的

根据《劳动合同法》第 26 条第 1 款第 1 项的规定，劳动者以欺诈、胁迫、乘人之危的手段，致使用人单位在违背真实意思的情况下订立或者变更劳动合同的，劳动合同无效或部分无效。采用以上任一方式订立劳动合同，都违背了意思自治的基本原则，是被法律所禁止的，因此自然允许作为利益受损者的用人单位解除当事人之间的合同关系。

6. 被依法追究刑事责任的

根据《劳动部关于贯彻执行〈中华人民共和国劳动法〉若干问题的意见》第 29 条的规定，“被依法追究刑事责任”是指：被人民检察院免予起诉的、被人民法院判处刑罚的、被人民法院依据《刑法》第 32 条免予刑事处分的。劳动者被人民法院判处拘役、三年以下有期徒刑缓刑的，用人单位可以单方即时解除劳动合同。

（二）用人单位预告性解除劳动合同（非过失性辞退）

劳动者本人无过错，但由于主客观原因致使劳动合同无法履行，用人单位在符合法律规定的情形下，有权以预告的方式单方解除劳动合同。根据《劳动合同法》第 40 条的规定，有下列情形之一的，用人单位提前 30 日以书面形式通知劳动者本人或者额外支付劳动者一个月工资后，可以解除劳动合同：

（1）劳动者患病或非因工负伤，在规定的医疗期满后仍不能从事原工作，也不能从事用人单位另行安排的工作的。劳动者患病或者非因工负伤，有权在医疗期内进行治疗和休息，不从事劳动。但在医疗期满后，劳动者就有义务进行劳动。如果劳动者由于身体健康原因不能胜任工作，用人单位有义务为其调动岗位，将其调至力所能及的岗位工作。如果劳动者对用人单位重新安排的工作也无法完成，说明劳动者没有履行合同的能力，那么在此情况下，用人单位可以解除劳动合同。

（2）劳动者不能胜任工作，经过培训或者调整工作岗位，仍不能胜任工作的。当劳动者无法胜任某项工作，用人单位应再给予劳动者一次机会，给劳动者进行培训或者调岗，协助劳动者适应岗位。如果用人单位已经尽到了自己的义务，劳动者仍然不能胜任工作，用人单位可以在提前 30 日书面通知的前提下，解除与该劳动者的劳动合同。

（3）劳动合同订立时所依据的客观情况发生重大变化，导致劳动合同无法履行，经用人单位与劳动者协商，仍未能就变更劳动合同内容达成协议的。履行原劳动合同所必要的客观条件发生变化，包括发生不可抗力和其他一些导致劳动合同全部或部分条款无法履行的客观情况，如自然条件恶化、企业迁移、转产、被兼并、重大技术改造等，致使原劳动合同不能履行或不必要履行的，为了使劳动合同能够得到继续履行，必须根据变化后的客观情况，由双方当事人协商变更。如果劳动者不同意变更或者不能协商一致时，原劳动合同所确立的劳动关系也没有存续的必要，在这种情况下，用人单位也只能

解除劳动合同。

需要说明的是：在以上三种情形下解除劳动合同，用人单位应提前 30 天以书面方式通知劳动者本人或者额外支付一个月工资即代通知金。预告性解除合同的，用人单位应向劳动者支付经济补偿金。

案例 5-3　何谓客观情况发生变化时期也可以解除合同？	案例分析

（三）经济性裁员

经济性裁员是指企业因经营管理不善等经济性原因一次性解雇多个劳动者，以保护自己在市场经济中的竞争和生存能力，渡过暂时的难关的情形。

1. 经济性裁员的内涵

（1）经济性裁员是企业解除劳动合同的一种情形。虽然名义为经济性裁员，但其实质是非员工过错企业单方解除劳动合同，因此企业应当依法向劳动者支付经济补偿。

（2）进行经济性裁员的主要原因是经济性原因，而不是劳动者个人原因。劳动者存在重大过错，企业可以即时性解除劳动合同；劳动者不胜任工作或者客观情况发生变化，企业可以预告性解除劳动合同。而经济性裁员的原因主要是经济性的：企业经营发生严重困难或者依照破产法规定进行重整；为了寻求生存和更大发展，进行转产、重大技术革新、经营方式调整等。

（3）经济性裁员只发生在企业中。《劳动合同法》第 41 条明确规定经济性裁员适用于企业。只有企业才有可能进行经济性裁员。当然，企业的范围比较广，包括各类企业、个体经济组织、民办非企业单位等。

（4）经济性裁员必须要一次性解除法定数量的劳动合同。经济性裁员与一般解除劳动合同的最大区别在于：它是一次性成批量解除劳动合同。根据《劳动合同法》第 41 条的规定，一次性裁减人员 20 人以上或者裁减不足 20 人但占企业职工总人数 10%以上的，构成经济性裁员。企业如果裁减人员人数不足法定标准，就不能以经济性裁员的实体条件为由成批解除劳动合同，只能按照《劳动合同法》第 36 条、第 39 条、第 40 条的规定单个解除劳动合同。

2. 经济性裁员的法定条件

《劳动合同法》第 41 条规定了经济性裁员的实体条件和程序条件。只有符合实体条件的要求并按程序条件操作，经济性裁员才是合法有效的。

（1）经济性裁员的实体条件。

根据《劳动合同法》的规定，在以下四种情形下，用人单位可以进行经济性裁员：

1）依照企业破产法规定进行重整的。依照企业破产法的规定，在三种情形下，债务人或者债权人可以向人民法院申请对债务人进行重整：一是企业法人不能清偿到期债务，并且资产不足以清偿全部债务的；二是企业法人不能清偿到期债务，并且明显缺乏清偿能力的；三是企业法人不能清偿到期债务，并且有明显丧失清偿能力可能的。在重整过程中，用人单位可根据实际经营情况，进行经济性裁员。

2）生产经营发生严重困难的。面临激烈的市场竞争，企业的生产经营可能会发生困难。允许发生生产经营困难的企业通过裁减人员、缩减员工的方式进行自救，有利于企业渡过难关，也有利于劳动者群体。但因经济性裁员影响到特定劳动者的权益，企业应慎重处理。企业务必要慎用该手段，只有企业生产经营发生严重困难时，才可以适用经济性裁员。

3）企业转产、重大技术革新或者经营方式调整，经变更劳动合同后，仍需裁减人员的。需要注意的是，企业转产、重大技术革新或者经营方式调整并不必然导致用人单位进行经济性裁员。只有企业转产、重大技术革新或者经营方式调整而相应地变更劳动合同后，仍需要裁减人员时，才可进行经济性裁员。

4）其他因劳动合同订立时所依据的客观经济情况发生重大变化，致使劳动合同无法履行的。如有些企业为了防治污染进行搬迁需要经济性裁员的，也应允许用人单位进行经济性裁员。

（2）经济性裁员的程序条件。

为了尽量缓减经济性裁员对劳动者和整个社会的秩序稳定造成的冲击，《劳动合同法》要求用人单位进行经济性裁员必须履行一套法定程序。这些法定程序是有顺序的，须全部履行。

1）必须提前30日向工会或者全体职工说明情况，并听取工会或者职工的意见。由于经济性裁员涉及较多劳动者的权益，为便于工会和劳动者了解裁减人员方案及裁减理由，获得工会和劳动者对经济性裁员行为的理解和认同，用人单位必须提前30日向工会或者全体职工说明情况，并听取工会或者职工的意见。

2）向劳动行政部门报告裁减人员方案。用人单位经向工会或者全体职工说明情况，听取工会或者职工的意见，对原裁减人员方案进行必要修改后，形成正式的裁减人员方案。该裁减人员方案需要向劳动行政部门报告，以使劳动行政部门了解裁减情况，必要时采取相应措施，监督经济性裁员的合法进行，防止出现意外情况。这里的“报告”在性质上属于事后告知，不是事前许可或者审批。当然，有的企业出于各种考虑，自愿提前与劳动行政部门报告协商，法律对此并不禁止。

案例5-4　经济性裁员，真的能说裁就裁吗？	案例分析

3. 裁员时应优先留用的人员

《劳动合同法》第41条在规定了企业裁员条件的同时，还对由企业承担的社会责任作了规定，即裁减人员时，应当优先留用下列劳动者：

(1) 与本单位订立较长期限的固定期限劳动合同的。

(2) 与本单位订立无固定期限劳动合同的。

(3) 家庭无其他就业人员，有需要扶养的老人或者未成年人的。

《劳动合同法》主要从劳动合同期限和保护社会弱势群体角度出发，规定了以上三类优先留用人员。其中前两类人员的优先留用，主要是考虑劳动者对劳动合同有较长期限的预期，法律应对这种预期予以相应保护。规定优先留用家庭无其他就业人员，有需要扶养的老人或者未成年人的劳动者，主要是考虑对这类社会弱势群体法律应给予相应保护。这三类优先留用的劳动者之间并没有优先顺序。

4. 被裁减人员的优先就业权

企业依法裁减人员，在六个月内重新招用人员的，应当通知被裁减的人员，并在同等条件下优先招用被裁减的人员。赋予被裁减人员优先就业权，原因在于：

(1) 被裁减人员并不是因为个人有违法、违纪、违规的行为而被解除劳动合同的，是因为企业出现经营困难等情况服从大局而被解除劳动合同，因此在企业生产经营恢复正常后，重新招用人员时，应优先照顾被裁减的劳动者。

(2) 被裁减人员对企业比较熟悉，技术也熟练。

(3) 可以有效防止企业以经济性裁员为借口，随意裁减劳动者。

同时，为更好地保护被裁减人员的合法权益，《劳动合同法》增加规定了企业有通知被裁减人员的义务，以使被裁减人员慎重考虑，及时行使优先就业权。

(四) 用人单位单方解除劳动合同的限制

《劳动合同法》第39条、第40条、第41条规定了出现法定情形时，用人单位可以单方解除劳动合同。为了防止用人单位滥用解雇权，不公正解雇员工，劳动法律法规对用人单位行使单方解除权进行了限制，这些限制既有实体上的，也有程序上的。

1. 用人单位单方解除劳动合同的实体限制

根据《劳动合同法》第42条的规定，劳动者有以下六类法定情形之一的，用人单位不得根据该法第40条、第41条的规定解除劳动合同，即不得行使非过错性解除权或进行经济性裁员：

(1) 从事接触职业病危害作业的劳动者未进行离岗前职业病健康检查，或者疑似职业病病人在诊断或者医学观察期间的。受到职业病威胁的劳动者以及职业病病人是社会弱势群体，非常需要国家的关怀和法律的保障。根据《职业病防治法》第35条第1款、第2款的规定，对从事接触职业病危害作业的劳动者，用人单位应当按照国务院卫生行政部门的规定组织上岗前、在岗期间和离岗时的职业健康检查，并将检查结果如实告知劳动者。对未进行离岗前职业健康检查的劳动者不得解除或者终止与其订立的劳动合同。根据《职业病防治法》第55条第2款的规定，用人单位在疑似职业病病人诊断或者医学观察期间，不得解除或者终止与其订立的劳动合同。

(2) 在本单位患职业病或者因工负伤并被确认丧失或者部分丧失劳动能力的。职业病是指劳动者在生产劳动及其职业活动中，接触职业性有害物质引起的疾病。因工负伤是指因工作遭受事故伤害的情形。无论是职业病还是因工负伤，都是劳动过程中的职业危害所致，因此企业作为用工组织者和直接受益者理应承担保障劳动者基本生活和劳动权益的义务，不能解除劳动合同。如果允许用人单位解除劳动合同，将会给劳动者的医疗、生活等带来极大的困难。

职业病的认定，需要根据《职业病防治法》的有关规定，由专门医疗机构进行。根据《劳动能力鉴定　职工工伤与职业病致残等级》的规定，职工工伤伤残等级与劳动能力的丧失之间的关系为：评残标准分为十级，符合评残标准一至四级为完全丧失劳动能力；五、六级为大部分丧失劳动能力；七至十级为部分丧失劳动能力。《劳动合同法》第 42 条所规定的丧失劳动能力是指全部丧失劳动能力，部分丧失劳动能力是指大部分丧失劳动能力和部分丧失劳动能力两种情况。

不同工伤伤残等级员工的劳动关系处理见表 5－1。

表 5－1　　不同工伤伤残等级员工的劳动关系处理

<table>
<tr><th>《劳动合同法》第 42 条</th><th>《工伤保险条例》</th><th>伤残等级</th><th>工伤员工的劳动关系的处理</th></tr>
<tr><td rowspan="4">丧失劳动能力</td><td rowspan="4">完全丧失劳动能力</td><td>一级</td><td rowspan="4">用人单位永久保留劳动关系，永远不能与其解除劳动关系
劳动者退出工作岗位的，享受相应的工伤待遇</td></tr>
<tr><td>二级</td></tr>
<tr><td>三级</td></tr>
<tr><td>四级</td></tr>
<tr><td rowspan="6">部分丧失劳动能力</td><td rowspan="2">大部分丧失劳动能力</td><td>五级</td><td rowspan="6">用人单位不得提出与工伤职工解除劳动关系。但经工伤职工提出，企业可以与其解除劳动关系，由用人单位支付一次性工伤医疗补助金和一次性伤残就业补助金</td></tr>
<tr><td>六级</td></tr>
<tr><td rowspan="4">部分丧失劳动能力</td><td>七级</td></tr>
<tr><td>八级</td></tr>
<tr><td>九级</td></tr>
<tr><td>十级</td></tr>
</table>

说明：一次性工伤医疗补助金和一次性伤残就业补助金的具体办法和数额，参见各地的工伤标准。

（3）患病或者非因工负伤，在规定的医疗期内的。对于患病或非因工负伤员工，用人单位不得在医疗期内与其解除劳动合同。根据《企业职工患病或非因工负伤医疗期规定》第 7 条的规定，企业职工非因工致残和经医生或医疗机构认定患有难以治疗的疾病，医疗期满，应当由劳动鉴定委员会参照工伤与职业病致残程度鉴定标准进行劳动能力的鉴定。被鉴定为一至四级的，应当退出劳动岗位，解除劳动关系，并办理退休、退职手续，享受退休、退职待遇。

（4）女职工在孕期、产期、哺乳期的。对女职工实行特殊保护，是世界各国立法的普遍取向。《女职工劳动保护特别规定》第 5 条规定："用人单位不得因女职工怀孕、生育、哺乳降低其工资、予以辞退、与其解除劳动或者聘用合同。"劳动法律法规对处于孕期、产期、哺乳期即三期内的女职工实行特殊保护。所谓孕期，是指妇女怀孕期间。产期，是指妇女生育期间。哺乳期，是指从婴儿出生到一周岁之间的期间。在劳动合同期未满的情况下，任何企业或个人都不得以怀孕、生育和哺乳为由，解除其劳动合同。有关女职工享有的"三期"待遇请见本教材模块七部分的介绍。

（5）在本单位连续工作满 15 年，且距法定退休年龄不足五年的。考虑到老职工对于企业的贡献较大，再就业能力较低，政府和社会都比较关注这部分弱势群体，因此《劳动合同法》加强了对老职工的保护，在本单位连续工作满 15 年，且距法定退休年龄不足五年的，用人单位不得根据该法第 40 条、第 41 条的规定单方解除劳动合同。

(6) 法律、行政法规规定的其他情形。考虑到其他法律、行政法规中也有不得解除劳动合同的规定，同时为了便于与以后颁布的法律相衔接，《劳动合同法》第 42 条规定了这个兜底条款，以加强对劳动者的保护。

用人单位不得解除劳动合同的规定，是对特殊劳动者在特殊时期的一种保护，如疑似职业病还在医学观察期的劳动者、患病处于医疗期的劳动者、处于"三期"的女职工，以及即将退休的老职工，他们正处于弱势时期，因此，法律规定禁止用人单位根据《劳动合同法》第 40 条、第 41 条的规定，以"无过错解除劳动合同"或者"经济性裁员"为由解除处于这些特殊情况下的劳动者的劳动合同。需要注意的是，这种禁止并不是绝对的。法律并不禁止用人单位与劳动者协商一致解除劳动合同，也不禁止用人单位根据《劳动合同法》第 39 条的规定来解除劳动合同。

2. 用人单位单方解除劳动合同的程序限制

《劳动合同法》第 43 条规定："用人单位单方解除劳动合同，应当事先将理由通知工会。用人单位违反法律、行政法规规定或者劳动合同约定的，工会有权要求用人单位纠正。用人单位应当研究工会的意见，并将处理结果书面通知工会。"这一规定明确了用人单位单方解除劳动合同的各项程序要求。

(1) 提前书面通知。规定解除合同的预告期，是各国劳动立法的通行做法。用人单位单方解除劳动合同，应当提前将解除合同的意思通知劳动者。劳动者有重大过失，用人单位可以随时通知劳动者解除劳动合同。劳动者无过错的，用人单位应当提前 30 天以书面形式通知劳动者（或者给付一个月的工资作为代通知金）解除劳动合同。

(2) 征求工会意见。为了充分发挥工会的作用，缓解矛盾，减少劳动争议的发生，以及更好地保护工会的知情权，使工会能及时发挥法定职责，用人单位凡是要单方解除劳动合同的，都必须提前将理由通知工会。如果工会认为用人单位单方解除劳动合同是违反了法律、行政法规规定或者劳动合同约定的，有权以书面形式正式提出不同意见，要求用人单位纠正错误的解除劳动合同行为。

(3) 经济补偿。经济补偿是用人单位解除和终止劳动合同而给予劳动者的一次性经济补偿金。用人单位单方解除劳动合同的，除《劳动合同法》第 39 条规定的情形外，应当按照有关规定向劳动者支付经济补偿，并在劳动者办理工作交接时支付。

(4) 开具解除劳动合同的证明，依法为劳动者办理档案交接手续，保存解除合同文本。《劳动合同法》第 50 条规定："用人单位应当在解除或者终止劳动合同时出具解除或者终止劳动合同的证明，并在十五日内为劳动者办理档案和社会保险关系转移手续。"要求用人单位开具证明，是为了方便劳动者寻找新的就业机会，尽快重新就业。要求用人单位为劳动者办理档案和社保转移手续，是为了保证劳动者缴纳社保的连贯性，保证劳动者能顺利缴纳社会保险。用人单位对已经解除的劳动合同的文本，至少保存二年备查。

【引例分析】本案中，用人单位没有履行法定程序，单方以电话通知的形式强行解除与黄先生的劳动关系，严重侵害了黄先生的合法权益，是违法解除劳动合同的行为。根据《劳动合同法》第 47 条、第 48 条、第 87 条的规定，用人单位应当按照法律规定支付黄先生经济赔偿金。

知识单元二 劳动合同终止、续订的基本理论

引例

到期后未续签也未终止的劳动合同能随时终止吗?

【案情】刘某 2015 年大学毕业后与某公司签订了为期三年的劳动合同，月工资为 4 000 元。2018 年 6 月 30 日合同到期后，双方均没有提出续订劳动合同，但是，刘某仍在公司工作。2018 年 10 月 20 日，公司准备裁减人员，发现刘某的劳动合同到期后没有续签，就书面通知刘某双方的劳动关系将于 2018 年 10 月 31 日终止。刘某不服，向当地劳动争议仲裁委员会提起仲裁，要求公司支付 2018 年 7 月至 2018 年 10 月期间未续签劳动合同的双倍工资。请问：刘某的要求是否应该得到支持?

如何处理员工即将到期的合同，是劳动关系管理中一项很重要的工作。一般来说，劳动合同到期会引起劳动合同的终结，除此以外，还有很多劳动者与用人单位之间原有的权利和义务不复存在的情况。企业必须从自身实际需要和员工的实际情况出发，严格按照劳动法律的实体性和程序性规定来与劳动者终止或续订劳动合同，否则就会面临诸多的法律风险。

一、劳动合同终止

(一) 劳动合同终止的含义

劳动合同的终止是指劳动合同的期限届满或者当事人的主体资格消失，合同约定的权利义务即行消灭，劳动合同自行终止，劳动关系终结的一种制度。劳动合同的终止和劳动合同的解除，都能导致劳动关系的终结，但两者又有如下的不同：

(1) 阶段不同。劳动合同终止是劳动合同关系的自然结束，而解除是劳动合同关系的提前结束。

(2) 二者适用条件的具体内容不同。劳动合同终止的条件主要有两类：一是合同期满；二是劳动者和用人单位主体资格消灭。劳动合同终止的条件法定，当事人不能事先在合同中约定。劳动合同解除的条件是必须出现双方当事人订立合同之时约定的解除事由或者出现法定的解除事由。

(3) 是否需要双方当事人协商有所不同。用人单位可以与劳动者协商一致解除劳动合同。劳动合同的终止只有法定情形下的终止，没有约定条件下的终止，即用人单位与劳动者不得在《劳动合同法》第 44 条规定的劳动合同终止的情形之外约定其他的劳动合同终止条件。

(4) 预见性不同。劳动合同终止一般是可以预见的，特别是劳动合同期满终止的，而劳动合同解除一般不可预见。

（二）劳动合同终止的情形

《劳动合同法》第 44 条规定了劳动合同终止的情形，主要有以下方面：

（1）劳动合同期满的。劳动合同期满，除依法续订劳动合同的和依法应延期的以外，劳动合同自然终止，双方的权利义务结束。

（2）劳动者开始依法享受基本养老保险待遇的。根据法律法规的规定，我国劳动者开始依法享受基本养老保险待遇的条件大致有两个：一是劳动者已达法定的退休年龄，即国家法定的正常退休年龄；二是个人缴费年限累计满 15 年或者个人缴费和视同缴费年限累计满 15 年。开始依法享受基本养老保险待遇的劳动者退出工作岗位，终止劳动关系，有利于降低用人单位的用工管理难度，也有利于新增劳动者的就业和年轻人尽快占据重要位置。

（3）劳动者死亡，或者被人民法院宣告死亡或者宣告失踪的。劳动合同是为使用劳动力而订立的合同，所以合同当事人一方必须是劳动力的拥有者，必须是作为自然人而存在的劳动者。公民死亡、被人民法院宣告失踪或者宣告死亡的，劳动合同一方主体资格消灭，客观上丧失提供劳动的可能，之前签订的劳动合同因为缺乏一方主体而归于消灭，从而导致劳动合同终止。

（4）用人单位被依法宣告破产的。根据企业破产法的规定，用人单位一旦被依法宣告破产，就进入破产清算程序，用人单位的主体资格即将归于消灭，因此用人单位一旦进入被依法宣告破产的阶段，就意味着劳动合同一方主体资格必然消灭，劳动合同归于终止。

（5）用人单位被吊销营业执照、责令关闭、撤销或者用人单位决定提前解散的。所谓吊销营业执照，是指剥夺用人单位已经取得的营业执照，使其丧失继续从事生产或者经营的资格。所谓责令关闭，是指用人单位违反了法律法规的规定，被行政机关作出了停止生产或者经营的处罚决定，从而停止生产经营。所谓被撤销，是指由行政机关撤销有瑕疵的公司登记。所谓用人单位决定提前解散，是指在股东会或者股东大会决议解散，或者公司合并或者分立需要解散，或者持有公司全部股东表决权百分之十以上的股东请求人民法院解散等情形下，用人单位于公司章程规定的终止时间之前解散公司。用人单位被依法吊销营业执照、责令关闭或者被撤销，已经不能进行生产或者经营，应当解散，以该用人单位为一方的劳动合同终止。公司解散将导致公司法人资格归于消灭，劳动合同由于缺乏一方主体而归于终止。

（6）法律、行政法规规定的其他情形。

（三）劳动合同终止的法律后果

劳动合同依法终止后，用人单位是否应当向劳动者支付经济补偿金，根据终止原因的不同而不同。根据法律规定，在劳动合同期满，用人单位被依法宣告破产、吊销营业执照、责令关闭、撤销或者用人单位决定提前解散的情况下，企业需要支付经济补偿金。

需要说明的是，劳动合同期满终止合同的，用人单位也不必然都要支付经济补偿金。用人单位同意续订劳动合同，且维持或者提高劳动合同约定条件，劳动者不同意续订的，劳动合同终止，用人单位不支付经济补偿；如果用人单位同意续订劳动合同，但降低劳动合同约定条件，劳动者不同意续订的，劳动合同终止，用人单位应当支付经济补偿；如果用人单位不同意续订，无论劳动者是否同意续订，劳动合同终止，用人单位应当支付经济补偿。

（四）劳动合同终止的程序

根据《劳动合同法》第 50 条的规定，用人单位应当在解除劳动合同时向劳动者出具终止劳动合同的证明，并办理有关手续。但终止合同前是否需要通知，以及提前多少天通知，劳动法律法规没有具体规定。在实践中，各地的做法有所不同。如《北京市劳动合同规定》第 40 条规定："劳动合同期限届满前，用人单位应当提前 30 日将终止或者续订劳动合同意向以书面形式通知劳动者，经协商办理终止或者续订劳动合同手续。"从理论上来看，劳动合同终止要按以下程序进行：

（1）提前书面通知劳动者。企业终止劳动合同时，出于防范法律风险的考虑，建议最好采用书面形式通知员工，且书面通知的内容要合法。

案例 5-5 《终止劳动合同通知书》内容要合法	案例分析

（2）依法灵活办理相关条件确认手续。企业需要书面确认劳动合同到期后员工的续签意向，并注明公司不降低其薪资待遇，若员工依然拒签，则要求其签署确认文书。

（3）根据具体情况决定是否需要支付经济补偿金。具体规定参见本教材模块六。

（4）检视是否存在《劳动合同法》第 42 条规定的不得终止的情形。

（5）为劳动者出具终止合同的证明，办理档案和社会保险移交手续。

（五）劳动合同终止的限制性规定——劳动合同的续延

劳动合同期满，劳动合同即行终止。但实践中可能遇到一些极其特殊的情况，比如劳动者还处于医疗期内，如果此时贸然终止合同的话，必然造成处于弱势地位的劳动者失去收入来源，生活难以为继。为了保护特殊劳动者的利益，《劳动合同法》对终止劳动合同作了一些限制。《劳动合同法》第 45 条规定："劳动合同期满，有本法第四十二条规定情形之一的，劳动合同应当续延至相应的情形消失时终止。但是，本法第四十二条第二项规定丧失或者部分丧失劳动能力劳动者的劳动合同的终止，按照国家有关工伤保险的规定执行。"具体情形见图 5-2。

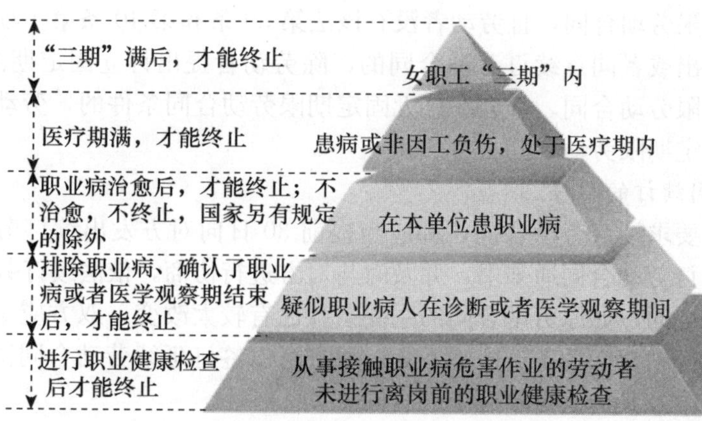

图 5-2 劳动合同续延的具体情形

在本单位连续工作满 15 年，且距法定退休年龄不足 5 年的，如果劳动合同期满，由于这种工作年限的情况不可能消失，因此就不能终止劳动合同。

劳动者患职业病或者因工负伤并被确认丧失或者部分丧失劳动能力，劳动合同期满的，其劳动关系及其待遇，需要按照国家有关工伤保险的规定处理，见表 5－2。

表 5－2　因工致残丧失或部分丧失劳动能力的职工，劳动合同期满时的劳动关系处理

<table>
<tr><th>伤残等级</th><th colspan="2">劳动关系处理</th><th>待遇</th></tr>
<tr><td rowspan="2">一级至四级伤残</td><td colspan="2">保留劳动关系，退出工作岗位</td><td>一次性伤残补助金，按月支付伤残津贴</td></tr>
<tr><td colspan="2">达到法定退休年龄的，办理退休手续</td><td>停发伤残津贴，享受基本养老保险待遇</td></tr>
<tr><td rowspan="3">五级至六级伤残</td><td colspan="2">保留劳动关系，适当安排工作</td><td>一次性伤残补助金</td></tr>
<tr><td rowspan="2">难以安排工作的</td><td>劳动者不提出终止合同的，不能终止劳动关系</td><td>一次性伤残补助金、按月发放伤残津贴，缴纳社会保险费</td></tr>
<tr><td>劳动者提出终止合同的，可以终止劳动关系</td><td>一次性伤残补助金、一次性工伤医疗补助金、一次性伤残就业补助金</td></tr>
<tr><td>七级至十级伤残</td><td colspan="2">劳动合同期满，劳动关系终止</td><td>一次性伤残补助金、一次性工伤医疗补助金、一次性伤残就业补助金</td></tr>
</table>

二、劳动合同续订

（一）劳动合同续订的概念

劳动合同到期，如果继续维持原来的劳动关系，就必须续订劳动合同。劳动合同的续订是指劳动合同期满后，当事人双方经协商达成协议，继续签订与原劳动合同内容相同或者不同的劳动合同的法律行为。

（二）劳动合同续订的情形

（1）双方协商一致续订劳动合同。这种续订由双方当事人协商一致即可。

（2）因劳动合同续延导致的续订。劳动合同期满，存在《劳动合同法》第 42 条规定的情形之一的，如女职工在孕期、产期、哺乳期内的，劳动合同应当续延至相应的情形消失。因此已经到期的劳动合同，还需要继续履行的，劳动者和用人单位双方需要续签劳动合同。

（3）续订无固定期限劳动合同。根据《劳动合同法》第 14 条第 2 款第 3 项的规定，连续订立二次固定期限劳动合同，且劳动者没有该法第 39 条和第 40 条第 1 项、第 2 项规定的情形，劳动者提出或者同意续订劳动合同的，除劳动者提出订立固定期限劳动合同外，应当订立无固定期限劳动合同。符合续订无固定期限劳动合同条件的，劳动者和用人单位双方需要续订无固定期限劳动合同。

（三）劳动合同续订的程序

（1）任何一方要求续订劳动合同，都应当提前 30 日向对方发出续订劳动合同的书面意向，比如发出续订劳动合同通知书，并及时与对方进行协商，依法续订劳动合同。

（2）续订劳动合同，如原劳动合同的主要条款已有较大改变，双方应重新协商签订新的劳动合同；如原劳动合同的条款变动不大，双方可以签订延续劳动合同协议书，并明确劳动合同延续的期限及其他需重新确定的合同条款。

（3）续订劳动合同不得再约定试用期。由于《劳动合同法》对“同一用人单位与同一劳动者只能约定一次试用期”作出了强制性规定，劳动合同续签时，无论是否对员工岗位或其他工作内容进行了强制性调整和变动，企业都不能与员工再次约定试用期。

【引例分析】劳动合同到期后，未续签也未终止，员工仍然在企业工作的，劳动者和用人单位之间的法律关系该如何处理？《劳动合同法》施行前，根据《最高人民法院关于审理劳动争议案件适用法律若干问题的解释（一）》第16条的规定，这种情况是按劳动合同的续延来处理。劳动合同续延期间，一方可以随时终止劳动关系。但是，《劳动合同法》施行后，法律规定则发生了变化，劳动合同到期后，不终止，也不续订书面劳动合同的，按事实劳动关系处理，不再认定为原劳动合同的自动续延。用人单位在劳动合同到期终止后1个月内未续签书面劳动合同的，劳动者可以要求用人单位支付双倍工资。

操作技能

任务一　协商解除劳动合同的合规操作

引例

协商一致解除劳动合同的声明书或确认书的法律效力

【案情】 2015年4月25日，员工张三向A公司提出辞职，A公司同意，双方办理了工作交接，在离职表格中，有“员工声明：本人与A公司已解除劳动关系并办理完离职手续，双方各项费用已经结清，无任何劳动经济纠纷”一栏。张三在这一栏签字了。2015年5月9日，张三申请劳动仲裁，主张A公司拖欠其未休年休假的工资，要求A公司支付。A公司抗辩：张三已经声明，双方的各项费用已结清，无任何劳动经济纠纷，故张三主张A公司拖欠未休年休假的工资没有依据，请求驳回。

作为一种终结劳动合同的方式，协商一致解除劳动合同是用人单位和劳动者“友好和平分手”，其具有成本低、风险小、操作相对更灵活，以及方式柔和、避免与劳动者对簿公堂激化矛盾，并能有效控制劳动者离职对用人单位带来的负面影响等特点。在劳动关系管理的实践中，特别是在劳动者没有明显过错的情况下，越来越多的用人单位用协商的方式与劳动者解除劳动合同。下面就协商解除劳动合同如何合规操作进行简要介绍。

一、用人单位提出协商一致解除劳动合同的合规操作

（一）用人单位提出协商动议，发出解除劳动合同意向通知书

用人单位首先明确向劳动者发出自己拟解除合同的意思表示。该意思往往以书面形式作出，即向劳动者发出解除劳动合同意向通知书。

用人单位提出解除劳动合同的动议，无须履行提前30日通知义务。但提出动议应当慎重，否则协商不一致的，会影响员工的工作态度和归属感。如用人部门希望与员工协商解除劳动合同，应提交人力资源部和管理层逐级审核，在确认可以协商解除后，由管理层或人力资源部向该员工提出协商解除的动议。提议协商前，应当制定具体的协商方案，尤其是关于经济补偿金的方案。

【劳动关系管理文书范本5-1】

解除《劳动合同》意向通知书

编号（　　　　）

________先生/女士：

你与本公司于______年______月______日签订的为期______年的《劳动合同》，现鉴于______，本公司拟与你提前于______年______月______日解除《劳动合同》。请将下面的回执填好，于______年______月______日前，将你的回执返回。

并请于______年______月______日前到人事部来办理合同解除手续。

经办人：

年　　月　　日

编号（　　　　）

回　　执

于______年______月______日收到《解除〈劳动合同〉意向通知书》，本人将于规定时间到公司办理合同终止手续。

姓名：

年　　月　　日

（二）用人单位和劳动者进行平等自愿的协商

协商解除劳动合同是双方合意的结果。仅有单方意思，合同不能解除。双方就解除合同的意思进行进一步的协商，经过协商达成一致的，可以解除劳动合同；不能协商一致的，则不能解除劳动合同。协商时用人单位应当注意技巧，为促使员工与企业达成协议，可以在离职交接、薪资结算、经济补偿方面给予员工更多的利益。为了尽可能让劳动者及时承诺，用人单位在设计解除合同的意向通知书时，可以在回执中规定好承诺的内容和格式，让劳动者填写。

（三）签订解除劳动合同的书面协议

用人单位与员工协商一致后，要进行书面确认。签订书面协议有助于为将来出现纠纷留下证据，避免因劳动者反悔而带来的不必要的风险。双方可以根据协商的内容制作解除劳动合同协议书。解除协议中应当包括劳动合同解除时间、经济补偿金的支付等内容。为促使双方达成解除劳动合同的协议，用人单位可以高于法定的标准支付经济补偿金，或者选择额外多支付劳动者一个月、两个月，甚至是多个月的工资作为补偿。劳动者也可以在自愿的基础上主动放弃部分补偿，但劳动者的主动放弃应该在解除协议中明确。

双方协商一致签订的解除劳动合同的协议，不违反法律、行政法规的强制性规定，且不存在欺诈、胁迫或者乘人之危情形的，具有约束双方当事人的法律效力。如果存在重大误解或者显失公平情形，当事人可请求人民法院予以撤销。

【劳动关系管理文书范本 5-2】

解除劳动合同协议书（用人单位动议）

在实践中，很多用人单位为了简化程序，往往不与劳动者签订正式的协议书，而是签订解除劳动合同确认书或者声明书。协议书的内容比较详细，包含了双方的权利和义务等具体内容；而确认书或声明书则往往比较简单，但它也是一种简易合同，也应具有法律效力。

【劳动关系管理文书范本 5-3】

解除劳动合同确认书

甲方（法定代表人）：

乙方（身份证号）：

_____年_____月_____日经双方协商一致解除双方于_____年_____月_____日签订的劳动合同（编号：_____）。双方确认以下事项：

（1）自本确认书签订之日起，双方劳动关系终结。甲、乙双方不再有任何法律权利义务关系，乙方不再向甲方提出任何要求。

（2）本协议是双方共同协商的结果，其内容是双方真实意愿的表示，合法有效，双方共同遵守。

特此证明。

甲方（签章）：　　　　　　　　　　乙方签字：

甲方代表签字：

但因确认书的部分条款是用人单位在未与劳动者协商的情况下预先拟订的，系格式条款，确认书或声明书实际上并不是双方协商一致的结果，而是劳动者一方对用人单位主张的事实的一种认可。所以，确认书或声明书只是协商解除劳动合同的初步证据。如果劳动者有确凿的证据证明确认书或声明书的内容与客观事实不符，那么确认书或声明书不具有终结劳动合同的法律效力。

（四）离职手续办理

双方签订劳动合同解除协议后，即进入离职流程，员工应在约定的劳动合同解除日期之前进行工作交接，单位应当为员工办理离职手续和补偿金、劳动报酬的结算。劳动者按照双方约定办理好工作交接手续。用人单位应当在解除劳动合同时出具解除劳动合同证明，并为劳动者办理档案和社会保险关系转移手续。

【劳动关系管理文书范本 5-4】

解除劳动合同证明

兹有本单位职工______，性别______，年龄______，住址______。劳动合同期限为______年______月______日至______年______月______日（或无固定期限、以完成一定的工作为期限）。因______，根据《劳动合同法》第 36 条的规定，双方协商一致解除该职工的劳动合同。

特此证明。

（用人单位盖章）

______年______月______日

此证明书已于职工签字之日送达本人。

职工签字：

______年______月______日

注：此证明一式三联，一联用人单位留存，二联交职工使用，三联存入职工本人档案。

二、劳动者提出协商解除劳动合同，用人单位应对防范的合规操作

（一）劳动者提出协商动议时，用人单位应当要求劳动者出具书面形式的辞职报告

劳动者提出协商解除动议的，用人单位应要求其提交辞职申请书或协商解除合同申请书。如果缺乏证据证明是劳动者提出动议的，用人单位可能要承担支付经济补偿金的责任。对于劳动者提出动议的时间，法律没有明确的规定，即劳动者无须履行提前 30 日通知义务。

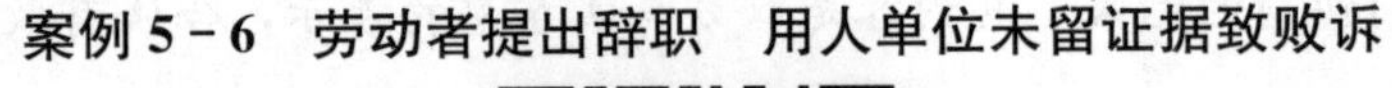
案例 5-6　劳动者提出辞职　用人单位未留证据致败诉

案例分析

（二）接到劳动者的协商动议后，用人单位要及时回应劳动者的协商请求

接到劳动者的辞职申请后，用人单位应当及时决定是否同意劳动者的协商请求。在实践中，人力资源部应当会同用人部门对是否协商、协商方案进行审核和确定。同意协商的，进入协商阶段；不同意协商的，协商解除流程终止，双方应继续履行劳动合同或寻求其他解除途径。

（三）双方协商一致，解除劳动合同的，应当及时订立解除劳动合同协议

在协议中要明确是劳动者提议协商解除的，因为这直接决定用人单位无支付经济补偿

的义务。协商未能达成一致的，劳动合同应当继续履行。

（四）用人单位要依法为劳动者办理离职手续

为了尽可能避免劳动者离职造成的损失，用人单位对劳动者的离职交接工作要进行规范，比如办公电脑或文件等重要工作物品或工作资料的交接，一定要通过书面形式进行记录，如制作交接单。用人单位还要及时为离职者出具解除劳动合同证明，并为劳动者办理档案和社会保险关系转移手续。

【劳动关系管理文书范本 5-5】

解除劳动合同协议书（劳动者动议）

【引例分析】解除劳动合同时，劳动者签署的确认书（声明书）实际上不是双方协商一致的结果，而是劳动者一方对用人单位主张的事实的一种认可。在这种情况下，确认书（声明书）应该认定为劳动者一方认可用人单位一方主张事实的初步证据。如果劳动者要推翻这个确认书（声明书），就必须要举证证明确认书（声明书）的内容与客观事实不符，如果没有确凿证据的话，那么确认书（声明书）的内容就具有法律效力。如果有证据能够证明确认书（声明书）的书面内容与实际情况不一致，那么这份确认书或声明书的内容就不应该被采纳。

任务二　用人单位应对劳动者主动辞职的合规操作

引例

员工不辞而别，劳动关系是否自动解除？

【案情】方某是某机械公司的销售员，自 2015 年 10 月开始不到公司上班，公司领导也无法与其取得联系。公司有明确规定：员工有事请假需征得所在部门主管同意，未办理请假手续缺勤者，将一律按旷工处理。员工连续旷工 3 日或者 1 年内累计旷工 5 日者，视为严重违反公司规章制度，公司有权与其解除劳动合同。于是该公司就将方某按自动离职处理，并在公司内部张贴了通告："方某因自动离职，自 2015 年 10 月 1 日起不再属于我公司员工。"数日后，方某又想回到公司上班。请问：公司和方某的劳动关系解除了吗？方某还能否回公司上班？

员工主动辞职是解除劳动合同的常见情形。自《劳动合同法》实施以来，用人单位面临着劳动者辞职的种种困境，比如劳动者先提出离职后又突然撤回辞职；劳动者不辞而别，用人单位无法与本人取得联系，无法进行工作交接等。这些情况常常使用人单位陷入非常被动的境地。用人单位需要耗费很大的精力来处理劳动者主动辞职的各种情况。在《劳动合同法》的框架下，用人单位必须合法合规处理劳动者辞职等事宜，提前规避法律风险。

一、劳动者预告性辞职时用人单位的合规操作

《劳动合同法》第 37 条赋予了劳动者预告辞职权。其核心含义是：劳动者无须任何理由，只要作出辞职的意思表示，以书面形式提前预告，就可以在预告期结束后离开用人单位，而用人单位不能拒绝或阻拦。为了使劳动者在行使辞职权时，不给用人单位的生产经营造成重大影响，《劳动合同法》对劳动者主动辞职设置了一个提前预告的期限，即要提前 30 天书面通知用人单位。

在劳动者提出解除劳动合同至真正解除劳动合同的 30 天内，用人单位及时确认劳动者的辞职请求的，劳动合同可以提前终结。是否及时确认劳动者的预告，事实上会影响劳动关系的发展进程。从这种意义上来讲，用人单位在预告期内享有一定的确认权。关于用人单位确认权的行使对劳动关系的影响（法律后果）以及如何进行合规性操作，可以参见表 5-3 的分析。

表 5-3　劳动者预告性解除劳动合同，用人单位有效应对的合规操作

情形	法律后果	用人单位操作
劳动者预告后即刻离职的	劳动者违法解除劳动合同	用人单位可以以旷工为由解雇该员工，劳动者应赔偿用人单位因未提前通知违法解除合同给用人单位造成的直接经济损失
用人单位在预告期内，书面确认劳动者 30 天后离职的	劳动关系于 30 天后解除	30 天后，按正常解除劳动合同的程序操作，妥善安排好该劳动者在预告期内的工作，并做好接替人员的安排以及工作交接的安排。无须支付经济补偿
用人单位在预告期内未确认，劳动者 30 天后离职的	同上	同上
用人单位在预告期内确认劳动者即刻离职，劳动者同意的	劳动关系于同意的当天解除	当即可以解除劳动合同，其他同上
用人单位确认前，劳动者在预告期内撤回离职要求的	劳动关系继续	劳动合同继续履行。预告期满后，或终止劳动合同，或续签劳动合同
用人单位在预告期内未确认，劳动者 30 天后留在岗位工作的	同上	劳动合同继续履行。预告期满后，应当与劳动者续签合同；不续签合同的，以事实劳动关系处理

综上，在劳动者预告解除劳动合同的情况下，用人单位要根据自身实际和劳动者的实际情况，妥善并巧妙运用自身的确认权，对辞职员工的劳动关系是否继续及早作出判断，

避免不确定情况的出现，降低自身的法律风险。

二、劳动者擅自离职时用人单位的合规操作

《劳动合同法》对劳动者进行了倾斜保护，扩大了劳动者的辞职权，但同时也明确了劳动者行使辞职权的条件和程序。不符合法定要件或者不履行法定程序的劳动者违法辞职行为，给用人单位劳动关系管理带来许多的压力和挑战。其中，最为典型的就是劳动者擅自离职行为。员工不辞而别不回单位上班，单位未处理，未与劳动者解除劳动关系，在形式层面上，双方仍存在“劳动”关系，但实际上双方权利义务处于不确定状态。如果对此置之不理，劳动者很可能会回来向用人单位主张工资、加班费等；又因劳动关系还保留，一旦劳动者在外发生人身意外伤亡，则用人单位还有可能为此承担责任。劳动者擅自离岗，用人单位如何应对呢？

（一）何谓擅自离职

擅自离职，是指劳动者未向用人单位提出辞职，未办理请假手续，不再到用人单位上班的行为。擅自离职是劳动者暂时脱离岗位的一种状态，其本身并不是解除合同的法律行为。在实践中，劳动者擅自离职主要有如下的情形：(1) 因辞职或要求解除合同未被同意，便擅自出走；(2) 未说明原因不辞而别；(3) 受优厚待遇诱惑而擅自跳槽等。

（二）劳动者擅自离职的法律后果

根据《劳动合同法》第 90 条的规定，劳动者无正当理由擅自离岗对用人单位造成损失的，用人单位可以要求劳动者赔偿损失。用人单位须举证证明造成损失的具体金额。需要注意的是，劳动者擅自离职前，只要提供了正常劳动，用人单位就应该支付工资，不得以擅自离职为由克扣或拒付工资。劳动者享有工作期间的劳动报酬和劳动者因擅自离职给用人单位造成的损失，这是两个层面的问题，不可混为一谈。对擅自离职的员工不支付工资的做法，是违反法律规定的。

（三）劳动者擅自离职用人单位有效应对的合规操作

根据《劳动部办公厅关于自动离职与旷工除名如何界定的复函》（劳办发〔1994〕48号）的规定，职工未经企业批准而擅自离职的，企业对其按自动离职处理。按照国务院《企业职工奖惩条例》的规定，用人单位可对自动离职的员工作除名处理。但该条例 2008 年已经被废止。现在企业无法以除名的方式处理擅自离职员工，取代的做法是企业可以作出解除劳动合同的决定。但《劳动合同法》并未将劳动者的擅自离职行为规定为用人单位可以解除合同的法定理由。实务中对劳动者擅自离职的行为，用人单位可以根据《劳动合同法》第 39 条第 2 项的规定来进行解除劳动合同的操作，即用人单位首先在规章制度中明确，劳动者未按规定办理请假手续未出勤的，按旷工处理，单次或累计旷工达到一定天数的，视为严重违纪。然后，用人单位可以以擅自离职严重违纪为由解除劳动合同。在实际操作过程中，应注意以下几个方面：

(1) 用人单位首先要确认劳动者擅自离职的事实，固定相关证据。

用人单位应积极地与不辞而别的员工取得联系，催告员工正常上班，并提出限期内不上班的处理措施。如果实在无法取得联系，用人单位可以按照劳动者入职时登记的送达地址向劳动者发送告知函或者返岗通知函，或者采取短信、微信、电子邮件等多种方式送达，要注意保存并保留好相应证据及收件人的签收回执，以备发生劳动争议时举证

之用。

【劳动关系管理文书范本 5-6】

员工返岗通知函

____岗员工（工号：________，身份证号：____________）：

你于____年____月____日开始没上班也没办理任何请假手续，至今合计共____日____小时。根据公司《考勤制度》和《员工手册》有关规定，员工擅自离岗期间，工资、加班费及绩效工资等停止发放；擅自离岗三日以上的一律视为严重违纪，公司有权与其解除劳动合同。

公司限你于____年____月____日前到公司反馈相关事宜，如未按规定时间到公司，公司将自本通知发出之日起解除与你____年____月____日签订的劳动合同，并通过合法途径对因你工作失职给公司造成的损失进行追讨。

特此通知

行政/人事部（用人单位盖章）

____年____月____日

（2）与劳动者取得联系后或通知函发出后，用人单位要视劳动者的反馈情况分别作出处理：

1）因特殊原因劳动者申请休假的，用人单位应依法或者按规章制度为其办理请假手续。

2）劳动者主动办理离职手续的，属于劳动者辞职，用人单位结清工资，办理离职手续。

3）劳动者收到后不理不睬的，用人单位可以按照公司规章制度的规定，对劳动者的擅自离职行为作旷工处理。对于符合规章制度规定的严重违纪要件的擅自离职行为，用人单位可以根据《劳动合同法》第39条第2项的规定决定单方解除劳动合同。

（3）作出解除劳动关系的决定，并将决定告知工会，征询工会意见，并将解除/终止劳动关系通知书送达劳动者本人，固定已经送达的相关证据。

用人单位按照以上步骤合法规范操作，解除劳动合同的，双方劳动关系终结。

未采取上述措施的，将要承受违法解除劳动合同的不利后果：

（1）支付经济补偿金。如事后就劳动者离职原因产生争议，而用人单位没有充分的证据证明劳动者是擅自离职的话，一般会认定为双方合意解除劳动合同，由用人单位向劳动者支付经济补偿金。

（2）劳动者要求继续履行劳动合同。劳动者擅自离职，而用人单位未采取任何措施，则劳动关系处于不明状态。如劳动者回到用人单位，要求恢复履行劳动合同，用人单位是否有权拒绝，目前存有争议，为避免此争议，建议用人单位及时采取措施。

需要注意的是，劳动者擅自离职的，对于其离职前工作期间的工资，用人单位仍应支付；不支付的，构成违法拖欠或克扣工资。劳动者擅自离职期间的工资，用人单位有权不予支付，并停止为其缴纳社会保险费。劳动者擅自离职期间不计算劳动者在用人单位的工作年限。用人单位有义务为劳动者办理离职证明，不得以劳动者未办理离职交接作为抗辩，但有权要求劳动者办理工作交接。

【引例分析】劳动关系的终结须基于法定事由或一方（或双方）当事人的意思表示。在劳动者没有明确作出终止劳动关系的意思表示，用人单位也没有作出解除或者终止劳动关系的意思表示的前提下，劳动关系并不当然终止。本案中，方某自动离职后，公司仅以一纸通知了之，并没有作出解除劳动合同的决定，也没有依法将解除通知送达劳动者，导致双方的劳动关系没有解除，双方处于不提供劳动不发放报酬却存在劳动关系的情形。其实，在员工不辞而别的情况下，由于员工没有办理请假或辞职的合法手续，公司完全可以作旷工处理，旷工天数达到可以解除劳动合同的严重程度时，可按严重违纪作出解除劳动合同的决定，并将解除通知送达员工方为有效。

任务三 用人单位合法辞退劳动者的实务操作

引例

员工严重违纪，用人单位解除劳动合同却败诉为哪般？

【案情】2018 年 3 月，在上海某公司工作的杨某与同宿舍员工张某发生口角，杨某动手打人，之后双方发生肢体冲突，险些酿成流血事件。公司经调查认为：杨某的行为影响恶劣，对员工关系和工作氛围造成了很大伤害，已严重影响了公司的正常管理，违反了《员工守则》中“员工之间禁止在任何时间、场所使用任何形式的暴力语言、行动”的规定。因此公司决定与杨某解除劳动关系。杨某不服，遂向劳动争议仲裁委员会提起劳动仲裁。劳动争议仲裁委员会裁决支持了杨某的申诉请求，公司败诉。

法律在赋予员工更多的任意解除权及法定解除权的同时，也相应地赋予了用人单位合法辞退劳动者的权利，这是法律为了调和劳资关系，平衡用人单位和员工利益而作出的制度安排。在辞退员工的过程中，用人单位可以合法运用解除合同的权利，准确把握解除劳动合同的条件，严格遵守法定程序并规范操作，依法辞退员工。

一、用人单位即时性解除劳动合同的实务操作

（一）劳动者在试用期被证明不符合录用条件时解除劳动合同的实务操作

1. 条件把握

试用期内，员工可以随时辞职，但单位辞退员工却并不能随意，仍然需要有正当的理由。《劳动合同法》第 39 条第 1 项赋予用人单位在试用期辞退劳动者的一项特权，这项特权的行使以劳动者不符合录用条件为前提。那种认为试用期内用人单位不需要任何理由就可以随时解除合同的认识是错误的。用人单位在此情形下解除劳动合同，必须把握好以下条件：

（1）用人单位存在录用条件，内容合理、合法且已公示。

（2）有证据证明劳动者不符合录用条件。

（3）试用期的约定合法。只能在法律规定的范围内约定试用期，超过法定范围的试用期无效。

（4）劳动者还处在试用期。若试用期满后仍未办理劳动者转正手续，则不能认为还处在试用期，用人单位不能以试用期不符合录用条件为由与其解除劳动合同。

（5）解除决定应当在试用期内作出，并已送达劳动者本人且由劳动者签收。

案例 5-7　录用条件不能导致劳动合同解除不能	案例分析

2. 实务操作程序

（1）固定劳动者不符合录用条件的事实和证据。

考核结果是如何反映劳动者不符合录用条件的，用人单位有举证义务。首先，对于约定试用期的新员工，用人单位根据职位特性，详细拟定职位的说明书并有配套的考核办法，并告知新员工，有新员工同意的记录。其次，用人单位对劳动者进行试用期的考核，过程符合程序，劳动者知晓考核结果且有无异议书面记录。

（2）作出解除劳动合同决定并且通知工会，听取工会的意见。

用人单位应当在解除劳动合同前，将解约理由通知工会，否则属于违法解除劳动合同。用人单位可以向工会递交解除合同理由告知书的方式，履行通知义务。

【劳动关系管理文书范本 5-7】

解除劳动合同理由告知书（发工会）

公司工会：

缘由：在试用期工作态度不端正，主动学习意识不强，对销售系统制度掌握不熟悉，岗位操作技能不强，日常工作表现和团队协作意识较差，上岗定级理论考试、民主测评均不及格。同时，在试用期内多次出现迟到早退等违反公司劳动纪律的情形，经部门负责人谈话后，仍未改正，达不到录用条件。

依据：根据《劳动合同法》第 39 条第 1 项的规定，经公司研究决定，与______解除劳动合同，解除劳动合同时间为______年______月______日。若有异议或要求重新研究处理等意见，请在接此告知书的次日起 3 个工作日内提出书面反馈意见。

特此告知。

反馈意见：□无。

□意见如下：

××××××

需要注意的是：

1）用人单位的义务是“通知工会”，这是一种程序性义务，并非要征得工会同意。如果用人单位违反法律、行政法规规定或者劳动合同约定，工会有权要求用人单位纠正。

2）用人单位应当研究工会意见，并将处理结果书面通知工会。

3）用人单位通知工会的内容应该是解除的“理由”，而不只是要解除劳动合同这一结果。

4）用人单位尚未建立工会的，通知用人单位所在地工会，在征求意见后再作出决定。

（3）向劳动者说明理由，并送达解除决定。

以什么形式将解除劳动合同决定通知劳动者本人，法律没有强制性规定，建议采用书面形式，即向劳动者发出解除合同决定书或通知书告知劳动者解约理由，并送达劳动者本人。

【劳动关系管理文书范本 5-8】

解除劳动合同通知书（适用于即时性解除）

（4）用人单位应当在解除劳动合同时出具解除劳动合同证明，并为劳动者办理档案和社会保险关系转移手续。

（二）劳动者严重违反规章制度时劳动合同解除的实务操作

1. 条件把握

并不是只要劳动者违反规章制度，单位就可以随时解除合同。用人单位以员工严重违纪为由解除劳动合同，要注意以下条件：

（1）用人单位要有相应的规章制度，且规章制度合法有效。涉及员工切身权益的规章制度，须经民主程序通过，且已向员工公示或告知员工。

（2）劳动者存在违反规章制度的严重违纪行为。对于何为严重违纪，法律没有明确的标准。用人单位可以通过列举的方式，在规章制度中明确哪些属于劳动者严重违反规章制度的情形。标准越明确，越容易操作和执行。用人单位要有证据证明劳动者存在严重违纪事实。

（3）公司单方解除劳动关系的程序合法。要严格按照规章制度规定的程序解除合同，并符合相关法律、法规规定，包括事前通知工会和书面告知劳动者。

只有同时符合以上三个条件，解除合同才合法有效。

2. 实务操作程序

劳动者严重违反规章制度，用人单位解除劳动合同的实务操作程序见图 5-3。

（三）劳动者严重失职、营私舞弊给单位造成重大损害时解除劳动合同的实务操作

1. 条件把握

（1）劳动者有严重失职行为或者营私舞弊行为。

“严重失职”需同时满足两个要件：第一，劳动者需有“失职”行为，即劳动者对本职

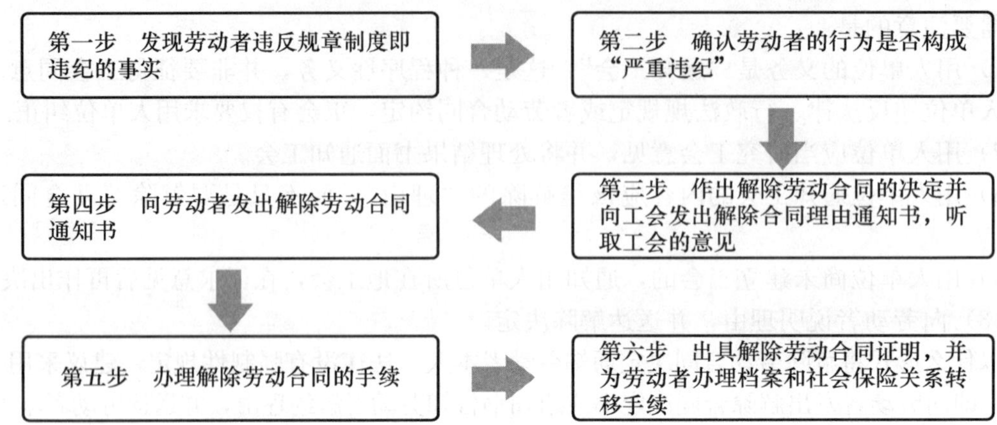

图 5－3　劳动者严重违反规章制度，用人单位解除劳动合同的实务操作程序

工作不认真负责，没有尽到注意义务和管理义务，未依照规定履行自己的职责。第二，“失职”行为应当达到严重的程度。如仅仅是一般的失职行为，则用人单位无权解除劳动合同。

营私舞弊是指劳动者为图谋私利而玩弄欺骗手段、假公济私的行为。营私舞弊行为严重侵害了公司利益，违反了最基本的职业操守，故法律规定，营私舞弊，无论情节轻重，只要造成了重大损失的后果，用人单位即可解除劳动合同。

(2) 给用人单位造成重大损害。

只有劳动者的严重失职、营私舞弊行为给用人单位造成重大损害，用人单位才可以解除劳动合同。未对用人单位造成重大损害的，用人单位不能解除劳动合同。何为“重大损害”，法律没有规定，在实践中往往会根据企业的整体规模、所属行业性质、经济效益、损失金额、员工的人数及收入等因素来综合判断。重大损害一般是指直接经济损失，特殊情况下包括间接损失。企业商誉受损、现有或潜在客户流失等利益损失，也可作为“重大损害”的参考因素。用人单位要有充分的证据证明存在“重大损害”。

2. 实务操作程序

劳动者严重失职、营私舞弊，用人单位解除劳动合同的实务操作程序见图 5－4。

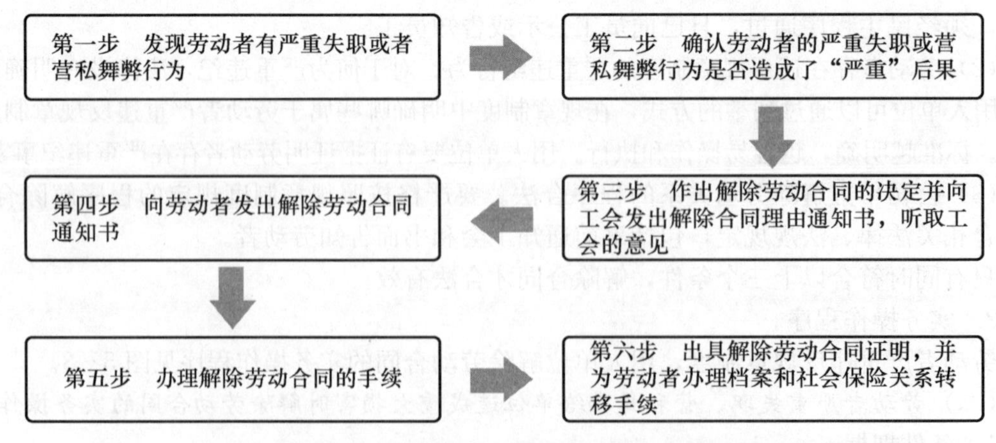

图 5－4　劳动者严重失职、营私舞弊，用人单位解除劳动合同的实务操作程序

（四）劳动者存在双重劳动关系时解除劳动合同的实务操作

1. 条件把握

根据《劳动合同法》第 39 条第 4 项的规定，劳动者存在双重劳动关系，单位要想解除劳动合同，必须要具备以下两个条件之一：

(1) 对完成本单位的工作任务造成严重影响的。

(2) 经用人单位提出，拒不改正的。

这两个条件是选择关系而非并列关系。在第一种情形下，用人单位必须证明员工的双重劳动关系给本职工作造成了严重影响。轻微影响或者没有影响，用人单位无权以此为由解除劳动合同。由于程度不好衡量，建议用人单位可以通过规章制度对“严重影响”作出量化、细化的规定。

在第二种情形下，用人单位要给员工至少一次改正的机会，员工拒不改正的，用人单位才能解除劳动合同。建议用人单位在发现劳动者的其他劳动关系后积极主张权利，包括要求其解除与前单位的劳动关系或者解除现劳动关系。在实践中，第二种情形用人单位更容易操作。用人单位也可以在规章制度或劳动合同中明确规定，禁止员工与其他用人单位建立双重劳动关系，否则一经发现，立即解除劳动合同。企业据此解除劳动合同是合法的。

案例 5-8　劳动者多处就职，用人单位解除合同	案例分析

2. 实务操作程序

劳动者存在双重劳动关系，用人单位解除劳动合同的实务操作程序见图 5-5。

第一步　发现劳动者存在与其他用人单位建立劳动关系的事实

第二步　评估劳动者的双重劳动关系对其完成本单位工作造成的影响是否达到严重程度，或者对劳动者提出书面警示，要求其与其他用人单位解除劳动关系

第三步　确认劳动者双重劳动关系对劳动者完成本单位工作造成严重影响的，或者经用人单位提醒，劳动者仍拒不改正的，作出解除劳动合同决定

第四步　向工会发出解除合同理由通知书，听取工会的意见

第五步　向劳动者发出解除劳动合同通知书

第六步　办理解除劳动合同的手续；出具解除劳动合同证明，并为劳动者办理档案和社会保险关系转移手续

图 5-5　劳动者存在双重劳动关系，用人单位解除劳动合同的实务操作程序

在实务操作中需要注意以下几点：

(1) 非全日制劳动者是允许存在多重劳动关系的，不能以劳动者存在多重非全日制劳动关系而解除劳动合同。

(2) 要注意对现实生活中许多新的工作形式的法律性质予以区分。随着社会的变化以及互联网的发展，出现了许多无法认定劳动关系的情形，比如滴滴司机；个人开网店、微店等行为。滴滴司机与滴滴公司之间不一定存在劳动关系，大部分是合作关系，若是劳动者利用业余时间谋取生计，用人单位不能盲目单方面解除劳动合同。

(3) 要注意保留劳动者在完成其他用人单位的工作时，对其本职工作造成严重影响的证据，以及用人单位及时向劳动者发出书面的改正通知、劳动者签字确认的书面证据等。

(五) 劳动者欺诈致使劳动合同无效时解除劳动合同的实务操作

1. 条件把握

根据《劳动合同法》第 26 条第 1 款第 1 项和第 39 条的规定，用人单位要以劳动者欺诈、胁迫、乘人之危导致合同无效为由解除劳动合同的，必须要把握好以下要件：

(1) 用人单位有证据证明劳动者存在欺诈、胁迫、乘人之危的违法行为。劳动者要存在欺诈、胁迫、乘人之危的违法行为，并且用人单位要有证据证明劳动者欺诈、胁迫、乘人之危的违法行为，比如劳动者提供了虚假证件、学历、简历、工作经验等。

(2) 劳动者的欺诈行为致使用人单位在违背真实意思的情况下订立或变更了劳动合同。如果用人单位对于劳动者提供虚假信息的情况是明知的，订立劳动合同并未违背自身的真实意思，那么就不能以此为由解除劳动合同。

2. 实务操作程序

劳动者欺诈致使劳动合同无效，用人单位解除劳动合同的实务操作程序见图 5-6。

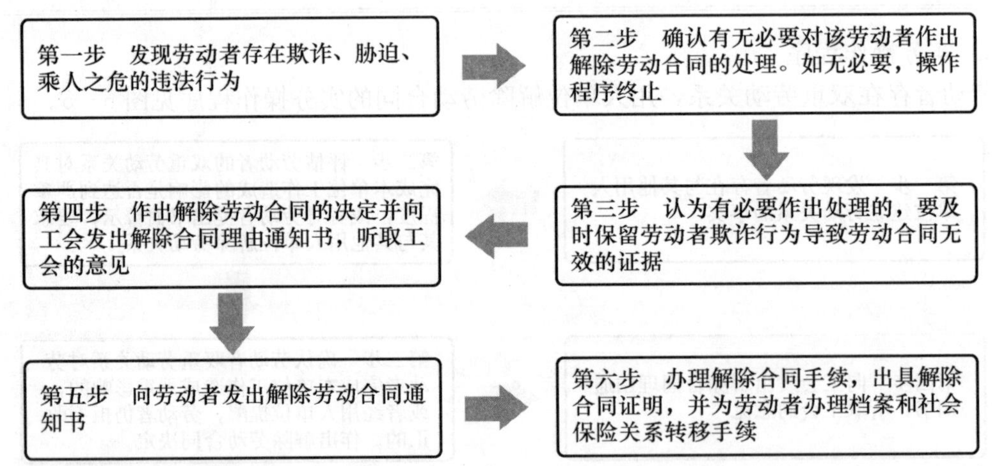

图 5-6　劳动者欺诈致使劳动合同无效，用人单位解除劳动合同的实务操作程序

在实务操作过程中需要注意的是：一些劳动者在入职用人单位之时提供了虚假简历或学历，但是通过自己的努力很出色地完成了工作或者对于自己的工作做得比较好，没有对用人单位造成损失，这也可以证明劳动者能够符合用人单位的要求，如果用人单位仍然单方面以此为由解除劳动合同则有违法解除之嫌。

（六）劳动者被依法追究刑事责任时解除劳动合同的实务操作

1. 条件把握

劳动者被依法追究刑事责任，用人单位解除劳动合同，需要把握好以下条件：

（1）劳动者的行为已经构成了犯罪。劳动者的行为必须是严重的违法行为，构成了犯罪。若只是因为违反治安管理处罚方面的法律法规而被行政处罚的，用人单位不能解除劳动合同。

（2）被人民法院追究刑事责任。劳动者因为涉嫌犯罪被公安机关采取强制措施，被限制人身自由，但并不能确定职工是否会被追究刑事责任的话，用人单位可以在员工被采取强制措施之日起先中止与职工的劳动关系，在员工被确认追究刑事责任后再解除劳动合同。

（3）追究刑事责任的判决已经生效。法院依法判决劳动者有罪并且判决生效后，才可以认定职工依法被追究刑事责任。

2. 实务操作程序

劳动者被依法追究刑事责任，用人单位解除劳动合同的实务操作程序见图 5－7。

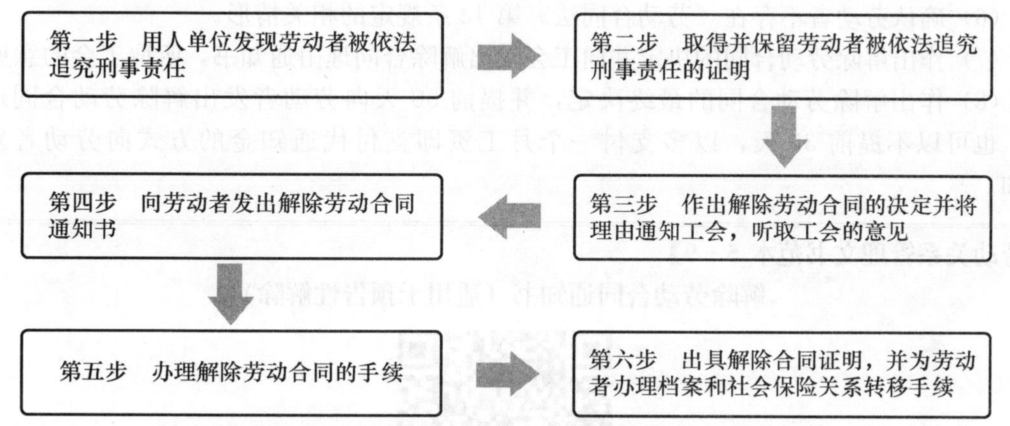

图 5－7　劳动者被依法追究刑事责任，用人单位解除劳动合同的实务操作程序

二、用人单位预告性解除劳动合同的实务操作

（一）劳动者因病或非因工负伤不能从事原工作时解除劳动合同的实务操作

1. 条件把握

根据《劳动合同法》第 40 条第 1 项的规定，因劳动者患病或者非因工负伤而解除劳动合同的，需要把握好以下条件：

（1）劳动者存在患病或非因工负伤的情形。因工负伤劳动者的劳动关系，根据《劳动合同法》以及《工伤保险条例》等法律法规特殊处理，不适用用人单位的预告性解除。

（2）劳动者所享受的医疗期已经期满。劳动者如果正处于医疗期内，那么用人单位是不可以解除劳动合同的。在医疗期内，如果医疗终结，且劳动者可以从事原工作的，则用人单位应当安排其恢复原工作；在医疗期内，如果医疗终结，劳动者不能从事原工作的，可以由用人单位根据劳动者的身体状况另行安排其他工作。

（3）医疗期满不能从事原工作，也不能从事用人单位另行安排的其他工作。

医疗期满后，员工按时返岗但无法从事原工作，则用人单位需根据员工身体状况进行合理调岗，仍然不能从事新工作的，用人单位才可以行使劳动合同解除权。

医疗期满后，如果劳动者没有进行劳动能力鉴定，且不办理病假手续继续缺勤，用人单位可以根据内部相关规章制度对缺勤员工按照旷工处理。

医疗期满后，如果员工采取“泡病假”的方式继续向单位提交病假条，用人单位可直接向员工发出调岗通知书，要求劳动者按时返岗工作，劳动者拒不返岗工作的，则用人单位有权按照《劳动合同法》第 40 条第 1 项的规定，提前 30 天以书面形式通知劳动者本人或以多支付一个月工资的方式解除与劳动者签订的劳动合同。

2. 实务操作程序

(1) 发现患病或非因工负伤的劳动者，医疗期即将届满。

(2) 履行通知程序，告知医疗期即将届满的劳动者返回岗位工作。

(3) 确认劳动者返岗无法从事原岗位工作或者劳动者拒不返岗的事实。

(4) 另行为劳动者安排工作，或者直接向劳动者发出调岗通知书。

(5) 确认劳动者不能从事用人单位另行安排的工作，或者劳动者仍不返岗的事实。

(6) 确认劳动者不存在《劳动合同法》第 42 条规定的相关情形。

(7) 作出解除劳动合同的决定并向工会发出解除合同理由通知书，听取工会的意见。

(8) 作出解除劳动合同的最终决定，并提前 30 天向劳动者发出解除劳动合同通知书；也可以不提前 30 天，以多支付一个月工资即支付代通知金的方式向劳动者发出通知。

【劳动关系管理文书范本 5-9】

解除劳动合同通知书（适用于预告性解除）

(9) 办理解除劳动合同的相关手续。劳动者履行工作交接的义务。用人单位按照法律的规定向劳动者支付经济补偿金，根据劳动者患病或非因工负伤的情况支付医疗补助金。

(10) 出具解除劳动合同证明，并为劳动者办理档案和社会保险关系转移手续。

（二）劳动者不胜任工作时解除劳动合同的实务操作

1. 条件把握

根据《劳动合同法》第 40 条第 2 项的规定，劳动者不能胜任工作，经培训或者用人单位调整工作岗位仍不能胜任工作的，用人单位可以解除劳动合同。适用此条解除劳动合同，需要把握好以下条件：

(1) 劳动者不胜任工作。这是解除劳动合同的基础条件。用人单位必须要有证据证明劳动者不能胜任工作。单位对劳动者的考核结果可以作为认定劳动者不能胜任工作的依据，但要符合以下要求：考核制度经民主程序通过，内容合法且已公示，即明确劳动者了解并认可考核制度；考核结果要有明确的法律意义，制度中应明确，考核结果不合格即为不胜任工作；考核结果经员工确认。考核的绩效目标、绩效计划、制度及结果应该让员工知悉并签字确认。

（2）经培训或调岗，劳动者仍不能胜任工作。对不能胜任工作的员工，只有经培训或调岗，仍不能胜任工作，也即对同一名员工应至少作出两次不能胜任工作的结论，用人单位才能解除劳动合同。对不能胜任工作的员工究竟是培训还是调岗，由用人单位自行决定。选择对员工进行培训的，要根据员工在绩效考核中不足的地方进行培训。培训的内容要具有针对性，培训材料一定要标明是针对不能胜任工作的培训，并且要有员工签字确认。选择对员工进行调岗的，要注意：第一，调岗要合理；第二，岗位调整应有调岗通知，说明调整的岗位及调整原因为不胜任工作，并让员工签字确认。

2. 实务操作程序

劳动者不能胜任工作，用人单位解除劳动合同的实务操作程序见图 5－8。

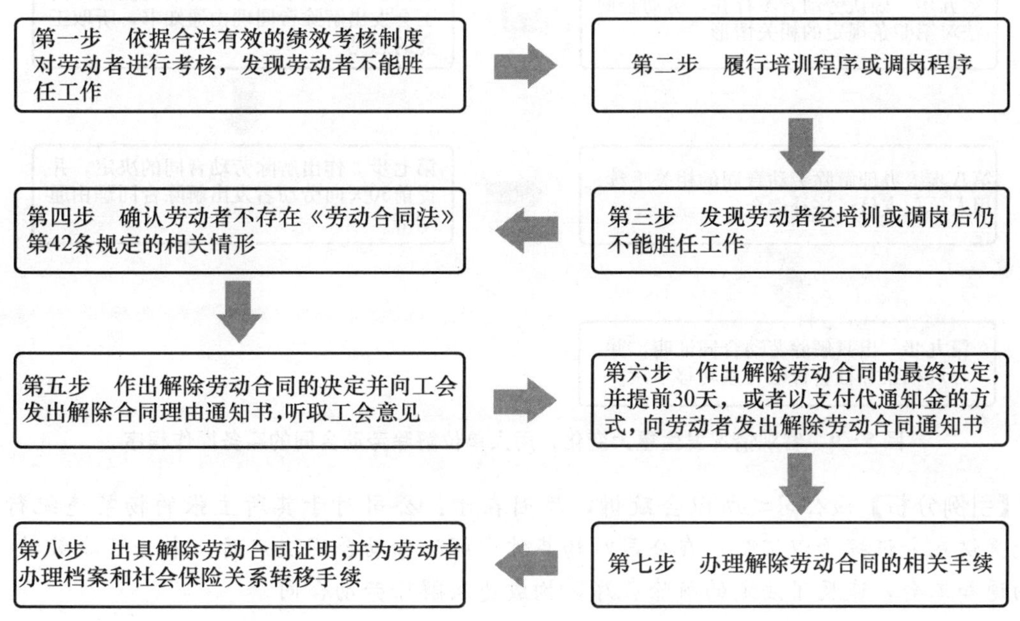

图 5－8　劳动者不能胜任工作，用人单位解除劳动合同的实务操作程序

（三）客观情况发生重大变化时解除劳动合同的实务操作

1. 条件把握

劳动合同订立时所依据的客观情况发生重大变化，用人单位解除劳动合同需要把握好以下条件：

（1）客观情况发生重大变化，这里仅指发生不可抗力或者出现劳动合同不能继续履行的重大情况，如自然灾害、企业迁移、产业转移、企业改制、战略重大调整等。

（2）客观情况发生重大变化，必须达到致使劳动合同无法履行的程度，否则就不能使用该理由解除劳动合同，如用人单位变更名称、变更法定代表人、企业内部承包、企业分立或被兼并等情况，并不影响劳动合同的履行。

（3）双方无法就变更合同达成协议。用人单位应当与劳动者进行必要的协商变更程序。如果双方当事人经过协商能够就变更劳动合同达成协议，用人单位就不能解除劳动合同。

2. 实务操作程序

客观情况发生重大变化，用人单位解除劳动合同的实务操作程序见图 5-9。

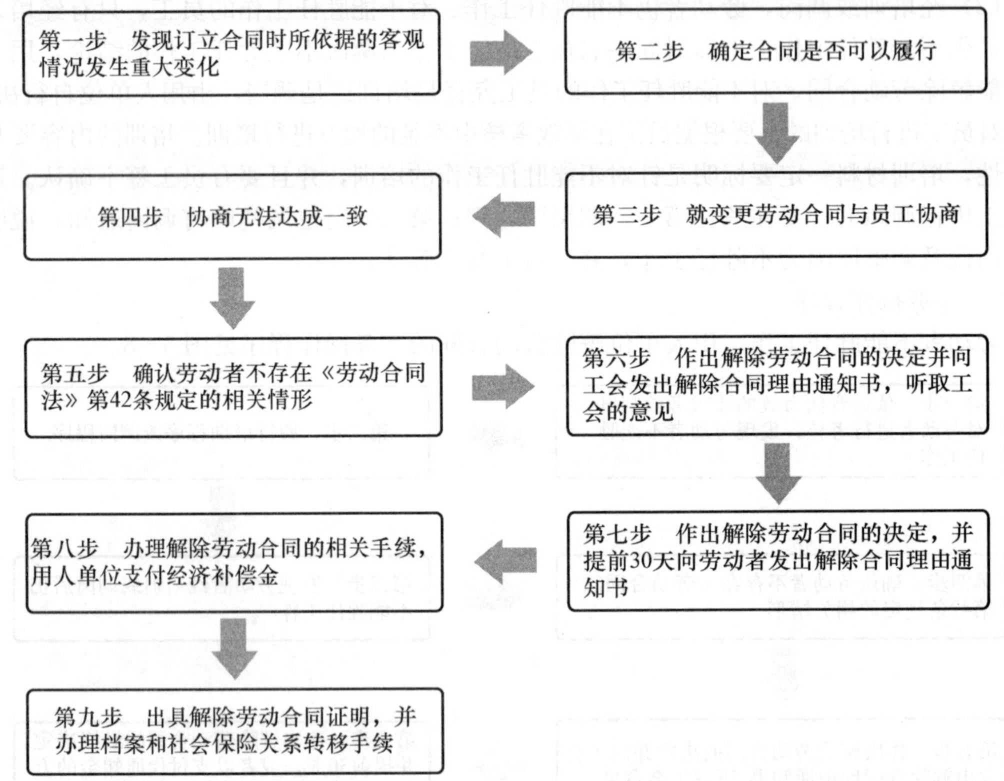

图 5-9　客观情况发生重大变化，用人单位解除劳动合同的实务操作程序

【引例分析】该公司之所以会败诉，原因在于：公司对于其所主张的杨某违纪行为，未能提供充分证据予以证明；在公司对杨某作出解除劳动合同决定时，未将解除劳动合同事由通知工会，违反了法定的解除程序，构成违法解除劳动合同。

任务四　经济性裁员的合规实务操作

引例

2012 年摩托罗拉裁员引发群体性事件

【案情】2012 年，摩托罗拉移动公司宣布将在全球裁员 4 000 人，中国区成为重灾区。8 月 20 日，摩托罗拉移动公司发出内部邮件，要求南京员工需在 21 日 12 点前签字，否则单方面解除合同。这一行为引发了员工的强烈不满，甚至引发了员工抗议事件。

摩托罗拉的这次裁员属于“经济性裁员”，劳动者本身没有过错，是企业因自身经营原因违反合同裁员，且涉及人数众多。根据《劳动合同法》第 41 条的规定，企业裁员 20 人以上的，应提前 30 天向工会或者全体职工说明情况，听取工会或者职工的意见，再将裁员方案向劳动部门报告后，才可裁员。显然，摩托罗拉没有做到。

据摩托罗拉全球 CEO 丹尼斯·伍德赛德（Dennis Woodside）在电子邮件里说：“公司已于 8 月 13 日与摩托罗拉移动技术南京研发中心的工会（ESC）进行了沟通，介绍了此次机构重组和人员裁减的背景情况以及员工安置和经济补偿方案。”但 7 天之后，公司就单方面公布《协商解除劳动关系和免责协议》，要求员工必须在次日 12 点前签字。

这种违法、霸道的裁员，自然也遭到了强烈反对；最终，南京方面的裁员陷入僵局——裁员计划未得到劳动部门的备案，这是这次经济性裁员方案实施的“硬伤”。

资料来源：沈彬．从摩托罗拉裁员看集体协商的缺位．新京报，2012-08-30.

近些年来，因为“裁员”不当而引发社会事件的案例并不少见。作为企业改善生产经营状况的一种手段，经济性裁员可以帮助企业削减用工成本，增强经营能力，保持自身优势以渡过暂时的难关。但因为经济性裁员涉及较多劳动者的权益，我国劳动法律法规对裁员的实体和程序性条件作了诸多限制。企业必须严格依照法定的条件和程序操作，否则一旦操作不当，企业不仅需要付出巨额的经济成本，更可能对企业的声誉造成严重的损害。

一、经济性裁员的实体条件把握

企业要检视自身裁员的人数是否达到法定经济性裁员的人数标准，即必须裁减人员 20 人以上或者裁减不足 20 人但占企业职工总数 10%以上。经济性裁员与其他裁员方式的不同点之一在于涉及人数众多，裁减人员不足不能适用经济性裁员。

裁员时要准确把握经济性裁员适用的实体性条件的要求。

（一）依照企业破产法进行重整的条件把握

依照我国《企业破产法》第 2 条及第 7 条的规定，企业法人不能清偿到期债务，并且资产不足以清偿全部债务或者明显缺乏清偿能力的，可以进行重整。在此情形下，企业裁员时应当提供法院出具的关于重整的裁定书。

（二）生产经营发生严重困难的条件把握

企业应当对“生产经营发生严重困难”的事由进行举证，如提供第三方会计师事务所出具的财务报表，年度、季度连续亏损表等。如果企业的财务状况良好而进行裁员，将会导致裁员实质转化为违法解雇。

（三）企业转产、重大技术革新或者经营方式调整，经变更劳动合同后，仍需裁减人员的条件把握

当企业决定转产或者改变经营方式时，并不是必然地要进行经济性裁员。只有企业在采取了合理的、可实施的防止裁员的手段（比如调岗调薪、无薪休假、转岗分流等）却仍然无法拯救公司时，才不得不使用裁员方案。变更合同为裁员的前置条件。未经变更劳动合同即裁员，属于违法解除合同。企业应当对经过变更劳动合同程序的事实负举证责任。

（四）其他因劳动合同订立时所依据的客观经济情形发生重大变化，致使劳动合同无法履行的条件把握

这是《劳动合同法》中关于经济性裁员的兜底条款。企业在适用该条款时要注意检视自身情形是否为发生不可抗力或者出现劳动合同不能继续履行的重大情况，不要以为此条款可操作性较大而盲目进行裁员。

二、经济性裁员程序的合规操作

（一）裁员准备阶段的合规操作

1. 检视自身的实际情况是否已经符合法定条件，确定裁员的合法性和可行性

如需裁员，应准备有关生产经营状况的资料，如企业资产负债表、收支平衡表、税务报表等财务审计报表，以证明企业生产经营发生严重困难，达到当地政府规定的严重困难企业标准，确需裁减人员；或濒临破产，被人民法院宣告进入法定整顿期间。

2. 确定裁员目标、裁员比例、裁员标准和人员范围

首先，企业要裁员多少，需要结合企业的实际情况进行筹划，并根据所处行业制定出科学合理的裁员比例、标准和范围。其次，科学地划定裁员范围。新员工入职短，裁员时是优先考虑的人选，一是因为裁员的成本低，二是因为培养成本高，三是因为未来的不确定性大。然后，可以依据公司保有的业务，进行人员架构的重新划分与设置，依据平时绩效考核结果，裁掉绩效较低的员工。此时如果仍有裁员名额，可进行内部调岗的，对人员进行重要度划分，优先保留核心技术人员、管理人员，以及对公司忠诚度高的员工。最后，确定人员范围后，要审查员工档案。梳理好被裁人员的劳动关系情况，包括被裁人员司龄、签订劳动合同情况、被裁人员社保缴纳情况、被裁人员所在部门和岗位、被裁人员思想情绪等，要做好两手准备，多做几套应对的方案。

案例 5-9　裁员——从韦小宝休妻说起

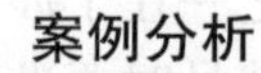

3. 设计合理的裁员经济补偿方案

用人单位依据《劳动合同法》第 41 条第 1 款进行经济性裁员的，需要支付经济补偿金。企业给予经济补偿金应遵循两大原则：第一，“不补偿未来”原则，即仅针对之前的工作年限进行补偿，而不会对剩余未履行的合同期进行补偿。第二，“法定”原则，即非法律明确规定的经济补偿，用人单位可以不付。在实践中，企业为了让自己的方案尽可能地被员工所接受，以便让裁员工作顺利进行，一般会以高于法定的标准向劳动者支付经济补偿，如所谓的“N+1”补偿方案、“N＋2”补偿方案，甚至是“N＋5”“N＋6”方案。但经济补偿的标准并不是越高越好。过高的经济补偿可能会让一部分习惯于“漫天要价”的员工理所当然地认为还有“讨价”的空间，从而使裁员变得更困难。

对于裁员补偿方案的设计，应当注意以下几个方面：

（1）补偿方案不可能让所有员工满意，做到让大多数员工接受即可。

（2）补偿方案必须符合法律规定。如果补偿方案存在违法之处，就等于授人以柄，在协商谈判过程中，用人单位将会非常被动。因此，从计算基数到计算年限，都要严格依法确定。

（3）补偿方案不能过于刚性，应当留有回旋余地，也可明确“拒不还价”，但要做好应对准备。

（4）对于特殊员工，企业在补偿方案中可提高补偿标准，但一定要有合理理由，否则其他员工可能效仿，引来不必要的麻烦。

4. 制订裁员计划书或者裁员方案

正式实施裁员前，应制订一个可行的裁员方案或者裁员计划书。裁员方案应当包括裁员管理协调领导小组构成、裁员时间表和流程图、裁员补偿方案、裁员实施程序（文件准备、民主程序、培训安排）等内容。不同企业的经济性裁员，都有着各自独特的背景特点与目标要求。只有对企业自身的特点、目标要求以及企业所处的外部环境有着准确清晰的把握，方能为企业“量体”定制出最优的裁员方案。在制订裁员方案时，企业应该注意把握以下几点：

（1）要考虑到企业自身的特点。比如企业的劳资关系是否和谐；工会（如有）在员工中的影响力如何，是合作型的还是对抗型的；企业之前是否有过裁员经历，如有，当时的处理方式及处理结果是什么样的。对以上信息的了解，可以帮助企业预判此次裁员项目可能面临的问题及障碍，从而做好充分的准备。

（2）准确了解本次裁员的特点。首先，要了解裁员原因及可能给企业带来的影响，这有助于帮助企业确定裁员理由，并准确解答员工或者外界对于裁员可能会有的疑问。其次，了解拟裁减人员的具体情况，包括拟裁减人员数量及构成情况。最后，要了解裁员项目的预算情况。这些信息能够有效帮助企业制订对每位被裁减员工的补偿及安置方案。

（3）准确了解外部环境。当地员工的工资水平，其他企业类似裁员项目的基本情况及补偿标准，当地地方政府对于裁员的态度，是否有宏观层面的国家重大政治、经济事件正在筹备或者进行等外部环境因素，都会对裁员产生一定影响。对以上信息的把握，可以帮助企业制订更加符合实际的裁员方案，减少来自外界的阻力，从而推进裁员项目依法顺利实施。

【劳动关系管理文书范本 5-10】

×××公司裁员方案

总之，好的计划是成功的一半。做好裁员准备阶段的工作，设计一个考虑周全、细致科学的裁员方案，可以大大降低裁员过程中的不确定性，为企业顺利实施裁员计划做好铺垫。

（二）裁员实施阶段的合规操作

（1）提前30日向工会或全体职工说明实施裁员计划的原因，并提供有关生产经营状况的资料。企业应当尊重员工的权利，切实履行该项义务。

（2）制订裁员实施方案，提出被裁减人员名单，确定裁减时间及实施步骤，明确被裁减人员的经济补偿办法。

（3）提前30天征求工会或全体职工对裁员方案的意见，并根据其提出的合理意见，对方案进行修改和完善。如企业违反法律、法规规定和集体合同约定裁减人员，工会有权要求重新处理。

（4）最终的裁减人员方案应向劳动行政部门报告，履行行政备案手续。同时企业提供企业财务审计表、劳动工资报表、法院裁定书或企业主管部门确认意见。

（5）听取劳动行政部门意见后，企业向全体职工正式公布裁员方案，与被裁减人员办理解除劳动合同手续，支付经济补偿金，出具裁减人员证明书。

经济性裁员作为企业单方集体解除劳动合同的行为，涉及众多员工，裁员期内员工的情绪往往极不稳定。此时，企业应当严格按照法律规定的条件和程序，处理好与被裁员工的关系，积极主动沟通，避免冲突。

【引例分析】摩托罗拉的裁员之所以遭到员工抗议，主要有两方面的原因：一是员工对经济补偿金的标准不满意；二是公司只求快速解除合同，忽略了裁员的法定程序。《劳动合同法》明确规定了用人单位裁员的法定程序和经济补偿金的计算方法。另外，特殊员工（如已患职业病员工、哺乳期女员工等人员）不得裁减。对于这些法定条文，摩托罗拉必须严格执行。摩托罗拉没有向员工公布裁员程序，其工会也没有发挥应用的作用，员工甚至都不知道裁员合同的签订。其裁员计划存在许多涉嫌违法之处。考虑到被裁员工的资历以及对于公司的贡献都不同，仅仅采用法律规定的“一刀切”补偿方案也不合适。任何企业面对此类经济性裁员时，都必须按照法定程序进行。

任务五　劳动合同终止、续延与续订的合规实务操作

引例

公司通知劳动者解除劳动合同后，劳动者死亡的，该如何处理?

【案情】张某于2008年4月1日进入某公司工作，签订的劳动合同期限至2013年3月31日。2012年12月1日，公司通知其劳动关系将在2013年1月1日解除。2012年12月10日，张某突发疾病死亡。张某家属认为，张某突发疾病死亡与公司通知其劳动关系解除直接相关，故向公司提出了支付解除劳动合同经济补偿等要求。公司则称，依据《劳动合同法》相关规定，双方劳动合同因劳动者死亡而于2012年12月10日终止，并不属于用人单位解除，故不同意张某亲属的请求。

一、劳动合同终止的实务操作

（一）劳动合同期满，劳动合同终止的实务操作

1. 条件把握

如何处理即将到期的劳动合同，是劳动关系管理中一项很重要的工作内容。劳动合同期满，终止劳动合同需要注意把握以下条件：

（1）适用对象是固定期限劳动合同和以完成一定工作任务为期限的劳动合同；不适用于无固定期限劳动合同。

（2）期限届满时间，应该是劳动合同期限最后一日的 24 时。未等到劳动合同期限届满即通知劳动者终止合同的，实质是违法提前解除劳动合同。

（3）不是所有的劳动合同期满，劳动合同都会终止。符合《劳动合同法》第 14 条第 2 款和第 42 条规定的情形的，用人单位不能径行作出终止合同的决定。合同期满但劳动者的约定服务期尚未到期的，劳动合同应当续延至服务期满，除非双方另有约定。

2. 实务操作程序

（1）发现用人单位与劳动者签订的劳动合同即将到期。

（2）在期限届满前与劳动者协商续签或终止劳动合同事宜，且保留好协商续签劳动合同的证据。若是劳动者明确不续签，可要求劳动者本人书写“由于本人原因，不愿续签劳动合同”并且签字确认，避免日后发生纠纷。

（3）用人单位明确表示不续签劳动合同的，用人单位可作出单方面终止劳动合同的决定；劳动者明确表示不续签劳动合同的，劳动者可以单方面终止劳动合同。

【劳动关系管理文书范本 5－12】

终止劳动合同通知书

______先生/女士：

本单位于______年______月______日与你签订的劳动合同将于______年______月______日到期，单位决定与你终止劳动合同，现劳动合同履行到合同到期为止，您的薪资结算到______年______月______日，共计______元（人民币），请您于______年______月______日到财务部办理。

您在公司的工作年限是______年______月，公司需要支付给您相当于您解除劳动合同前 12 个月的平均工资的经济补偿金，共计______元，在您办理工作交接时支付。

您需要在______年______月______日办理交接手续。

特此通知

×××公司

年　　月　　日

（4）用人单位作出终止合同决定的，应当书面通知劳动者。

（5）劳动者和用人单位办理终止劳动合同手续，双方按约定办理好工作交接手续。

（6）用人单位按照实际工作时间支付劳动报酬与应该支付的经济补偿及其他补助。

除用人单位维持或者提高劳动合同约定条件续订劳动合同，劳动者不同意续订的情形外，用人单位终止固定期限劳动合同的，需要支付经济补偿。

(7) 用人单位应当出具终止劳动合同证明，并为劳动者办理档案和社会保险关系转移手续。

【劳动关系管理文书范本 5-13】

终止劳动合同证明书

本单位与______（先生/女士）签订的劳动合同，于______年______月______日终止，其在公司的工作年限是______年______月，双方已经办妥一切与劳动关系有关的手续，其档案和社会保险关系于______年______月______日转移。

特此证明

单位盖章　×××公司

年　月　日

本证明书一式三联，一联存留用人单位，二联本人使用，三联存入本人档案。

此证明于员工签字之日送达员工本人。

员工签字：

年　月　日

（二）劳动者开始依法享受基本养老保险待遇，劳动合同终止的实务操作

1. 条件把握

我国社会保险法律规定，劳动者开始依法享受基本养老保险待遇的条件有两个：一是劳动者已达到法定的退休年龄，二是个人缴费年限累计满 15 年或者个人缴费和视同缴费年限累计满 15 年。劳动者达到法定退休年龄并办理了退休手续，享受基本养老保险待遇的，劳动合同关系终止自然毫无疑问。但在实践中，存在许多虽然已经达到法定退休年龄，而养老保险缴费年限未满 15 年，不能依法享受基本养老保险待遇，甚至是根本没有参加养老保险的情况，那么又该如何处理呢？

此种情形下，劳动合同是否终止根据劳动者未能享受养老保险的原因而定：

(1) 如是劳动者自己要求不办理退休手续，仍在原单位工作的，双方劳动合同自劳动者达到法定退休年龄而终止，此后双方形成的是劳务用工关系。

(2) 如是因用人单位原因未能及时为劳动者办理退休手续，劳动者在达到退休年龄以后，继续在原单位工作的，此种情形可视为双方劳动关系的延续。

在第一种情形下，不存在终止劳动合同的问题。在第二种情形下，是否终止劳动合同关系因劳动者是否愿意留在原单位工作而有不同：劳动者愿意继续在原单位工作的，双方劳动合同关系延续，并不因劳动者达到法定退休年龄而终止劳动关系；劳动者不愿意继续在原单位工作的，劳动合同可以终止。

2. 实务操作程序

劳动者依法享受基本养老保险待遇，劳动合同终止的合规操作程序见图 5-10。

（三）劳动者死亡，或者被人民法院宣告死亡或者宣告失踪，劳动合同终止的实务操作

1. 条件把握

因劳动者丧失了主体资格而终止合同的，要把握好不同情形下的合同终止条件：

(1) 劳动者是因病自然死亡的，用人单位应当要求其近亲属提供死亡证明。劳动者死

于医疗卫生单位的，出具《死亡医学证明》；公民正常死亡无法取得医院出具的死亡证明的，出具居（村）委会或卫生站（所）的证明。

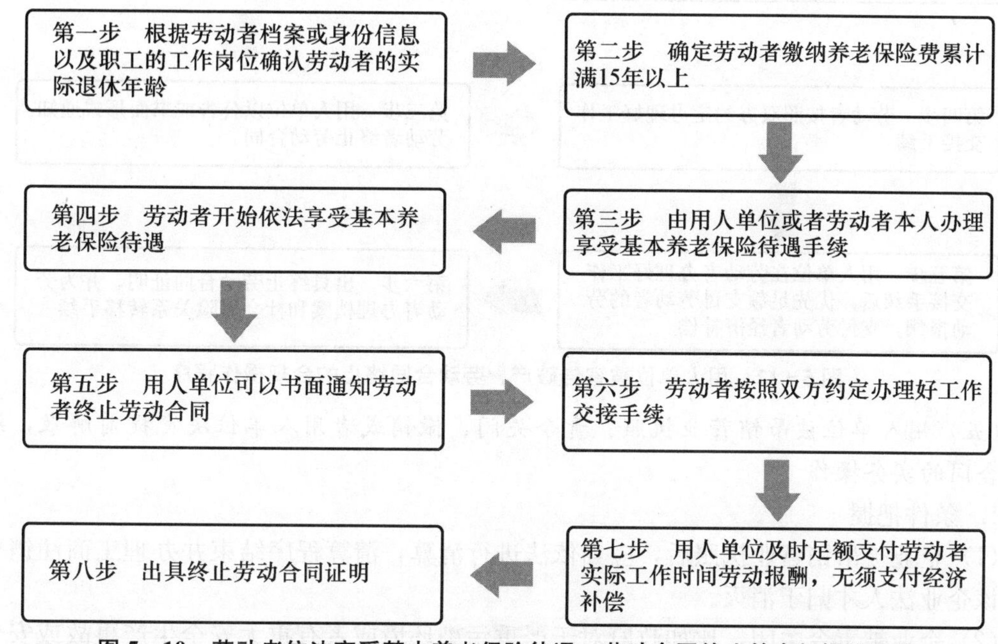

图 5-10 劳动者依法享受基本养老保险待遇，劳动合同终止的合规操作程序

（2）劳动者因工伤亡，用人单位应该积极申请工伤认定，避免所有的费用由用人单位承担。

（3）劳动者被宣告失踪或被宣告死亡的，凭人民法院的《宣告失踪判决书》或《宣告死亡判决书》，用人单位可以终止劳动合同。

2. 实务操作程序

劳动者主体资格消失，劳动合同终止的合规操作程序见图 5-11。

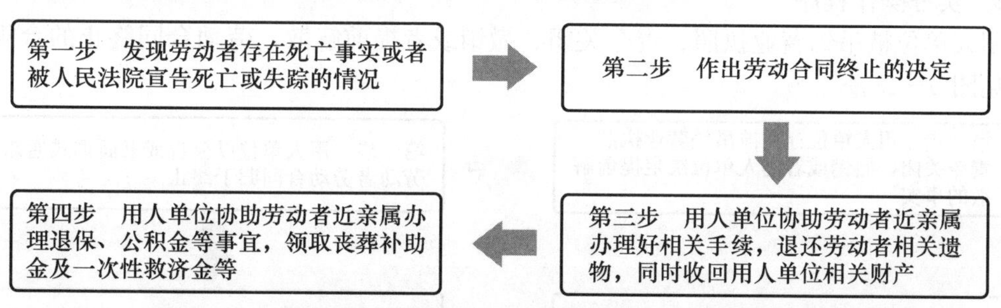

图 5-11 劳动者主体资格消失，劳动合同终止的合规操作程序

（四）用人单位被依法宣告破产，劳动合同终止的实务操作

1. 条件把握

根据企业破产法的规定，用人单位一旦被依法宣告破产，就进入破产清算程序，用人单位的主体资格即将归于消灭，意味着劳动合同一方主体资格消灭，劳动合同必然归于终止。

2. 实务操作程序

用人单位被宣告破产，劳动合同终止的合规操作程序见图 5-12。

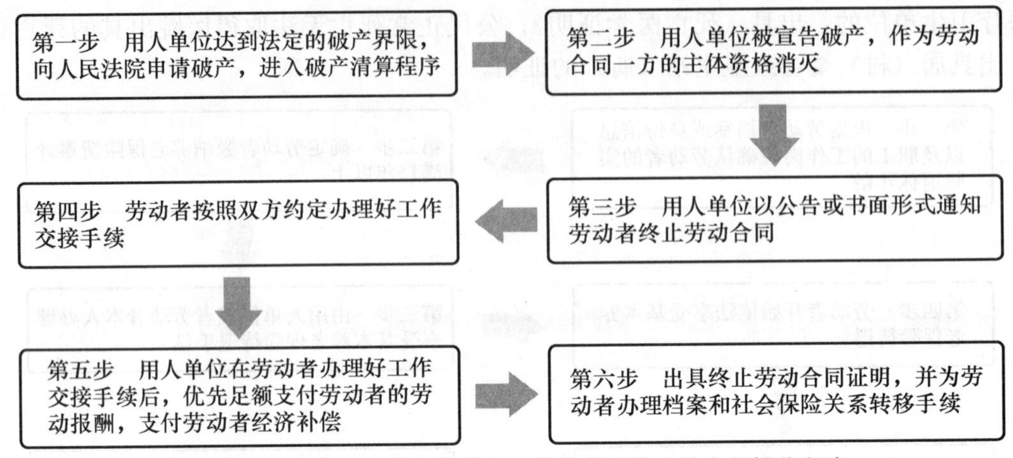

图 5-12　用人单位被宣告破产，劳动合同终止的合规操作程序

（五）用人单位被吊销营业执照、责令关闭、撤销或者用人单位决定提前解散，终止劳动合同的实务操作

1. 条件把握

(1) 企业被吊销营业执照后，应当依法进行清算，清算程序结束并办理工商注销登记后，该企业法人才归于消灭。

(2) 企业被责令关闭，比如政府对于严重污染环境或者有重大安全生产事故或安全隐患的企事业单位，可以依法作出决定，责令其关闭，是一种很重的行政处罚。被责令关闭的企业丧失劳动主体资格。

(3) 股东会或者股东大会决议解散，公司合并或者分立需要解散，或者持有公司全部股东表决权 10%以上的股东请求人民法院解散公司的情形下，公司可以提前于公司章程规定的终止时间而解散。

以上三种情形，只需出现其中一种情形，劳动合同即终止。

2. 实务操作程序

用人单位被吊销营业执照、责令关闭、撤销或者提前解散，劳动合同终止的合规操作程序见图 5-13。

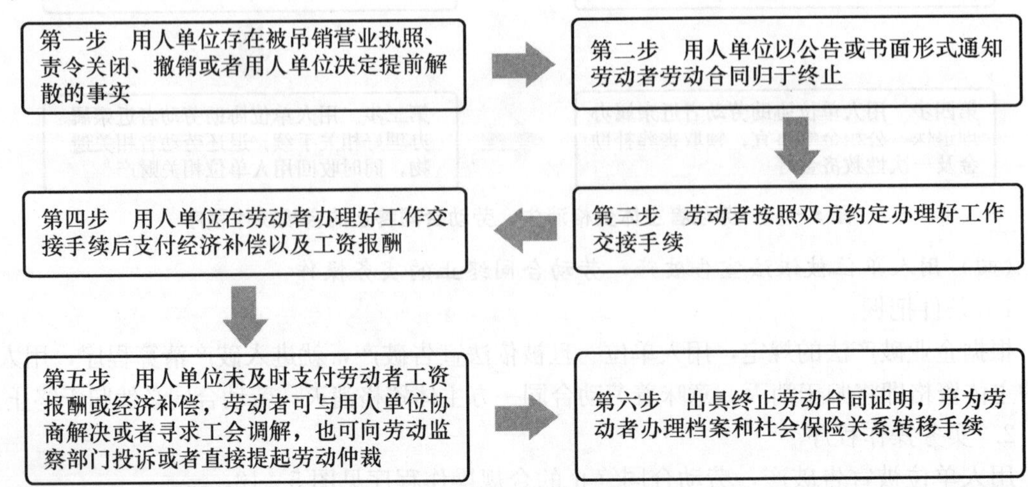

图 5-13　用人单位被吊销营业执照、责令关闭、撤销或提前解散，劳动合同终止的合规操作程序

二、劳动合同续延的实务操作

劳动合同期限届满，但劳动者又刚好处在职业病医学观察期、医疗期、孕期、产期、哺乳期的，终止劳动合同应谨慎操作。根据《劳动合同法》第 45 条的规定，劳动合同期满时，员工存在《劳动合同法》第 42 条规定的情形之一的，劳动合同应当续延至相应的情形消失时终止。

劳动合同期限即将届满，发现员工处于“三期”等特殊情形的，用人单位应在期限届满前 30 日向员工出具劳动合同期满续延通知书，除告知员工劳动合同期限依法续延外，还可明确劳动合同到期后，公司不再续签的决定。

【劳动关系管理文书范本 5 - 14】

劳动合同期满续延通知书

________：（身份证号：__________）

您好！

您与公司签订的劳动合同（期限：____年____月____日至____年____月____日）将于____年____月____日到期，合同到期自行终止，不再续订。鉴于您目前处于以下情形：

□患病或非因工负伤，在规定的医疗期内的

□孕期、产期、哺乳期内的

□患职业病或因工负伤并经劳动鉴定委员会鉴定为丧失或部分丧失劳动能力的

□在本单位连续工作满 15 年，距法定退休年龄不足 5 年的

□从事接触职业病危害作业且未进行离岗前职业健康检查，或者疑似职业病病人在诊断或者医学观察期间的

公司于____年____月____日知悉您，根据《劳动合同法》的规定，公司将您的劳动合同续延至：____年____月____日或者上述情形结束时终止，届时不再另行通知。

特此通知

××××公司

____年____月____日

员工签收

本人确认已收到劳动合同续延通知，已阅读并确认劳动合同期满续延通知书的内容。

签字：

日期：____年____月____日

三、劳动合同续订的实务操作

（一）续订劳动合同条件的把握

续订劳动合同是指合同到期后，企业与职工不解除劳动关系，在双方完全同意的情况下继续履行原劳动合同的权利和义务。续订劳动合同与订立劳动合同一样，应当符合法定

的条件。

(1) 续订劳动合同必须遵循平等自愿、协商一致的原则。一方当事人不同意续订，另一方当事人不得强迫其续订。

(2) 可以续订的劳动合同只限于一定范围内的固定期限的劳动合同。按照规定，就业许可证期限已满的外国人劳动合同，以完成一定工作任务为期限的劳动合同，都不得续订。

(3) 在特定条件下企业与劳动者应续订无固定期限劳动合同。按照《劳动合同法》第14条的规定，劳动者符合法定的情形，当事人双方同意续订劳动合同的，除非劳动者提出续订固定期限的劳动合同，否则用人单位应当与其续订无固定期限的劳动合同。

(4) 劳动者与用人单位签订的劳动合同期满后，如果劳动者已接近退休年龄，双方仍可在平等自愿、协商一致的基础上续签劳动合同，但合同期限不应超过法定退休年龄。

(二) 劳动合同续订的程序

(1) 劳动合同期限届满或其他法定、约定的终止条件出现，任何一方要求续订劳动合同，应当提前30日向对方发出续订劳动合同意向书，并及时向对方提出协商请求。

【劳动关系管理文书范本5-15】

劳动合同续订意向书

(本意向书以当面签收方式送达)

______：

您与公司订立的劳动合同（合同期限自______年______月______日至______年______月______日，以下简称“原劳动合同”）即将期满。根据劳动合同法的相关规定，结合您的工作表现，现公司同意维持原劳动合同约定条件与您续订劳动合同。

请您于收到本意向书之日起______日内（最晚不迟于原劳动合同期满日）填写回执意见，并送达公司。如逾期未收到您的回执意见，将视为您不同意与公司续订劳动合同。

特此告知

____________（盖章）

______年______月______日

回　执

本人确认，已收悉单位向本人签发的《劳动合同续订意向书》。本人意见：______（同意/不同意）续订。

特此确认

员工（签字）：______

日期：______年______月______日

(2) 一方接到另一方的通知，应自收到通知之日起7日内书面答复。逾期不答复的，视为同意对方的要求。国家或地方另有规定的除外。

(3) 双方当事人审核原合同条款后确定是继续实施还是变更部分内容，并进行磋商。

（4）协商一致后，双方签字或盖章。如原劳动合同的主要条款已有较大改变，双方应重新协商签订新的劳动合同；如条款变动不大，双方可以签订续订劳动合同协议书，或者填写续签合同单，明确劳动合同延续的期限及其他需重新确定的合同条款。

【劳动关系管理文书范本 5－16】

劳动合同续订协议书

经甲乙双方平等自愿，协商一致，对原劳动合同作如下续订：

一、本次续订劳动合同期限类型为固定期限劳动合同，续订合同生效日期为______年______月______日，续订合同终止日期为______年______月______日。

二、双方同意对原劳动合同作如下变更：

1. ××××。
2. ××××。

三、凡未作变更或其他特别说明的，依原劳动合同继续履行。

四、本协议作为原劳动合同的附件，共同具有法律效力。

五、本协议一式两份，甲乙双方各执一份，签章有效。

注：空白处如不填写请划去。

甲方代表：（签章）　　　　乙方：（签字）

日期：　年　月　日　　　　日期：　年　月　日

（5）续订劳动合同，用人单位应将双方重新签订的劳动合同或延续劳动合同协议书（附原劳动合同）一式两份，送到社会保险经办机构办理社会保险延续手续。

【引例分析】张某与该公司的劳动合同应当认定为终止。首先，公司通知张某2013年1月1日解除劳动合同，是在行使单方预告解除劳动合同的权利。2012年12月至2013年1月，公司与张某之间仍存在劳动关系，张某在2012年12月10日死亡时，与该公司的劳动合同并未解除。其次，根据《劳动合同法》第44条第3项的规定，劳动者死亡的，劳动合同终止，即劳动者死亡这一客观事实直接导致劳动合同无法履行，引起劳动合同终止的法律后果。因此，张某在2012年12月10日死亡导致劳动合同在其死亡时终止，不属于用人单位解除劳动合同。

模块六

劳动法律责任与劳资利益平衡

导学

为协调和促进劳动者和用人单位双方的利益平衡，法律规定了劳动者和用人单位双方的法律责任。本模块介绍了用人单位依法终结劳动合同的经济补偿金制度、用人单位和劳动者违反劳动合同法的法律责任，以及“三金”如何计算的法律知识。

知识要点

1. 了解经济补偿金的性质，掌握经济补偿金支付的法定情形以及经济补偿金的计算。
2. 掌握用人单位违反劳动合同法的情形以及相应的法律责任。
3. 了解违约金的性质，掌握违约金支付的法定情形以及违约金的计算。
4. 理解违约金、经济补偿金和经济赔偿金的区别。

能力目标

1. 具有较强的公平意识、法律责任意识和守法成本意识。

2. 能对何种情形下需要支付经济补偿金、经济赔偿金、法定违约金作出判断，会对经济补偿金、经济赔偿金、法定违约金进行计算。

3. 掌握普通员工、高薪员工经济补偿金计算的不同技巧，会对不同对象进行离职的补偿处理。

4. 能分清用人单位违犯劳动合同法的民事责任和行政责任。

理论知识

知识单元一 用人单位依法终结劳动合同的经济补偿金制度

引例

什么是经济补偿金？

【案情】 何某在深圳某外资公司从事电动玩具的工艺设计工作达 11 年之久，最近很想另谋高就，但他忧虑的是，如果主动提出辞职则将失去近 8 万元的经济补偿金，而且还会因禁止同业竞争条款的约束而在两三年内不能重操旧业。何某的忧虑绝对不是多余的。

《劳动合同法》对经济补偿金的范围进行了规定，用人单位向劳动者支付经济补偿金的情况有很多种，对于企业的人力资源管理者而言，理解经济补偿金的规定，并在终结劳动合同时依法向劳动者支付经济补偿金，对于减少由于劳动合同的解除和终止而发生的纠纷和风险，至关重要。

一、经济补偿金的概念和性质

经济补偿金是用人单位和劳动者在法定情形下解除和终止劳动关系时，为了补偿劳动者再就业可能面临的经济损失，由用人单位向劳动者给付的作为补偿的一定数额的货币。

经济补偿金是劳动法中的特色制度，是劳动法倾斜保护理念的典型体现。合同期限届满，劳动关系终止会使处于弱势地位的劳动者失去工作，对于并无主观过错的劳动者来说，是利益的受损。这时，通过经济补偿金的给付可减少劳动者的损失，使劳动者在失去原有工作和找到新工作之间有一个良好的经济过渡。在劳动者重新就业的合理时间内，经济补偿金就相当于原有工作待遇支付的一部分，起到维持劳动者生计的作用。

二、经济补偿金支付的情形

根据我国《劳动合同法》第 46 条的规定，有下列情形之一的，用人单位应当向劳动者支付经济补偿：(1) 劳动者依照该法第 38 条规定解除劳动合同的；(2) 用人单位依照该法第 36 条规定向劳动者提出解除劳动合同并与劳动者协商一致解除劳动合同的；(3) 用人单位依照该法第 40 条规定解除劳动合同的；(4) 用人单位依照该法第 41 条第 1 款规定解除劳动合同的；(5) 除用人单位维持或者提高劳动合同约定条件续订劳动合同，劳动者不同意续订的情形外，依照该法第 44 条第 1 项规定终止固定期限劳动合同的；(6) 依照该法第 44 条第 4 项、第 5 项规定终止劳动合同的；(7) 法律、行政法规规定的其他情形。

根据以上规定，终结劳动合同时，对用人单位支付经济补偿金情形的分析见表 6－1。

表 6－1　　经济补偿金支付情形分析

<table>
<tr><th colspan="3">解除或终止劳动合同具体情形</th><th>是否支付经济补偿金</th></tr>
<tr><td rowspan="22">解除劳动合同</td><td rowspan="2">协商一致解除劳动合同</td><td>单位提出动议，与劳动者协商一致解除合同的</td><td>是</td></tr>
<tr><td>劳动者提出动议，与用人单位协商一致解除合同的</td><td>否</td></tr>
<tr><td rowspan="2">劳动者单方预告性解除劳动合同</td><td>提前 30 天以书面形式通知用人单位解除劳动合同的</td><td>否</td></tr>
<tr><td>试用期提前 3 天通知解除劳动合同的</td><td>否</td></tr>
<tr><td rowspan="9">劳动者即时性解除劳动合同</td><td>以用人单位未按照劳动合同约定提供劳动保护或者劳动条件为由</td><td>是</td></tr>
<tr><td>以用人单位未及时足额支付劳动报酬为由</td><td>是</td></tr>
<tr><td>以用人单位未依法为劳动者缴纳社会保险费为由</td><td>是</td></tr>
<tr><td>以用人单位的规章制度违反法律、法规的规定，损害劳动者权益为由</td><td>是</td></tr>
<tr><td>以用人单位以欺诈、胁迫的手段或者乘人之危，使劳动者在违背其真实意思的情况下订立或者变更劳动合同为由</td><td>是</td></tr>
<tr><td>以用人单位免除自己的法定责任、排除劳动者权利为由</td><td>是</td></tr>
<tr><td>以用人单位违反法律、行政法规的强制性规定为由</td><td>是</td></tr>
<tr><td>以用人单位以暴力、威胁或者非法限制人身自由的手段强迫劳动者劳动为由</td><td>是</td></tr>
<tr><td>以用人单位违章指挥、强令冒险作业危及劳动者人身安全为由</td><td>是</td></tr>
<tr><td rowspan="6">用人单位即时性解除劳动合同</td><td>以劳动者在试用期间被证明不符合录用条件为由</td><td>否</td></tr>
<tr><td>以劳动者严重违反用人单位的规章制度为由</td><td>否</td></tr>
<tr><td>以劳动者严重失职，营私舞弊，给用人单位造成重大损害为由</td><td>否</td></tr>
<tr><td>以劳动者同时与其他用人单位建立劳动关系，对完成本单位的工作任务造成严重影响，或者经用人单位提出，拒不改正为由</td><td>否</td></tr>
<tr><td>以劳动者以欺诈、胁迫的手段或者乘人之危，使用人单位在违背其真实意思的情况下订立或者变更劳动合同为由</td><td>否</td></tr>
<tr><td>以劳动者被追究刑事责任为由</td><td>否</td></tr>
<tr><td rowspan="3">用人单位预告性解除劳动合同</td><td>以劳动者患病或者非因工负伤，在规定的医疗期满后不能从事原工作，也不能从事由用人单位另行安排的工作为由</td><td>是</td></tr>
<tr><td>以劳动者不能胜任工作，经过培训或者调整工作岗位，仍不能胜任工作为由</td><td>是</td></tr>
<tr><td>以劳动合同订立时所依据的客观情况发生重大变化，致使劳动合同无法履行，经用人单位与劳动者协商，未能就变更劳动合同内容达成协议为由</td><td>是</td></tr>
<tr><td></td><td colspan="2">用人单位经济性裁员</td><td>是</td></tr>
</table>

续前表

<table>
<tr><th colspan="3">解除或终止劳动合同具体情形</th><th>是否支付经济补偿金</th></tr>
<tr><td rowspan="8">终止劳动合同</td><td rowspan="3">劳动合同期满</td><td>用人单位维持或者提高劳动合同约定条件续订劳动合同，劳动者不同意续订的</td><td>否</td></tr>
<tr><td>用人单位以低于原劳动合同约定的条件续订，未能就续订合同与劳动者达成一致的</td><td>是</td></tr>
<tr><td>用人单位不愿意续订劳动合同的</td><td>是</td></tr>
<tr><td colspan="2">劳动者开始依法享受基本养老保险待遇的</td><td>否</td></tr>
<tr><td colspan="2">劳动者死亡，或者被人民法院宣告死亡或者宣告失踪的</td><td>否</td></tr>
<tr><td colspan="2">用人单位被依法宣告破产的</td><td>是</td></tr>
<tr><td colspan="2">用人单位被吊销营业执照、责令关闭、撤销或者用人单位决定提前解散的</td><td>是</td></tr>
<tr><td colspan="2">用人单位因期限届满不再继续经营，导致劳动合同不能继续履行的</td><td>是</td></tr>
</table>

除以上情形外，根据《劳动合同法实施条例》第 6 条的规定，用人单位自用工之日起超过一个月不满一年未与劳动者订立书面劳动合同的，经用人单位通知，劳动者不与用人单位订立书面劳动合同的，用人单位应当书面通知劳动者终止劳动关系，并向劳动者支付经济补偿。

根据《劳动合同法实施条例》第 22 条的规定，以完成一定工作任务为期限的劳动合同因为工作任务完成而终止的，用人单位应当向劳动者支付经济补偿金。

三、经济补偿金的计算标准

《劳动合同法》第 47 条第 1 款规定："经济补偿按劳动者在本单位工作的年限，每满一年支付一个月工资的标准向劳动者支付。六个月以上不满一年的，按一年计算；不满六个月的，向劳动者支付半个月工资的经济补偿。"第 47 条第 2 款规定："劳动者月工资高于用人单位所在直辖市、设区的市级人民政府公布的本地区上年度职工月平均工资三倍的，向其支付经济补偿的标准按职工月平均工资三倍的数额支付，向其支付经济补偿的年限最高不超过十二年。"劳动合同法不仅规定了经济补偿金的计算方式，而且将经济补偿金的支付分成以下两类。

（一）一般劳动者的经济补偿金计算

一般劳动者是指劳动合同解除和终止前 12 个月的平均工资不高于用人单位所在直辖市、设区的市级人民政府公布的本地区上年度职工月平均工资 3 倍的劳动者。一般劳动者的经济补偿金，按照劳动者在本单位工作的年限，以每满一年支付一个月工资的标准向劳动者支付。6 个月以上不满一年的，按一年计算；不满 6 个月的，向劳动者支付半个月工资的经济补偿。计算公式为：经济补偿金（J）＝工作年限（n）×劳动者工资基数（S）。其中 n 是劳动者在本单位的工作年限，S 是劳动者在劳动合同解除和终止前 12 个月的平均工资。劳动者在劳动合同解除和终止前 12 个月的平均工资低于当地最低工资标准的，按照当地最低工资标准计算。

（二）高薪员工的经济补偿金计算

所谓的高薪员工，是指月工资高于用人单位所在直辖市、设区的市级人民政府公布的本地区上年度职工月平均工资3倍的员工。《劳动合同法》规定高薪员工经济补偿金的计算有如下两项限制。

1. 工资基数（S）限制

计算高薪员工的经济补偿时，S不按照该员工在劳动合同解除和终止前12个月的实际月平均工资计算，而按照当地上年度职工月平均工资的3倍计算。

2. 支付年限限制

高薪员工经济补偿金的支付年限最高不得超过12年，即劳动者如果在用人单位工作的年限超过12年的，按12年计算。

高薪员工的经济补偿金计算公式为：经济补偿金（J）＝工作年限（n）×当地上年度职工月平均工资的3倍。其中n是劳动者在本单位的工作年限，当$n \geqslant 12$时，n按12计算。

四、经济补偿金的分段计算

《劳动合同法》关于经济补偿金的规定与该法出台前旧有的规定不一致。根据“法不溯及既往”原则，《劳动合同法》并不适用于2008年1月1日以前工作年限的经济补偿。2008年1月1日以前，经济补偿金主要是根据原劳动部《违反和解除劳动合同的经济补偿办法》（劳部发〔1994〕481号文）的有关规定计算和执行。解除或终止合同的经济补偿金计算的标准，481号文和《劳动合同法》的规定有所不同，见表6-2。

表6-2 经济补偿金新旧规定的不同

项目	2008年1月1日前	2008年1月1日以后
依据	《违反和解除劳动合同的经济补偿办法》(481号文)	《劳动合同法》
年限	根据劳动者在本单位工作年限，每满一年发给相当于一个月工资的经济补偿金。工作时间不满一年的按一年的标准发给经济补偿金	按劳动者在本单位工作的年限，以每满一年支付一个月工资的标准向劳动者支付。六个月以上不满一年的，按一年计算；不满六个月的，向劳动者支付半个月工资的经济补偿
封顶	1. 工资基数没有限制 2. 支付年限的限制： 下列情形下，经济补偿金的支付年限受到最多不超过12年的限制： (1) 协商一致解除合同 (2) 不能胜任工作	一般员工没有封顶 高薪员工受双封顶限制： 1. 工资基数封顶：S非按劳动者本人工资，按照当地上年度职工月平均工资的3倍 2. n最长不超过12年
终止合同	终止合同不需要支付经济补偿金	劳动合同期满后，若用人单位不同意按照维持或高于原劳动合同约定条件，与劳动者续订劳动合同的，用人单位应当向劳动者支付经济补偿金

《劳动合同法》对新旧法的衔接作了过渡性安排，第97条第3款规定：“本法施行之日存续的劳动合同在本法施行后解除或者终止，依照本法第四十六条规定应当支付经济补

偿的，经济补偿年限自本法施行之日起计算；本法施行前按照当时有关规定，用人单位应当向劳动者支付经济补偿的，按照当时有关规定执行。”由此，跨越2008年1月1日存续的劳动合同，在2008年1月1日以后解除和终止的，依照《劳动合同法》规定应当支付经济补偿的，经济补偿年限从2008年1月1日起计算；2008年1月1日以前的部分，则按照481号文执行，即经济补偿金要分段计算。

2017年11月，人社部废止了《违反和解除劳动合同的经济补偿办法》即第481号文。由此，很多人认为，经济补偿金不再分段计算了。事实上这种认识是一种误读。481号文虽废止，但只是从废止之日起不再具有法律效力，对工作年限跨越2008年1月1日的经济补偿分段计算不会产生影响，仍是按照《劳动合同法》的规定执行，即2008年1月1日之前工作年限的经济补偿，继续按照当时具有法律效力的481号文执行。

【引例分析】经济补偿金是劳动法上特有的和独立的解约补偿制度，是我国劳动合同制度中的一项重要内容。经济补偿金制度充分体现了倾斜保护劳动者的原则和目的，在保护劳动者合法权益方面发挥了积极的作用。

知识单元二　违反劳动合同法的法律责任

山西黑砖窑事件

【案情】	回答下列问题： 1. 黑砖窑事件中的黑窑主应该承担什么法律责任？ 2. 如何保护劳动者的合法权益？从该事件中我们应该吸取什么样的教训？ 3. 用人单位应该如何化解遭遇行政处罚和民事赔偿等法律风险？

劳动合同的法律责任是指由劳动合同法规定的，对劳动合同违法行为人所采取的以补偿非违法一方受到损害的合法利益、恢复被破坏的劳动合同关系或者秩序、维护劳动合同制度正常运行为目的，并与一定的制裁措施相联系的国家强制形式，也是用人单位、劳动者、劳动行政部门或其他有关主管部门及其工作人员，因违反劳动合同法所应承担的法律后果。在三个主体的法律责任中，以用人单位的法律责任最为常见。劳动合同法对用人单位规定了更多的责任和义务。

一、用人单位违反劳动合同法的法律责任

（一）劳动规章制度违法的法律责任

《劳动合同法》第 80 条规定：“用人单位直接涉及劳动者切身利益的规章制度违反法律、法规规定的，由劳动行政部门责令改正，给予警告；给劳动者造成损害的，应当承担赔偿责任。”

由此规定可见，用人单位制定、修改直接涉及劳动者切身利益的劳动报酬、工作时间、休息休假、劳动安全卫生、保险福利、职工培训、劳动纪律以及劳动定额管理等规章制度违法的，应该承担下列法律责任：一是行政责任，即由劳动行政部门责令改正，给予警告；二是民事赔偿责任，即赔偿劳动者因用人单位规章制度违法对其所造成的损害。

（二）订立劳动合同违法的法律责任

1. 订立劳动合同的内容和形式违法应当承担的法律责任

根据《劳动合同法》第 81 条、第 82 条、第 86 条的规定，用人单位订立合同的内容和形式违反法律规定的情形主要有：(1) 提供的劳动合同文本未载明《劳动合同法》规定的必备条款的（第 81 条）；(2) 未将劳动合同文本交付劳动者的（第 81 条）；(3) 未按照《劳动合同法》的要求订立书面劳动合同的（第 82 条）；(4) 违反规定不订立无固定期限劳动合同的（第 82 条）；(5) 因用人单位过失订立无效劳动合同的（第 86 条）。

针对用人单位上述订立劳动合同的具体违法情形，《劳动合同法》规定了相应的法律责任：(1) 提供的劳动合同文本未载明《劳动合同法》规定的劳动合同必备条款或者用人单位未将劳动合同文本交付劳动者的，由劳动行政部门责令改正；给劳动者造成损害的，用人单位应当承担赔偿责任；(2) 自用工之日起超过 1 个月不满 1 年未与劳动者订立书面劳动合同的，应当向劳动者每月支付 2 倍的工资；(3) 因用人单位原因订立的书面劳动合同被确认无效，给劳动者造成损害的，用人单位应当承担赔偿责任；(4) 违反规定不与劳动者订立无固定期限劳动合同的，自应当订立无固定期限劳动合同之日起向劳动者每月支付 2 倍的工资。

2. 违反法律规定约定试用期应当承担的法律责任

根据《劳动合同法》第 83 条的规定，用人单位违反规定与劳动者约定试用期的，承担下列法律责任：一是由劳动行政部门责令改正；二是支付赔偿金。用人单位违反规定与劳动者约定试用期的，由劳动行政部门责令改正；违法约定的试用期已经履行的，由用人单位以劳动者试用期满月工资为标准，按照已经履行的超过法定试用期的期间向劳动者支付赔偿金。

3. 扣押劳动者证件、档案等物品及要求提供担保的法律责任

根据《劳动合同法》第 84 条的规定，用人单位违法扣押劳动者居民身份证等证件的，由劳动行政部门责令限期退还劳动者本人，并依照有关法律规定给予处罚。用人单位违法以担保或者其他名义向劳动者收取财物的，由劳动行政部门责令限期退还给劳动者本人，并按每人 500 元以上 2 000 元以下的标准处以罚款；给劳动者造成损害的，应当承担赔偿责任。劳动者依法解除或终止劳动合同，用人单位扣押劳动者档案或者其他物品的，依照上述规定处罚。

4. 招用与其他用人单位保持劳动关系劳动者的法律责任

根据《劳动合同法》第 91 条和《劳动法》第 99 条的规定，用人单位招用尚未解除劳动合同的劳动者，对原用人单位造成经济损失的，该用人单位应当依法承担连带赔偿责任。根据此规定，认定用人单位承担招用未解除劳动合同的劳动者的连带赔偿责任应符合三个条件：(1) 存在招用的事实，而不区分用人单位的主观是故意还是过失；(2) 给原用人单位造成了能够计算的经济损失；(3) 原用人单位的经济损失与用人单位招用尚未解除劳动合同的劳动者有直接关系。原用人单位可以向用人单位和劳动者中的任何一方请求赔偿部分或者全部损失，用人单位和劳动者中的任何一方也都有义务向原用人单位履行全部或者部分的赔偿义务。一方对原用人单位的全部损失赔偿之后，可以要求另一方承担其应当承担的原用人单位的损失赔偿部分。

(三) 用人单位履行劳动合同违法的法律责任

1. 用人单位侵害劳动者劳动报酬权的法律责任

《劳动合同法》第 85 条列举了用人单位侵害劳动者有关工资报酬的四种情形：一是未按照劳动合同的约定或者国家规定及时足额支付劳动者劳动报酬的；二是低于当地最低工资标准支付劳动者工资的；三是安排加班不支付加班费的；四是解除或者终止劳动合同，未依照该法规定向劳动者支付经济补偿的。

同时，《劳动合同法》第 85 条规定了用人单位侵害劳动者有关工资报酬应承担的法律责任：用人单位侵害劳动者有关工资报酬合法权益的，由劳动行政部门责令限期支付劳动报酬、加班费或者经济补偿；劳动报酬低于当地最低工资标准的，应当支付其差额部分；逾期不支付的，由劳动行政部门责令用人单位按应付金额 50%以上 100%以下的标准向劳动者加付赔偿金。

2. 用人单位侵害劳动者劳动保护权的法律责任

履行劳动合同时，用人单位不得违章指挥、强令劳动者冒险作业，对此劳动者有拒绝权；用人单位也不得以暴力、威胁或非法限制人身自由等手段强迫劳动者劳动。《劳动合同法》第 88 条列举了用人单位强迫劳动者违反劳动安全卫生规范的四种违法情形：一是以暴力、威胁或者非法限制人身自由的手段强迫劳动的；二是违章指挥或者强令冒险作业危及劳动者人身安全的；三是侮辱、体罚、殴打、非法搜查或者拘禁劳动者的；四是劳动条件恶劣、环境污染严重，给劳动者身心健康造成严重损害的。

《劳动合同法》对此规定了以下三种法律责任形式：一是刑事责任。用人单位强迫劳动者违反劳动安全卫生规范的行为有可能构成强迫劳动罪、重大责任事故罪。二是行政处罚，主要是治安管理处罚。行使治安管理处罚权的只能是国家公安机关，治安管理处罚一般分为警告、罚款、拘留。三是赔偿责任。用人单位强迫劳动者违反劳动安全卫生规范的行为，给劳动者造成损害的，用人单位应当承担赔偿责任。

(四) 终结劳动合同违法的法律责任

1. 违法解除或者终止劳动合同的法律责任

《劳动合同法》第 87 条规定：“用人单位违反本法规定解除或者终止劳动合同的，应当依照本法第四十七条规定的经济补偿标准的二倍向劳动者支付赔偿金。”

用人单位违反《劳动合同法》规定解除或者终止劳动合同主要有四种情形：一是未与劳动者协商一致而解除劳动合同；二是未出现可以解除或者终止劳动合同的情形而解除劳

动合同；三是劳动者具有用人单位不得解除或者终止劳动合同的条件时解除劳动合同；四是违反了解除劳动合同应遵循的法定程序。

用人单位违法解除或者终止劳动合同的，应承担以下两种法律责任：一是继续履行。用人单位违法解除或者终止劳动合同，劳动者要求继续履行劳动合同的，用人单位应当继续履行。二是支付赔偿金后劳动合同解除。劳动者不要求继续履行劳动合同或者劳动合同已经不能继续履行的，用人单位依法支付赔偿金后，劳动合同解除。用人单位支付赔偿金的标准是《劳动合同法》第 47 条规定的经济补偿金标准的 2 倍。

2. 违反规定未向劳动者出具解除或者终止劳动合同书面证明

《劳动合同法》明确了用人单位应当出具解除或终止劳动合同证明书的法定义务，并明确了用人单位违反规定未向劳动者出具解除或终止劳动合同书面证明的法律责任：一是行政责任。劳动行政部门可以对用人单位是否遵守《劳动合同法》规定，向劳动者出具解除或终止劳动合同的书面证明的情况实施劳动监察，对违反规定未向劳动者出具解除或终止劳动合同书面证明的，由劳动行政部门予以责令改正。二是赔偿责任。如果用人单位未依法给劳动者出具解除或者终止劳动合同的书面证明，劳动者因此而遭受损害的，例如未能及时足额享受失业保险待遇、再就业受到不利影响等，由用人单位向劳动者承担赔偿责任。

（五）用人单位其他违法行为应承担的法律责任

1. 劳务派遣单位的行为违法的法律责任

《劳动合同法》第 92 条规定了劳务派遣单位违反《劳动合同法》规定应当承担的法律责任：一是行政责任。未经许可擅自经营劳务派遣业务的，由劳动行政部门责令停止违法行为，没收违法所得，并处违法所得 1 倍以上 5 倍以下的罚款；没有违法所得的，可以处 50 000 元以下的罚款。劳务派遣单位、用人单位违法经营劳务派遣业务的，由劳动行政部门责令限期改正；逾期不改正的，以每人 5 000 元以上 10 000 元以下的标准处罚，并由工商行政管理部门吊销营业执照。二是连带赔偿责任。针对实践中有劳务派遣单位和用工单位对被派遣员工相互推诿责任的现象，《劳动合同法》在明确规定了劳务派遣单位和接受劳务派遣的用工单位对被派遣劳动者的具体责任的同时，还规定被派遣劳动者权益受到损害的，由劳务派遣单位和用工单位承担连带赔偿责任。

2. 不具备合法经营资格的用人单位的违法犯罪行为的法律责任

《劳动合同法》第 93 条规定："对不具备合法经营资格的用人单位的违法犯罪行为，依法追究法律责任；劳动者已经付出劳动的，该单位或者其出资人应当依照本法有关规定向劳动者支付劳动报酬、经济补偿、赔偿金；给劳动者造成损害的，应当承担赔偿责任。"因为用人单位不具有合法经营资格，所以无法与劳动者建立劳动关系。但因劳动者已经付出劳动，按照公平原则，不具有合法经营资格的单位（或者出资人）应当支付劳动者提供劳动的对价。造成劳动者损害的，应当进行赔偿。

3. 个人承包经营的行为违法的法律责任

个人承包经营是经济体制改革过程中出现的一些经营管理不善的企业扭亏为盈的一种措施。个人承包经营者招用劳动者不属于劳动法律法规规定的合法用工形式，他们不是适格的法律主体。但是，他们又在使用劳动者的劳动力，一旦发生纠纷，劳动者权益得不到有效保障。对此，《劳动合同法》第 94 条规定："个人承包经营违反本法规定招用劳动者，给劳动者造成损害的，发包的组织与个人承包经营者承担连带赔偿责任。”根据此规定，发包组织和个人承包经营者视为一个整体，对受侵害的劳动者承担连带赔偿责任。

二、劳动者违反劳动合同法的法律责任

（一）劳动者违反服务期和商业秘密约定承担的违约金责任

根据《劳动合同法》第 22 条、第 23 条的规定，劳动者承担违约金责任仅限于以下两种情形：

（1）劳动者违反服务期约定，应当向用人单位支付违约金。违约金的数额不得超过用人单位提供的培训费用。用人单位要求劳动者支付的违约金不得超过服务期尚未履行部分所应分摊的培训费用。

（2）劳动者违反保守商业秘密的竞业限制约定的。根据《劳动合同法》第 23 条的规定，劳动者和用人单位就商业秘密事项约定了竞业限制条款和协议的，才可以约定违约金。

只有劳动者具有以上两种违约行为之一，用人单位才可以主张违约金；除此以外的劳动者的其他违约行为，用人单位无权要求其支付违约金。

（二）劳动者违反劳动合同法的规定给用人单位造成损失的损害赔偿责任

根据《劳动合同法》第 90 条的规定，劳动者违法解除劳动合同，或者违反劳动合同中约定的保密义务或者竞业限制，给用人单位造成损失的，应当承担赔偿责任。

1. 违反劳动合同约定的保密义务或竞业限制的损害赔偿责任

用人单位可以为员工约定违反保密义务和竞业限制义务的违约金责任。没有约定违约金，劳动者违反劳动合同法或者合同约定，对用人单位造成损害的，应当承担损害赔偿责任。

2. 违法解除劳动合同的损害赔偿责任

劳动者违法解除合同的情形主要有：

（1）自动离职。劳动者不辞而别、随意离职的行为，违反了劳动法律的规定，通常会给用人单位造成或大或小的经济损失。

（2）未满法定通知期离职。劳动者虽然提前与用人单位打招呼辞职，但是未满法律规定的提前通知期限，在用人单位还未同意劳动者离职的情况下，劳动者就强行离职。

（3）滥用即时辞职权。有些劳动者存在滥用即时辞职权的情况，无论是否符合条件，动不动就行使即时辞职权，还要求经济补偿。

（4）滥用劳动合同终止权。有些劳动者与用人单位签订了服务期协议和固定期限劳动合同，当劳动合同期满时，服务期未满，双方也没有可以终止的约定，劳动者仍以终止劳动合同为由离职的，也会给用人单位造成一定损害。

劳动者违反劳动合同法的规定解除劳动合同，对用人单位造成损失的，应当承担赔偿责任。《劳动法》和《劳动合同法》以法律的形式确立了赔偿损失是我国承担劳动合同违法责任的方式。根据《违反〈劳动法〉有关劳动合同规定的赔偿办法》第 4 条的规定，劳动者违反规定或劳动合同的约定解除劳动合同，对用人单位造成损失的，劳动者应赔偿用人单位下列损失：

（1）用人单位对其招收录用所支付的费用。

（2）用人单位为其支付的培训费用，双方另有约定的按约定办理。

（3）对生产、经营和工作造成的直接经济损失。

（4）劳动合同约定的其他赔偿费用。

3. 劳动者的其他行为造成用人单位经济损失的损害赔偿责任

根据《工资支付暂行规定》（劳部发〔1994〕489 号）的规定，因劳动者本人原因给用人单位造成经济损失的，用人单位可按照劳动合同的约定要求其赔偿经济损失。经济损失的赔偿，可从劳动者本人的工资中扣除。但每月扣除的部分不得超过劳动者当月工资的 20%。若扣除后的剩余工资部分低于当地月最低工资标准，则按最低工资标准支付。

案例 6－1　员工失职给企业造成损失，应当如何赔偿？	案例分析

三、“三金”——经济补偿金、经济赔偿金与违约金的区别

随着市场经济体制的建立，我国的劳动关系也逐步实现市场化，在劳动合同解除或终止过程中，劳动者要求支付经济补偿金、赔偿金和用人单位要求劳动者支付违约金，即俗称的“三金”支付已成为一种常见现象。但“三金”在性质、功能、适用条件上都不相同。对用人单位劳动关系管理者而言，必须熟悉和掌握它们的不同。

（一）法律性质不同

经济补偿金是指解除劳动合同时，用人单位给处于弱势地位的即将失去工作的劳动者的一种劳动贡献补偿，是国家对劳动关系强制干预的法律结果。其性质属于补偿。

法定的赔偿金则是指用人单位因违反劳动合同的特定行为，给劳动者造成实际损害，而应当向劳动者支付一定数额金钱的法律责任。其本质上是一种侵权责任承担形式，即赔偿。

违约金产生的基础则是双方协议或合同的约定，因此没有约定就不会有违约金的产生。其在性质上是对合法契约的保护。

（二）法律依据不同

用人单位支付经济补偿金的法律依据是《劳动合同法》第 46 条的规定。

用人单位支付法定赔偿金的法律依据是《劳动合同法》第 83 条、第 85 条、第 87 条的规定。

劳动者向用人单位支付违约金的法律依据是《劳动合同法》第 22 条、第 23 条的规定。对用人单位违反劳动合同约定是否应向劳动者支付违约金以及支付多少违约金法律并未作出禁止性规定。

（三）支付情形不同

经济补偿金的支付，限于《劳动合同法》第 46 条规定的 7 种情形，包括用人单位动

议协商解除劳动合同、劳动者即时性解除劳动合同、用人单位非过失性解除劳动合同、经济性裁员、特殊情形下的合同终止等。经济补偿金的支付不需要用人单位存在过错或违法行为。

法定的赔偿金是一种过错责任。根据《劳动合同法》第 83 条、第 85 条、第 87 条的规定，用人单位有如下几种违法行为的，即存在过错的，应当按照法定的标准向劳动者支付赔偿金：（1）违法约定试用期；（2）被责令限期支付但未支付劳动报酬、加班费或经济补偿金的；（3）违法解除或终止劳动合同。

违约金的构成要件主要有两个：（1）双方在劳动合同中有约定；（2）违约金的约定不违反法律规定。根据《劳动合同法》的规定，劳动者支付违约金仅限于劳动者违反服务期约定和竞业限制约定两种情形。对用人单位向劳动者支付违约金，法律没有明确规定。

（四）责任主体不同

经济补偿金是国家法律强制的结果，其目的在于保护弱势的劳动者，所以经济补偿金的责任主体为用人单位，具有单一性，仅是用人单位对劳动者承担的一种责任，对于劳动者一方来说，不存在支付经济补偿金的情形。法定赔偿金的责任主体也是用人单位。违约金的责任主体是双方，在违约金责任产生时，由用人单位或者劳动者向对方承担相应责任。

（五）责任计算不同

经济补偿金的计算依据主要是《劳动合同法》第 47 条的规定，其中平均工资和连续工龄是计算经济补偿金的两个主要参数，且对高薪员工实行双封顶。

法定赔偿金的计算依据是《劳动合同法》第 83 条、第 85 条、第 87 条以及劳动部《违反〈劳动法〉有关劳动合同规定的赔偿办法》的规定。

违约金的计算依据主要是用人单位和劳动者之间的约定。

【引例分析】本单元案例中，用工单位黑砖窑通过胁迫、诱骗等手段把劳动者拐骗过来，雇用打手以暴力、体罚、殴打、拘禁等手段强迫劳动者在高温、恶劣的劳动条件下劳动，非法限制他们的人身自由，致使劳动者的身心健康遭到严重损害，按照《劳动合同法》第 88 条的规定应当承担相应的刑事（强迫劳动罪、故意伤害罪、非法拘禁罪等）、行政和民事赔偿责任。另外，山西黑砖窑事件中的用工单位大多数都没有取得营业执照，不具有合法的用工主体资格；在这些砖窑从事体力劳动的劳动者，基本上都没有被支付过劳动报酬。根据《劳动合同法》第 93 条的规定，由于劳动具有不可收回性，这一事件被依法查处以后，这些黑砖窑窑主或包工头应当向劳动者支付劳动报酬，并支付经济补偿金。

操作技能

任务一 经济补偿金的计算及实务操作中的疑难问题处理

一、经济补偿金的计算

2008 年 1 月 1 日《劳动合同法》实施以后，经济补偿金的计算分为两种情形。

第一种情形是劳动者在 2008 年 1 月 1 日以后来到用人单位的，终结其劳动关系的经济补偿金的计算，完全适用《劳动合同法》第 47 条规定的规则，即新的规定。

第二种情形是当劳动者的工作年限跨越 2008 年 1 月 1 日，此时经济补偿金采取的是分段计算规则，具体如下：2008 年 1 月 1 日之前的工作年限，适用《劳动合同法》施行之前的规则（旧的规定）；2008 年 1 月 1 日之后的工作年限，适用《劳动合同法》施行之后的规则（新的规定）。

【实例】员工甲，2006 年 8 月 1 日入职某公司。2017 年 4 月 25 日，因甲不胜任工作，且转岗后仍不胜任工作，公司与其解除劳动合同，解除前 12 个月甲的平均工资为 12 000 元/月。公司应当向甲支付多少经济补偿金？（甲在 2007 年的月平均工资为 8 000 元，甲所在地 2016 年度职工月平均工资为 3 520 元/月。）

解答：第一步，确定经济补偿金是否需要新旧法衔接。显然，本案中，劳动者是在 2006 年 8 月 1 日入职，在 2017 年 4 月 25 日解除合同，跨越了《劳动合同法》开始实施的时间。因此，本案中的经济补偿金计算存在新旧法衔接的问题。

第二步，对于需要进行新旧法衔接计算的情况，应当根据需要画出时间轴，在时间轴上标出与经济补偿金计算有关的几个关键时间。见图 6-1。

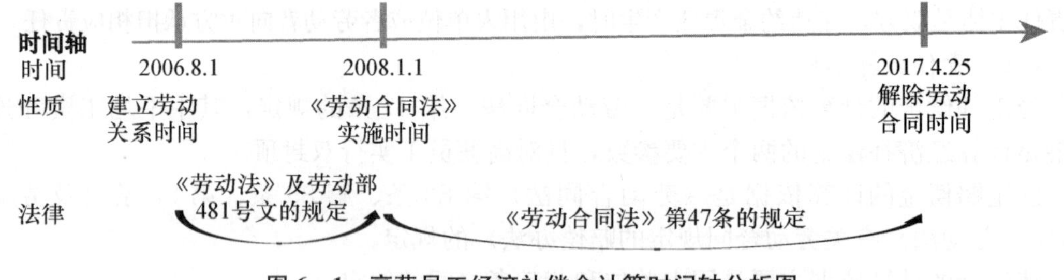

图 6-1 高薪员工经济补偿金计算时间轴分析图

第三步，确认 2008 年 1 月 1 日之前和 2008 年 1 月 1 日之后，是否都需要支付经济补偿金。用人单位以劳动者不胜任工作为由解除劳动合同的，无论是 2008 年 1 月 1 日以后还是之前，均应支付经济补偿金。同时还需注意，此种情形下，2008 年 1 月 1 日以前经济补偿金的计算还受到支付年限封顶的限制。

第四步，确定劳动者是普通员工还是高薪员工。显然，张某被解除劳动合同前 12 个月的月平均工资为 12 000 元，高于当地 2016 年度职工月平均工资的三倍（3×3 520 即 10 560 元），属于高薪员工。

第五步，确定 2008 年 1 月 1 日之前和 2008 年 1 月 1 日之后计算经济补偿金的基数。

（1）2008 年 1 月 1 日以前，经济补偿金的计算基数是按劳动者 2007 年 12 个月的月平均工资，还是按照劳动者 2017 年解除合同前 12 个月的平均工资来计算呢？即 S_1 是按 8 000 计算还是按照 10 560 计算呢？实务中各地有不同的做法。

根据《北京市高级人民法院、北京市劳动争议仲裁委员会关于劳动争议案件法律适用问题研讨会会议纪要（一）》的精神，北京地区计算经济补偿金时，跨 2008 年 1 月 1 日的，计算基数不再分段计算，即适用一个基数，即以员工解除日前 12 个月的平均工资为准或以当地上一年度职工月平均工资的三倍为准，只有一个计算基数。

根据《上海市高级人民法院关于适用〈劳动合同法〉若干问题的意见》的精神，符合《劳动合同法》规定三倍封顶的情形，实施封顶计算经济补偿年限自《劳动合同法》施行之日起计算，《劳动合同法》施行之前的工作年限仍按以前规定的标准计算经济补偿金，即以2007年12个月的平均工资为基数计算经济补偿金。

本教材采取北京的做法，S_1 按照解除日前当地上一年度职工月平均工资的三倍10 560元计算。

（2）2008年以后，高薪员工经济补偿金的计算，受到双封顶的限制。此时经济补偿金的工资基数，不以劳动者的实际工资水平计算，而应当以当地职工上一年度的月平均工资的3倍来计算，即 $S_2=10\,560$ 元。

第六步，确认2008年1月1日之前和2008年1月1日之后劳动者的工作年限。

2008年1月1日以前：2006年8月1日至2007年12月31日，共1年5个月的工作年限，按照《劳动法》及481号文的规定，$n_1=2$（$n_1<12$）。

2008年1月1日以后：2008年1月1日至2017年4月25日，共9年4个月25天的工作年限，按照《劳动合同法》的规定，$n_2=9.5$。

第七步，分别计算2008年1月1日之前和2008年1月1日之后的经济补偿金。

2008年1月1日以前应支付经济补偿金：$J_1=n_1\times S_1=2\times 10\,560=21\,120$(元)。

2008年1月1日以后应支付经济补偿金：$J_2=n_2\times S_2=9.5\times 10\,560=100\,320$(元)。

第八步，合并结果：$J=J_1+J_2=21\,120+100\,320=121\,440$(元)。

因此，张某应该获得的经济补偿是121 440元。

二、经济补偿金计算实务中的疑难问题处理

（一）计算经济补偿时，如何确定本单位的工作年限

《劳动合同法实施条例》对此作出了明确的规定："劳动者非因本人原因从原用人单位被安排到新用人单位工作的，劳动者在原用人单位的工作年限合并计算为新用人单位的工作年限。原用人单位已经向劳动者支付经济补偿的，新用人单位在依法解除、终止劳动合同计算支付经济补偿的工作年限时，不再计算劳动者在原用人单位的工作年限。"其中，"非因本人原因从原用人单位被安排到新用人单位工作的"情形包括：

（1）劳动者仍在原工作场所、工作岗位工作，劳动合同主体由原用人单位变更为新用人单位。

（2）用人单位以组织委派或任命形式对劳动者进行工作调动。

（3）因用人单位合并、分立等原因导致劳动者工作调动。

（4）用人单位及其关联企业与劳动者轮流订立劳动合同。

（5）其他合理情形。

案例6-2 在集团公司总部的工作年限，能否合并计算为子公司的工作年限？

案例分析

(二) 月平均工资是税前工资还是税后工资

经济补偿的月工资按照劳动者应得工资计算，包括计时工资或者计件工资以及奖金、津贴和补贴等货币性收入在内的扣除个人所得税以前的工资额，即税前工资，一般按照劳动合同约定的税前工资标准确定。

(三) 月平均工资是否包括加班工资、年终奖金和住房公积金

根据《劳动合同法实施条例》的规定，计算经济补偿的月工资，应包括计时工资或者计件工资以及奖金、津贴和补贴等货币性收入。因此，计算月平均工资应当包含加班工资和年终奖金等收入。关于企业每月为员工个人缴存的住房公积金是否计入月平均工资，由于过去住房公积金一直被认定为企业给予员工的福利，因此，不将其计入工资范畴。但随着财政部《关于企业加强职工福利费财务管理的通知》的公布，住房补贴被纳入职工工资总额范围管理，这将使过去的实践发生变化，根据上述通知的精神，住房公积金也应计入月平均工资。

(四) 经济补偿金是否要缴纳个人所得税

财政部、国家税务总局于2001年9月10日对个人因与用人单位解除劳动合同关系而取得的一次性补偿收入征免个人所得税问题又重新作了明确规定(财税〔2001〕157号):"个人因与用人单位解除劳动关系而取得的一次性补偿收入(包括用人单位发放的经济补偿金、生活补助费和其他补助费用)，其收入在当地上年度职工平均工资3倍数额以内的部分，免征个人所得税；超过的部分按照《国家税务总局关于个人因解除劳动合同取得经济补偿金征收个人所得税问题的通知》(国税发〔1999〕178号)的有关规定，计算征收个人所得税。"即员工因与用人单位解除劳动关系而取得的一次性经济补偿，其收入在当地上年职工平均工资3倍数额以内的部分，免征个人所得税；超过的部分按规定计征个人所得税。这里应当注意的是，免征个人所得税的部分是指上年职工全年平均工资的3倍，而非上年职工月平均工资的3倍。如，某地上年职工月平均工资为4 000元，免征个税部分为4 000×12×3=144 000(元)。

任务二 法定经济赔偿金、违约金的计算

法定经济赔偿金是指劳动合同法规定的，用人单位因违反法律规定或者违反合同约定，造成劳动者经济损失时向劳动者支付的赔偿。法定的违约金是指劳动合同法规定的，劳动者违反服务期约定和竞业限制义务，造成用人单位经济损失时向用人单位支付的赔偿。用人单位可以以上述两种法定情形追究劳动者的违约金责任。那么，法定的经济赔偿金、违约金该如何计算呢?

一、法定经济赔偿金的计算

(一) 支付法定经济赔偿金的情形及支付标准

1. 违反法定期间约定试用期

《劳动合同法》第83条规定:"用人单位违反本法规定与劳动者约定试用期的，由劳动行政部门责令改正；违法约定的试用期已经履行的，由用人单位以劳动者试用期满月工

资为标准，按已经履行的超过法定试用期的期间向劳动者支付赔偿金。”计算公式为：

违法约定试用期的赔偿金＝劳动者试用期满月工资×超过法定试用期的期间

2. 被责令限期支付但未支付劳动报酬、加班费或经济补偿金

用人单位有《劳动合同法》第 85 条规定的情形之一的，由劳动行政部门责令限期支付劳动报酬、加班费或者经济补偿；劳动报酬低于当地最低工资标准的，应当支付其差额部分；逾期不支付的，责令用人单位按应付金额 50％以上 100％以下的标准向劳动者加付赔偿金。计算公式为：

加付赔偿金＝应付劳动报酬（或加班费、经济补偿金）× 加付比例 $x\%$

式中：$50 \leqslant x \leqslant 100$，具体由人民法院或仲裁机构确定。

3. 违法解除和终止劳动合同

用人单位违法解除或终止劳动合同，劳动者不要求继续履行劳动合同或劳动合同已经不能履行的，用人单位应当按照经济补偿标准的 2 倍向劳动者支付赔偿金。

在《劳动合同法》及相关法律法规规定的情形之外，用人单位单方面解除或终止劳动合同的，也就是说，用人单位解除劳动合同没有法律依据的（违法终止或解除），劳动者可以选择：（1）要求继续履行劳动合同；（2）不继续履行劳动合同，直接要求用人单位支付赔偿金。用人单位违法终止或解除劳动合同，劳动者如果选择继续履行劳动合同的，无权再要求用人单位向其支付赔偿金。但是在劳动合同客观上不能继续履行的情况下，则仲裁员或法官可以裁决用人单位支付赔偿金。计算公式为：

违法解除和终止劳动合同的经济赔偿金＝经济补偿金× 2

根据《劳动合同法实施条例》的规定，在计算经济赔偿金时，工作年限自用工之日起计算。

需要注意的是，经济补偿金是用人单位合法解除劳动合同的情况下，根据法律规定给予劳动者的补偿，而赔偿金是基于用人单位违法解除和终止劳动合同对劳动者的赔偿，两者的性质和支付年限不同。因此，经济补偿金和赔偿金不可同时支付。

（二）法定经济赔偿金的计算

下面以实例说明：法定经济赔偿金的计算。

【实例】赵某 2001 年 1 月加入某公司。2009 年 9 月 20 日，公司与赵某解除劳动合同，解除合同前，赵某的月平均工资为 20 000 元，当地的上年度职工月平均工资标准为 4 000 元。后赵某申请劳动仲裁，公司的解除合同行为被仲裁委员会认定为违法解除，需要向赵某支付违法解除劳动合同的赔偿金。请问，经济赔偿金该如何计算？

解答：按照《劳动合同法》和《劳动合同法实施条例》的规定，用人单位违法解除合同的，应当向劳动者支付赔偿金，标准是经济补偿金的 2 倍，赔偿年限自用工之日起计算。

由于本案跨越了 2008 年 1 月 1 日，实际计算赔偿金时，有两种计算方式：

（1）支付标准分段计算，但赔偿年限不分段，自入职之日起的工作年限均按经济补偿金的双倍计算赔偿金：(7×20 000 ＋ 2×3×4 000)×2 倍 ＝ 328 000（元）。

（2）支付标准和赔偿年限都不分段，按《劳动合同法》确定的经济补偿金的双倍，根

据入职之日起的年限计算赔偿金：9×3×4 000×2=216 000（元）。

具体按照哪一种方式，应根据各地地方性法规、规章的规定以及司法实践的指导性意见确定。第二种计算方式是各地仲裁委员会和法院采用的主流意见。

二、劳动者支付违约金的计算

（一）劳动者应当支付违约金的情形

现实中存在部分用人单位滥用违约金条款，侵害劳动者自主择业权的情形。为防止此类侵权行为的发生，《劳动合同法》规定，只有在两种情形下，用人单位才可以约定由劳动者承担违约金。

1. 在培训服务期约定中可以约定违约金

用人单位为劳动者提供专项培训费用，对其进行专业技术培训的，可以与劳动者订立协议，约定服务期。违约金的数额不得超过用人单位提供的培训费用。用人单位要求劳动者支付的违约金不得超过服务期尚未履行部分所应分摊的培训费用。

2. 在竞业限制约定中可以约定违约金

用人单位与劳动者可以在劳动合同中约定保守用人单位的商业秘密和与知识产权相关的保密事项。对负有保密义务的劳动者，用人单位可以在劳动合同或者保密协议中约定竞业限制条款，并约定在解除或者终止劳动合同后，在竞业限制期限内按月给予劳动者经济补偿。

除以上两种情形外，用人单位不得与劳动者约定由劳动者承担违约金，或者以赔偿金、违约赔偿金、违约责任金等其他名义约定由劳动者承担违约责任。

（二）劳动者支付违约金的计算

下面以实例说明劳动者支付违约金的计算。

【实例】某公司为员工吴某提供专项培训费用10万元对其进行专业技术培训，双方约定服务期为5年。工作满2年时，吴某辞职，吴某应向该公司支付多少违约金呢？

解答：总培训费用为10万元，服务期5年，服务期每年应当分摊的培训费是10÷5=2（万元）。劳动者尚未履行的服务期为3年，应分摊的培训费用为3×2=6（万元）。故吴某应向该公司支付的违约金至少应为6万元。

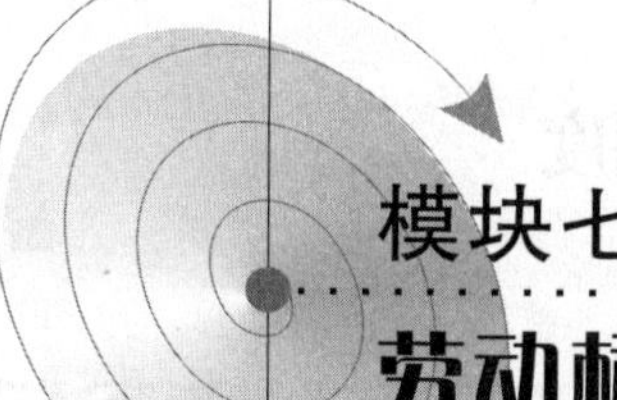

模块七 劳动标准实施管理

导学

本模块主要介绍劳动法规定的工时制度、加班制度、休息休假制度等各项劳动标准制度以及劳动标准制度实施管理过程中的处理原则和技巧。

知识要点

1. 标准工时制度、综合计算工时工作制、不定时工作制等基本概念。
2. 劳动法及劳动合同法中关于加班的规定与具体内容。
3. 劳动法及劳动合同法中关于休息休假的规定与具体内容。
4. 考勤管理中加班工资及休假期间报酬的计算方法和注意事项。

能力目标

1. 掌握劳动法规定的各种工时制度及相关知识，熟练掌握加班费的计算方法，能够对是否为符合法律规定的加班、延长工作时间等案例予以区别分析。
2. 掌握国家规定的各项休假制度及相关具体要求，熟练掌握考勤管理中有关休假，包括婚假、产假、病假医疗期、年休假的计算等。
3. 能够运用劳动法律及相关规定分析劳动标准实施管理的相关案例，并掌握处理相关事项的方法与技巧。
4. 掌握考勤管理、加班审批以及病假职工管理的操作技能和法律风险防范技巧。

理论知识

知识单元一　工作时间法律制度

引例

实行不定时工作制的员工还需要记考勤吗?

【案情】 老陈是北京A科技公司的高级业务经理，在A公司已经工作10多年了，负责业务及客户接待等工作，需要经常外出。早在几年前，A公司就为部分岗位包括老陈在内申请了不定时工作制，签订了协议书。2018年1月，集团空降了总经理到A公司，大力整顿A公司，发文要求全体人员（包括不定时工作制的高管人员）从2018年2月起每天按时上班（上午9点），而且必须打卡考勤，否则，严格按照考勤制度处罚。老陈并不在意，2018年3月，老陈突然收到公司的处罚通知书，理由是老陈多次迟到，甚至旷工，并明确如再旷工，将立即解除劳动合同。2018年4月，老陈由于无法改变10多年的习惯，多次不打卡，被A公司以“多次迟到，多次旷工”为由解除劳动合同。A公司解除与老陈的劳动关系合理吗?

一、标准工时制

标准工时制是指法律规定的关于在正常情况下一般职工从事工作的时间的制度，是由立法确定一昼夜中工作时间长度、一周中工作日天数，并要求各用人单位和一般职工普遍实行的基本工时制度。标准工时制是劳动者工作时间的标准和基础，是其他特殊工时制度的计算依据和参照标准。因此标准工时制具有至关重要的意义，也是各国劳动立法中的重要内容。

（一）我国标准工时制的规定及由来

《中华人民共和国劳动法》对职工的工作时间及标准工时制度作出了明确的规定，即劳动者的工作时间为每日不超过8小时，平均每周不超过44小时，并考虑到职工的身体状况与体力恢复的生理需求，对休息日和加班时间也作出了相应的规定。

【拓展阅读】

《劳动合同法》（节选）

第36条　国家实行劳动者每日工作时间不超过八小时、平均每周工作时间不超过四十四小时的工时制度。

第38条　用人单位应当保证劳动者每周至少休息一日。

第41条　用人单位由于生产经营需要，经与工会和劳动者协商后可以延长工作时间，一般每日不得超过一小时；因特殊原因需要延长工作时间的，在保障劳动者身体健康的条件下延长工作时间每日不得超过三小时，但是每月不得超过三十六小时。

1995 年 2 月 17 日，国务院第八次工作会议通过了《国务院关于修改〈国务院关于职工工作时间的规定〉的决定》，并于 1995 年 3 月 25 日颁布，1995 年 5 月 1 日正式实施，该决定对工作时间的标准作出了进一步的调整，我国开始普遍实行每周工作五天（周一到周五工作，周六、周日休息），每日工作八小时的标准工时制度，并一直延续至今。

【拓展阅读】

《国务院关于职工工作时间的规定》(1995 年修订，节选)

第 3 条　职工每日工作 8 小时、每周工作 40 小时。

第 6 条　任何单位和个人不得擅自延长职工工作时间。因特殊情况和紧急任务确需延长工作时间的，按照国家有关规定执行。

（二）标准工时制下法定工作时间的规定

1. 工作日及休息日的规定

《国务院关于职工工作时间的规定》第 7 条明确规定："国家机关、事业单位实行统一的工作时间，星期六和星期日为周休息日。企业和不能实行前款规定的统一工作时间的事业单位，可以根据实际情况灵活安排周休息日。"据此，标准工时制下的工作日规定为每周一至周五，周六、周日为休息日。根据《劳动法》第 38 条的规定，应当至少每周安排劳动者休息一天。按照一年有 52 周计算，在标准工时制度下劳动者一年内能够享受的国家规定的休息日共有 104 天。

2. 工作天数的规定

在 2008 年 1 月 3 日由劳动和社会保障部颁布的《关于职工全年月平均工作时间和工资折算问题的通知》明确规定了标准工时制下工作时间的计算方法：

(1) 年工作日：365 天－104 天（休息日）－11 天（法定节假日）＝250 天。

(2) 季工作日：250 天÷4 季＝62.5 天。

(3) 月工作日：250 天÷12 月＝20.83 天。

3. 每日工作小时数的规定

关于工作小时数的计算，则依照规定以月、季、年的工作日乘以每日的 8 小时计算，折算结果为：

(1) 每年的标准工作小时数为 2 000 小时。

(2) 每季度的标准工作小时数为 500 小时。

(3) 每月的标准工作小时数约为 167 小时（或 166.7 小时）。

（三）我国标准工时制下日工资及小时工资的计算

《关于职工全年月平均工作时间和工资折算问题的通知》对日工资和小时工资的计算作出了如下明确的规定：

按照《劳动法》第 51 条的规定，法定节假日用人单位应当依法支付工资，即折算日工资、小时工资时不剔除国家规定的 11 天法定节假日。据此，日工资、小时工资的折算为：

(1) 日工资：月工资收入÷月计薪天数。

(2) 小时工资：月工资收入÷(月计薪天数×8 小时)。

(3) 年计薪天数为：365－104（每年52周，每周休息2天）＝261天。

平均每月计薪天数为：261÷12＝21.75天。

月计薪天数＝(365天－104天)÷12月＝21.75天。

月计薪天数是指每月计算薪酬的有效天数。按上述劳动法的规定，每周两天双休不计入薪酬计算天数，法定节假日应计入薪酬计算天数。

因此，日工资和小时工资的折算，需要分别用21.75天作为月工作日来计算。

二、综合计算工时制

综合计算工时制也称综合计算工时工作制，是指因工作性质特殊或者受季节及自然条件限制，需在一段时间内连续作业，采取以周、月、季、年等为周期综合计算工作时间的一种工时制度。1994年12月14日，根据《中华人民共和国劳动法》，劳动部制定并颁布了《关于企业实行不定时工作制和综合计算工时工作制的审批办法》，该办法于1995年1月1日起施行。其中第3条、第5条、第6条、第7条对综合计算工时工作制及相关事项进行了明确的规定。

(一) 综合计算工时制的申办程序

企业实行综合计算工时工作制，需提前向当地行政管理部门申请备案，批准后方可实行，未经申报及批准的企业员工需按照标准工时制计算工作时间。

(二) 综合计算工时制的适用范围

并不是所有企业都可以申请实行综合计算工时工作制，只有因工作性质特殊需连续作业，或受季节及自然条件限制而无法执行标准工时制的企业才可以申请；此外，企业中部分符合条件的岗位是可以申请实行综合计算工时工作制的，具体如下：

(1) 交通、铁路、邮电、水运、航空、渔业等行业中因工作性质特殊，需要连续作业的职工。

(2) 地质、石油及资源勘探、建筑、制盐、制糖、旅游等受季节和自然条件限制行业的部分职工。

(3) 亦工亦农或由于受能源、原材料供应等条件限制难以均衡生产的乡镇企业的职工。

(4) 那些在市场竞争中，由于受外界因素影响，生产任务不均衡的企业的部分职工。

(5) 其他适合实行综合计算工时工作制的职工，如家庭住址距工作地点较远的职工，或根据生产经营特点，可以采取集中工作、集中休息方式的企业的职工。

(三) 综合计算工时制的工作时间规定

实行综合计算工时工作制的企业，虽然计算工作时间的周期是以周、月、季度、年为单位，但计算周期内的平均工作时间应该与法定标准工作时间相同。如果企业在计算周期内某一具体日或周的工作时间超过了法定的标准工作时间，只要平均工作时间并未超出标准，就不属于企业违法或违规，也无须支付加班费用。另外，实行综合计算工时制的企业，也应当依照劳动法的规定，保证员工工作周期内有足够的休息时间（包括每周至少一次一昼夜的连续休息时间）。

在综合计算工时制下，平均工作时间的要求如下。

1. 以一周为一个综合计时周期

职工的累计法定标准工作时间为40小时，延长职工工作时间（含工作日的加点、休息日和法定假日的加班总数）累计不得超过 8 小时，周期内必须保证职工至少休息 1 天。

2. 以一个月为一个综合计时周期

职工的累计法定标准工作时间为 166.64（8×20.83）小时，延长职工工作时间（含工作日的加点、休息日和法定假日的加班总数）累计不得超过 36 小时，周期内必须保证职工至少休息 4 天。

3. 以一个季度为一个综合计时周期

职工的累计法定标准工作时间为 499.92（8×20.83×3）小时，延长职工工作时间（含工作日的加点、休息日和法定假日的加班总数）累计不得超过 108 小时，周期内必须保证职工至少休息 13 天。

4. 以一年为一个综合计时周期

职工的累计法定标准工作时间为 1 999.68（8×20.83×3×4）小时，延长职工工作时间（含工作日的加点、休息日和法定假日的加班总数）累计不得超过 432 小时，周期内必须保证职工至少休息 52 天。

案例 7－1　企业能自主实行综合计算工时制吗？

案例分析

三、不定时工时制

不定时工时制也称不定时工作制，是指针对因生产特点、工作性质特殊需要或职责范围的关系，需要连续上班或难以按时上下班，无法适用标准工作时间或需要机动作业的职工而采用的一种工作时间制度，是中国现行的基本工作时间制度之一。

不定时工作制与标准工时制和综合计算工时制不同，标准工时制、综合计算工时制都是一种定时工作制，是以工作时间为计算依据来计算员工的劳动量，而不定时工作制则是不按照工作时间直接确定劳动量的工作制度。劳动部《关于企业实行不定时工作制和综合计算工时工作制的审批办法》第 3 条、第 5 条、第 6 条、第 7 条对不定时工作制的相关事项明确规定如下。

（一）不定时工作制的申办程序

企业实行不定时工作制，需提前向当地行政管理部门申请备案，批准后方可实行；部分地方性法规有例外规定的（如北京市），依照当地法规执行。

（二）不定时工作制的适用范围

不是所有企业都可以申请实行不定时工作制，只有因生产特点、工作特殊需要或职责范围的关系无法按照标准工作时间衡量或确需机动作业的岗位才可以申请，具体如下：

（1）企业中的高级管理人员、外勤人员、推销人员、部分值班人员和其他因工作特殊无法按标准工作时间衡量的职工。

(2) 企业中的长途运输人员、出租汽车司机和铁路、港口、仓库的部分装卸人员以及因工作性质特殊，需机动作业的职工。

(3) 其他因生产特点、工作特殊需要或职责范围的关系，适合实行不定时工作制的职工。

(三) 不定时工作制的工作时间规定

经批准实行不定时工作制的企业，虽然工作时间不受《劳动法》第 41 条规定的日延长工作时间标准和月延长工作时间标准的限制，但也要考虑员工的身体健康需要，合理安排工作时间，采取适当的休息方式，确保员工休息休假的权利，保证工作任务的完成。

【引例分析】本案中主要有如下几个法律问题：

1. 案中的劳动者是否适用不定时工时制？

答案是肯定的。本案中的老陈是 A 科技公司的高级业务经理，其工作性质与工作职责确实具有工作机动性强、无法确切衡量工作时间等特点，属于可以实行不定时工作制的适用范围。

2. 公司是否有权对老陈实行不定时工作制？

答案是肯定的。本案发生地在北京，依照《北京市企业实行综合计算工时工作制和不定时工作制的办法》第 16 条"企业中的高级管理人员实行不定时工作制，不办理审批手续"的规定，本案中无论公司是否已经向行政管理部门备案审批，公司都有权对老陈实行不定时工作制。

3. 公司书面通知老陈变更工作时间是否程序合法？

答案是否定的。本案中的 A 公司单方面通知老陈按时上下班并打卡，将陈某的工作时间制度由原来的不定时工作制变更为标准工时制，从法律角度看属于劳动合同的变更，但公司对其变更条件并未与陈某协商达成一致，也未就此签订任何书面补充协议或重新签订劳动合同，因此该变更无效，陈某仍然适用不定时工作制。

4. 公司有关标准工时制下的考勤管理的规章制度，是否对老陈适用？

答案是否定的。对于实行不定时工作制的员工，不能再以标准工时的管理制度要求其打卡、记考勤，更不能以员工未记考勤为由而按照旷工对其进行违纪处理。对于不定时工作制人员的工作考核不应仅依照时间进行，而应以工作任务的完成效果作为考核的主要依据。因此，A 公司不能仅以老陈未进行考勤登记构成旷工为由解除其劳动合同。

需要注意的是，不定时工作制下的考勤制度不以标准工时为考核依据，并不代表不能对员工的工作时间进行管理。用人单位可在规章制度中明确相应条款，对不定时工作制员工的工作时间进行特别管理，如"实行不定时工作制的员工无须考勤，但应当服从公司工作安排进行出勤，不服从公司安排无故缺勤者以旷工处理"。即可以要求实行不定时工作制的员工在工作的时候登记出勤，或者填写工作记录、工作报告，以此作为出勤、工作的依据，但这种出勤要求应区别于普通员工那种"朝九晚五"标准式的登记。该出勤而未出勤、该工作而未工作的，也属于违纪违规的状态，用人单位是可依法处分甚至解雇他们的。

知识单元二　加班加点法律制度

引例

是值班，还是加班？

【案情】 刘某于2000年9月到某物业公司任电工，月薪1 000元。刘某居住在公司提供的与配电室相连的房屋中，负责小区内物业机电设备和业主家里电源、插座等电力故障的维修。2008年6月，刘某向公司主张其2000年至2008年的加班工资，刘某认为，在公司工作期间，其每天24小时均在配电室工作，从未休息，公司从未支付过加班工资，故要求公司支付2000年9月至2008年6月期间所有工作日每天延时16小时的加班工资、休息日和法定节假日每天工作24小时的加班工资，共计29.92万元。公司不同意，认为刘某的情况不属于加班，其可能存在工作时间外工作的情形，也只能算值班，而且，刘某的工资里也包含了值班津贴。刘某于是向劳动争议仲裁委员会提起申诉，要求公司支付2000年至2008年的加班工资29.92万元。

一、标准工时制下的加班加点

（一）标准工时制下加班加点的具体情形

加班加点又称延长工作时间，是指劳动者超出法定标准工作时间长度的工作时间，或企业在执行的制度工作时间基础上延长的工作时间。加班一般是指根据用人单位的要求，在法定节假日和公休日进行工作的时间，一般以天数作为计算单位；加点则是指在法定的日标准工作时间以外延长工作的时间，一般以小时作为计算单位。加班加点具体分为以下三种情形：

（1）工作日加班，即员工在平日工作时间基础上延长工作时间。

（2）休息日加班，即员工在周六周日休息日里加班工作。

（3）法定节假日加班，即员工在元旦、春节、清明节、“五一”劳动节、端午节、国庆节、中秋假期中的法定日期加班工作。

（二）标准工时制下加班加点的工资报酬（加班工资）

依照《劳动法》第44条的规定，凡以下三种情况下企业安排员工加班，需支付相应的工资报酬：

（1）工作日安排劳动者延长工作时间的，支付不低于工资的150%的工资报酬。

（2）休息日安排劳动者工作又不能安排补休的，支付不低于工资的200%的工资报酬。

（3）法定休假日安排劳动者工作的，支付不低于工资的300%的工资报酬。

支付加班加点的工资报酬需要注意：休息日加班，只有企业安排员工休息日工作又不能安排补休的，才需要支付不低于工资200%的加班费。

（三）标准工时制下加班加点的法律限制

加班加点工作会占用员工的休息时间，影响到员工的个人生活，过多及过于频繁的加班加点甚至会危害到员工的身体健康，劳动法律法规对企业延长劳动者工作时间规定了如下限制。

1. 加班加点的人员范围限制

根据《劳动法》《女职工劳动保护特别规定》《未成年人保护法》的规定，禁止安排未成年工、怀孕7个月以上的女工和哺乳未满周岁婴儿的女工参加加班加点。以上人员不但不参加加班加点，相反还可享受缩短工作日的规定。

2. 加班加点的程序限制

根据《劳动法》第41条的规定，用人单位由于生产经营需要而延长工作时间的，应事先与工会和劳动者协商。

3. 加班加点的长度限制

根据《劳动法》第41条的规定，用人单位延长工作时间，一般每日不得超过1小时；因特殊原因需要延长工作时间的，在保障劳动者身体健康的条件下延长工作时间每日不得超过3小时，但是每月不得超过36小时。

4. 不受程序、时长限制的加班加点

根据《劳动法》第42条的规定，下列紧急情况下的加班加点不受程序和时长的限制：

（1）发生自然灾害、事故或者因其他原因，威胁劳动者生命健康和财产安全，需紧急处理的。

（2）生产设备、交通运输线路、公共设施发生故障，影响生产和公众利益，必须及时抢修的。

（3）法律、行政法规规定的其他情形。

在上述如自然灾害、事故等情况下，劳动者的工作时间及加班加点的时间不受《劳动法》第41条的限制，根据实际工作需要加班可以超出每天3小时、每月36小时的限制，且不违法。

二、综合计算工时制下的加班加点

根据《劳动法》及相关法律法规的规定，综合计算工时制下的加班加点劳动报酬的支付，分为以下几种情形：

（1）在综合计算工时周期内，某一具体日（或周）的实际工作时间可以超过法定标准工作时间，即8小时（或40小时），但如果计算周期内劳动者的总实际工作时间超过总法定标准工作时间，则超过的部分应视为延时加班，应当按照不低于员工工资150%的标准支付加班工资。

（2）在综合计算工时制下，由于工作时间是综合计算，因此不区分是工作日还是休息日，只要一个综合计算工时周期内超过总标准工作时间的工作就属于加班，工作日和休息日均支付150%的加班工资。

（3）员工仍然享受法定节假日，如安排员工在法定节假日工作的，视为法定节假日加班，应当按照不低于员工工资300%的标准支付加班工资。

实行综合计算工时工作制的企业，在综合计算周期内，必须合理安排好职工的集中工作和集中休息的时间，必须严格做好职工上、下班和延长工作时间的考勤记录。

三、不定时工时制下的加班加点

根据《劳动法》及相关法律的规定，在不定时工时制下，员工可以自行安排工作时间，因此，原则上不存在加班的问题。但是，就员工在法定节假日工作，是否视为加班，各地规定不太一致。如上海将不定时工时制下的员工在法定节假日工作视为加班。

【引例分析】在实践中，劳动者和用人单位之间对值班与加班的争议一直比较大。上述案例的问题主要集中在以下三个方面：

(1) 什么是加班？什么是值班？什么是加班费？什么是值班费（值班津贴）？

加班是指劳动者根据用人单位的要求，在平时正常工作时间之外（8小时之外、休息日、法定节假日等）继续从事自己的本职工作。通俗来说，就是超出法定标准工作时间，在应该休息的时间工作。企业因为劳动者加班而支付给劳动者的报酬为加班费。

值班通常是劳动者根据用人单位的要求，在正常工作时间之外担负一定非生产性的工作。单位为临时负责接听电话、看门、防火、防盗或处理突发事件、紧急公务等原因，可以安排本单位有关人员在夜间、公休日和法定节假日等非工作时间内轮流进行值班。它不是为直接完成生产任务而做的安排。企业因为劳动者值班而支付给劳动者的报酬为值班费（值班津贴）。

(2) 认定是加班还是值班的标准是什么？

这主要看劳动者是否继续在原来的岗位上从事本人的工作，或者是否有具体的生产或经营任务，是否有一定的休息时间。如果劳动者继续在原来的岗位上工作或者有具体的生产或经营任务，则应当认定为加班，否则，就属于值班。

一般来说，值班的劳动者不在原来的工作岗位上工作，也没有具体的生产经营任务，相比加班而言，值班的工作量要小，有事则忙，无事则闲，甚至在保证正常秩序的情况下还可以休息。

(3) 加班和值班的工资报酬有什么区别？

加班和值班的报酬问题，也是受不同规范调整的。加班报酬受劳动法律规范调整，是法定的，用人单位安排劳动者加班的，必须按照法定标准向劳动者支付加班工资。

关于是否需要值班、值班时间的长短及报酬支付问题，法律和规章均无明文规定。一般来说，值班待遇要低于劳动者正常工作和加班情况下的劳动报酬。

知识单元三 休息休假法律制度

休息休假是指劳动者在国家规定的法定工作时间外自行支配的时间，包括劳动者每天休息的时数、每周休息的天数、节假日以及各种假等。我国《劳动法》第4章对劳动者的休息、休假制度作了原则性规定，相关劳动法律法规对劳动者的休息休假作出了更为具体的规定。

一、休息日

休息日又称公休日，是指劳动者在一周内享有的连续休息一天（24 小时）以上的休息时间。标准工时制下周六、周日为休息日。有特殊需要的单位可以根据实际工作情况进行调整，或根据法律规定和双方的约定具体确定。一般的用人单位规定为周六和周日，但如果企业的工作性质和工作特点需要员工周六或周日上班，如零售、餐饮服务业等，企业可以安排其他时间作为员工的休息日，也可将其他时间作为员工的补休时间安排员工休息，但应保证劳动者每周至少休息一天。

二、法定节假日

根据 2014 年 1 月 1 日施行的《全国年节及纪念日放假办法》中的规定，我国的法定节假日包括三个大类：第一类是全体公民放假的节日及纪念日；第二类是部分公民放假的节日及纪念日；第三类是少数民族节日。具体放假天数和日期见表 7－1。

表 7－1　法定节假日一览

类型	名称	放假天数	放假日期
全体公民放假的节日	元旦	放假 1 天	1 月 1 日
	春节	放假 3 天	农历正月初一、初二、初三
	清明节	放假 1 天	农历清明当日
	劳动节	放假 1 天	5 月 1 日
	端午节	放假 1 天	农历端午当日
	中秋节	放假 1 天	农历中秋当日
	国庆节	放假 3 天	10 月 1 日、2 日、3 日
部分公民放假的节日及纪念日	妇女节	妇女放假半天	3 月 8 日
	青年节	14 周岁以上的青年放假半天	5 月 4 日
	儿童节	不满 14 周岁的少年儿童放假 1 天	6 月 1 日
	解放军建军纪念日	现役军人放假半天	8 月 1 日
少数民族节日	少数民族的节日，由各少数民族聚居地区的地方人民政府，按照该民族习惯规定放假日期		
其他	“二七”纪念日、“五卅”纪念日、“七七”抗战纪念日、“九三”抗战胜利纪念日、“九一八”纪念日、教师节、护士节、记者节、植树节等其他节日、纪念日，均不放假		

全体公民放假的假日，如果适逢星期六、星期日，应当在工作日补假。部分公民放假的假日，如果适逢星期六、星期日，则不补假。

三、其他各类休假

（一）丧假

《劳动法》第 51 条规定：“劳动者在法定休假日和婚丧假期间以及依法参加社会活动期间，用人单位应当依法支付工资。”由此可见，法律明确赋予了劳动者带薪休丧假的权利。

国家劳动总局、财政部于 1980 年 2 月 20 日下发施行的《关于国营企业职工请婚丧假和路程假问题的通知》，对国营企业职工请婚丧假和路程假作了明确规定：

（1）职工本人结婚或职工的直系亲属（父母、配偶和子女）死亡时，可以根据具体情况，由本单位行政领导批准，酌情给予一至三天的婚丧假。

(2) 职工结婚时双方不在一地工作的，职工在外地的直系亲属死亡时需要职工本人去外地料理丧事的，都可以根据路程远近，另给予路程假。

(3) 在批准的婚丧假和路程假期间，职工的工资照发，途中的车船费等，全部由职工自理。

根据上述规定，国有企业员工在直系亲属去世时，可依法享受1～3天的丧假，同时需赴异地处理丧事的单位酌情给予路程假，且丧假为有薪假期。目前国家还没有对非国有企业职工休婚丧假作出具体规定。在实务中，非国有企业员工休丧假的具体操作可参考该规定执行。

(二) 婚假

婚假是指劳动者本人结婚依法享受的假期。婚假期间用人单位应如数支付工资，这是对劳动者的精神抚慰，体现了政府对劳动者的福利政策，也是对其权益的保护，对于调动劳动者的积极性具有重要意义。

根据婚姻法的规定，凡达到结婚年龄的男女均可结婚并享受相应的婚假。一般情况下，员工本人结婚，可享受1～3天婚假，夫妻双方不在一地工作的，可酌情给予路程假。根据2002年9月1日实施的《中华人民共和国人口与计划生育法》第25条的规定，晚婚的员工结婚，会得到晚婚假的奖励。晚婚假的具体时间各省或者直辖市并不一致，通常由各省市根据《人口与计划生育法》自己规定，发布在《××省（市）人口与计划生育条例》中；各地规定给予员工的晚婚假从7天到30天（或一个月）不等。

2015年12月27日，第十二届全国人民代表大会常务委员会第十八次会议对《人口与计划生育法》进行了修正，取消了晚婚的字眼，删除了延长婚假的条款，并在第25条规定："符合法律、法规规定生育子女的夫妻，可以获得延长生育假的奖励或者其他福利待遇。"随后，部分地区陆续修订本地的计划生育条例，对本地的婚假政策进行了调整，具体情况见表7-2。

表7-2　各地婚假假期一览

地区	婚假	地区	婚假	地区	婚假	地区	婚假	地区	婚假
北京	10天	宁夏	3天	辽宁	10天	甘肃	30天	湖南	3天
上海	10天	山东	3天	青海	15天	云南	18天	江苏	13天
天津	3天	山西	30天	吉林	15天	内蒙古	18天	新疆	23天
安徽	3天	四川	3天	重庆	15天	河北	18天	黑龙江	15+10天
福建	15天	浙江	3天	海南	13天	贵州	13天	湖北	3天
广东	3天	广西	3天	江西	3天				

注：1. 以上数据统计截止日期为2018年5月；2. 统计依据来自各地新修订的计划生育条例；3. 截至目前，婚假最短的为3天，最长的为30天。

(三) 产假

1. 产假的概念

产假是指在职妇女产期前后的休假待遇。所有女性劳动者在劳动关系存续期间，都应享受产假待遇。

2. 产假的现有规定

《女职工劳动保护特别规定》第7条规定："女职工生育享受98天产假，其中产前可以休假15天；难产的，增加产假15天；生育多胞胎的，每多生育1个婴儿，增加产假15天。女职工怀孕未满4个月流产的，享受15天产假；怀孕满4个月流产的，享受42天产假。”

除国家统一规定的产假外，各地一般都规定了奖励产假，各地奖励产假的假期有所不同。国家放开生育二孩政策之后，各地陆续对本地的计生条例进行修订。女职工享有的产假假期见表7-3。

表7-3　各地女职工产假假期一览

地区	产假假期	备注
全国	98天（其中产前休假15天）	（1）难产的，增加产假15天；生育多胞胎的，每多生育1个婴儿，增加产假15天；（2）女职工怀孕未满4个月流产的，享受15天产假；怀孕满4个月流产的，享受42天产假；（3）一些地方对产假的规定相对弹性灵活，如北京可申请再延长产假1～3个月；吉林、重庆可申请延长产假至1年，即子女满一周岁为止
西藏	1年	
河南、海南	98天+3个月	
黑龙江、甘肃	180天	
广东	98+80 =178天	
福建	158～180天	
吉林、陕西、山西、新疆、云南、内蒙古、河北、青海、贵州、辽宁、山东、安徽、宁夏、四川、江西、湖南	98+60=168天	
广西	98+50=148天	
北京、天津、上海、重庆、江苏、浙江、湖北	98+30=128天	

3. 与产假有关的其他相关规定

（1）哺乳时间。

女职工享有的哺乳时间是国家为保障女职工和婴儿权益、鼓励母乳喂养而设立的带薪福利。《女职工劳动保护特别规定》对此规定如下：“对哺乳未满1周岁婴儿的女职工，用人单位不得延长劳动时间或者安排夜班劳动。用人单位应当在每天的劳动时间内为哺乳期女职工安排1小时哺乳时间；女职工生育多胞胎的，每多哺乳1个婴儿每天增加1小时哺乳时间。”

（2）陪产假。

陪产假又名护理假，即男性员工在其配偶享受产假期间所享受的看护、照料产妇及婴儿的假期。2012年以来，各省、直辖市及自治区调整出台的地方性法规，主要是在计划生育条例中，增加了男性员工陪产假的相关规定。各地规定的陪产假时间并不相同，具体规定见表7-4。

表7-4　各地男职工陪产假假期一览

地区	陪产假假期
天津、山东	7天
上海	10天
北京、河北、山西、辽宁、吉林、黑龙江、江苏、浙江、福建、湖北、江西、广东、海南、重庆、贵州、青海、新疆	15天
湖南、四川	20天

续前表

地区	陪产假假期	
内蒙古、广西、宁夏	25天	
安徽	夫妻系异地生活	20天
	夫妻非异地生活	10天
陕西	夫妻系异地生活	20天
	夫妻非异地生活	15天
甘肃、西藏、云南	30天	
河南	1个月	

（3）保胎假。

少部分女性员工因身体原因需要休假保胎，但截至目前，国家的法律法规中并没有对保胎假进行明确规定。《国家劳动总局保险福利司关于女职工保胎休息和病假超过六个月后生育时的待遇问题给上海市劳动局的复函》（1982年）中对女员工保胎的假期予以了具体说明。根据该规定，工作单位对女员工保胎休假只能按照病假进行处理。该文件发布距今时间较长，但仍然有效，各地可以参考执行。

【拓展阅读】

《国家劳动总局保险福利司关于女职工保胎休息和病假超过六个月后生育时的待遇问题给上海市劳动局的复函》（1982年）

一、女职工按计划生育怀孕，经过医师开具证明，需要保胎休息的，其保胎休息的时间，按照本单位实行的疾病待遇的规定办理。

二、保胎休息和病假超过六个月后领取疾病救济费的女职工，按计划生育时可以从生育之日起停发疾病救济费，改发产假工资，并享受其他生育待遇。产假期满后仍需病休的，从产假期满之日起，继续发给疾病救济费。

三、保胎休息的女职工，产假期满后仍需病休的，其病假时间应与生育前的病假和保胎休息的时间合并计算。

4. 产假期间的待遇

按照《劳动法》和《女职工劳动保护特别规定》的规定，用人单位不得因女职工怀孕、生育、哺乳降低其工资、予以辞退、与其解除劳动或者聘用合同。这是最基本的产假工资规定，从法律上保证了女性的产假是带薪休假。女员工从怀孕到生产到哺乳期结束的时间内，用人单位不能以任何理由降低工资待遇，并且不得辞退或者以其他形式解除劳动合同。除此以外，职业女性休产假享受生育保险待遇，由社保统筹基金报销相关医疗费，并由生育保险基金按照用人单位上年度职工月平均工资的标准发放生育津贴；职业女性没有参加生育保险的，由用人单位承担。

（四）探亲假

探亲假是指与父母或配偶分居两地的职工，每年享有的与父母或配偶团聚的假期。规定探亲假的目的是适当解决职工同亲属长期远居两地的探亲问题。

1958年2月6日国务院颁布实施的《国务院关于工人、职员回家探亲的假期和工资待遇的暂行规定》，对异地生活的夫妻、父母与子女的探亲问题，首次予以明确。1981年3

月 14 日由国务院颁布施行了《国务院关于职工探亲待遇的规定》，该规定对享受探亲假的条件、探亲假期时间及待遇等，进一步作出了明确规定：

（1）享受探亲假的主体，为在国家机关、人民团体和全民所有制企业、事业单位工作的职工。

（2）享受探亲假的起始时间，为职工工作满一年后。

（3）探亲的对象为父母和配偶。

（4）探亲的前提是不住在一起，又不能在公休假日团聚。

（5）探亲假的周期与时间长短，分为以下四种情况：

1）职工探望配偶，每年可以探望一次，给假 30 天。

2）未婚职工探望父母，每年探望一次，给假 20 天；或两年探望一次，给假 45 天。

3）已婚职工探望父母，每四年探望一次，给假 20 天；可根据实际需要给予路程假。

4）享受其他休假制度的职工应该在休假期间探亲；如果休假期较短，可由本单位视实际情况予以补足天数。

（6）探亲假的待遇：

1）探亲假期间的工资待遇，依照本人标准工资照发。

2）已婚职工探望配偶和未婚职工探望父母的往返路费，由单位负担。

3）已婚职工探望父母的往返路费，本人月工资 30%以内的由本人负担，超出部分由单位负担。

探亲假的制度延续至今，依然有效，但是在执行的时候，需要注意以下几点：

（1）探亲假的有效主体之外的非国有企业员工是否有探亲假，国家并无明确规定，这类用人单位的探亲假可依照地方性法规执行；若地方性法规没有相关规定，用人单位可依照本单位具体情况决定是否参考上述规定执行。

（2）新婚后与配偶分居两地的员工，结婚满一年后才可享受探亲假待遇。

（3）探亲假的对象仅为员工的父母和配偶，配偶的父母即岳父母或公婆不包含在内，兄弟姐妹也不包含在内。

（4）学徒、见习生、实习生在学习、见习、实习期间不能享受探亲假。

（五）社会活动假

社会活动假是指用人单位对劳动者在法定工作时间内依法参加社会活动应给予的假期。劳动者依法参加社会活动，应提前向用人单位请假，获得批准后方可参加。

按照《劳动法》第 51 条的规定，劳动者依法参加社会活动期间，用人单位应当依法支付工资。因此，社会活动假为有薪假期。

自 1995 年 1 月 1 日起实施的《工资支付暂行规定》第 10 条，除规定劳动者依法参加社会活动期间，用人单位有义务支付工资外，还规定了劳动者依法参加社会活动的具体情形：

（1）依法行使选举权或被选举权。

（2）当选代表出席乡（镇）、区以上政府、党派、工会、青年团、妇女联合会等组织召开的会议。

（3）出任人民法庭证明人。

（4）出席劳动模范、先进工作者大会。

（5）《工会法》规定的不脱产工会基层委员会委员因工作活动占用的生产或工作时间，

但每月不超过三个工作日。

（6）其他依法参加的社会活动。

劳动者参加上述活动，应主动提前向用人单位请假，同时用人单位应予以充分的配合，主动调整劳动者的工作时间和工作任务以保证劳动者能够准时参加上述各项社会活动，并需正常支付劳动者工资，不得以任何借口扣发。

（六）事假

事假是员工因家庭或个人的私事向用人单位申请，并经用人单位批准的假期。由于事假并非因公事而请假，而且也不是国家规定的带福利性质的假期，所以事假通常是无薪的。

我国《劳动法》及相关法规对于企业职工什么情况下可以请事假、事假时间的长短以及工资待遇等均没有作出统一规定，因此企业可根据具体情况自行制定相关管理制度予以规定，但是在制定制度和执行时应注意以下几点：

（1）事假申请的审批。企业对员工的事假申请有审批权，但审批理由一定要合理，尤其是对不予批准的事假申请，要有合理正当的解释。

（2）事假时间的长短。一般情况下，员工请事假的时间长短以不影响企业正常工作为前提。

（3）事假期间的待遇。由于事假是员工因私事而非公事所申请的假期，因此企业扣除员工事假期间的工资是合法的；当然，部分企业出于以人为本的考虑，采取扣除一定比例的工资或按照最低工资标准扣除工资也是可取的。

（七）带薪年休假

1. 带薪年休假的概念

带薪年休假简称年休假，是国家根据劳动者工作年限和劳动繁重或紧张程度每年给予的一定期间的带薪连续休假。实行职工带薪年休假制度，是世界各国普遍的做法。

2. 带薪年休假的规定

我国带薪年休假制度是为调动职工工作积极性而出台的。《劳动法》和《公务员法》都对职工休假事项作了原则性规定。2007 年 12 月 7 日，经由国务院第 198 次常务会议审议通过，颁布了《职工带薪年休假条例》（以下简称《条例》）并自 2008 年 1 月 1 日起施行。该条例对享受带薪年休假的时间和待遇等相关问题进行了规定。为进一步贯彻执行带薪年休假制度，人力资源和社会保障部于 2008 年 9 月 18 日颁布施行了《企业职工带薪年休假实施办法》（以下简称《办法》），对执行带薪年休假制度过程中的问题作了进一步的明确与解释。根据以上规定，带薪年休假制度的主要内容有以下方面：

（1）享受带薪年休假的主体。

《条例》第 2 条规定享受带薪年休假的主体是机关、团体、企业、事业单位、民办非企业单位、有雇工的个体工商户等单位的职工；《办法》则进一步将享受带薪年休假的主体明确为与中华人民共和国境内的企业、民办非企业单位、有雇工的个体工商户等单位建立劳动关系的职工。

（2）享受带薪年休假的基本条件。

必须是连续工作 12 个月以上的职工才可以享受带薪年休假。连续工作时间不足 12 个月以上的，暂时没有享受带薪年休假的权利。这里的连续工作时间并没有要求必须是同一家用人单位，如果员工在其他单位连续工作满一年以上，无论在现单位的工作时间长短，都具备享受法定的带薪年休假的资格。

《条例》第 4 条规定了不享受当年的年休假的情形：

1）职工依法享受寒暑假，其休假天数多于年休假天数的；但是，如果职工享受的寒暑假天数少于其年休假天数的，用人单位应当安排补足年休假天数。

2）职工请事假累计 20 天以上且单位按照规定不扣工资的。

3）累计工作满 1 年不满 10 年的职工，请病假累计 2 个月以上的。

4）累计工作满 10 年不满 20 年的职工，请病假累计 3 个月以上的。

5）累计工作满 20 年以上的职工，请病假累计 4 个月以上的。

（3）带薪年休假的具体天数的计算。

《条例》第 3 条第 1 款规定："职工累计工作已满 1 年不满 10 年的，年休假 5 天；已满 10 年不满 20 年的，年休假 10 天；已满 20 年的，年休假 15 天。"这里的累计工作时间，不区分职工是否在同一家用人单位工作，以及工作时间是否连续。职工在同一或不同用人单位的工作期间，以及依据法律、行政法规或国务院规定的视同工作期间，都可以合并为"累计工作时间"，即累计的是"工龄"，而非"司龄"。

《条例》所规定的带薪休假天数，为用人单位安排劳动者休假的法定最低标准。如果用人单位的年休假标准高于条例规定的标准，原则上依照用人单位规定执行，相关管理部门不予干涉；实践中很多企业会在法律规定的基础上，根据员工级别来确定年休假天数，级别高的，即使工龄较短，年休假也会较长，甚至远远高于法定天数。劳动合同、集体合同约定的或者用人单位规章制度规定的年休假天数高于法定标准的，用人单位应当按照有关约定或者规定执行。

（4）特殊情况下，职工带薪年休假需按比例折算。

1）新进员工的带薪年休假折算。

根据《办法》第 5 条的规定，职工新进用人单位且连续工作满 12 个月以上的，当年度年休假天数，按照在本单位剩余日历天数折算确定，折算后不足 1 整天的部分不享受年休假。具体计算方法为：

$$\text{职工年休假天数}=\left(\frac{\text{当年度在本单位剩余日历天数}}{}\div 365\text{天}\right)\times\text{职工本人全年应当享受的年休假天数}$$

注意：对于新进员工，不足一个自然年的情况下，其所享受的当年度年休假在本单位的剩余天数并不是根据入职时间来确定的，而是以连续工作满 12 个月的时间点作为起始时间，计算在本单位当年度年休假的剩余天数。

2）当年解除或者终止劳动合同职工的带薪年休假折算。

根据《办法》第 12 条的规定，用人单位与职工解除或者终止劳动合同时，当年度应休未休的年休假天数的折算，应按照职工在本单位当年已工作时间确定，折算后不足 1 整天的部分不享受年休假。具体计算方法为：

$$\text{职工年休假天数}=\left(\text{当年度在本单位已过日历天数}\div 365\text{天}\right)\times\text{职工本人全年应当享受的年休假天数}$$

根据以上折算办法，新入职员工入职后当年度在本单位剩余天数以及离职员工当年在本单位已过的天数不足一定数量的，不能享受当年的年休假。具体情况见表 7－5 的分析。

表 7-5　　新员工、离职员工不享受当年年休假的情况分析表

累计工作年限	年休假天数	不享受年休假
1 年≤累计工作年限＜10 年	5 天	当年度在本单位剩余或已过天数＜73 天
10 年≤累计工作年限＜20 年	10 天	当年度在本单位剩余或已过天数＜36.5 天
20 年≤累计工作年限	15 天	当年度在本单位剩余或已过天数＜25 天

（5）带薪年休假和其他假的关系。

职工依法享受的探亲假、婚丧假、产假等国家规定的假期以及因工伤停工留薪期间不计入年休假假期，国家法定休假日、休息日也不计入年休假的假期。职工在年休假期间，遇到法定休假日和休息日可相应顺延。

职工享受寒暑假天数多于其年休假天数的，不享受当年的年休假。确因工作需要，职工享受的寒暑假天数少于其年休假天数的，用人单位应当安排补足年休假天数。

职工已享受当年的年休假，但同一年度内又出现事假、病假超出规定范围的情况，则不能享受下一年度的年休假。

（6）带薪年休假的安排。

依照《条例》第 5 条的规定，用人单位应统筹安排本单位职工的年休假，年休假在一个年度内可以集中安排，也可以分段安排，但一般不跨年度安排；用人单位确因工作需要不能安排职工年休假或者跨 1 个年度安排年休假的，应征得职工本人同意。

一般情况下，年休假的时间由员工自行申请，单位依照工作需要予以审批。如员工本人主动放弃年休假，企业可以免责；但企业一定要保留好员工放弃年休假的书面证据，以免发生争议时陷入被动。若员工未提出申请，企业再以员工未提出申请为由，不给员工安排年休假，将存在很大的风险。企业应制定相应的规章制度，督促员工按时享受年休假，如员工请无薪事假的，可以和员工商量安排其先按年休假休，不足部分再按事假休。

如果用人单位已安排职工休假但未达到应休年休假的天数，需事先征得职工同意，且事后应对不足的天数予以补足或依照法律予以经济补偿；如果单位已安排职工休假天数多于折算应休年休假天数，则不再扣回。

（7）年休假期间的工资报酬。

《条例》第 2 条规定："职工在年休假期间享受与正常工作期间相同的工资收入。"原则上用人单位不得以休假为由，扣除员工的各项补贴、津贴等。

对本年度内职工应休未休年休假天数的经济补偿，按照其日工资收入的 300%支付。日工资按照职工本人月工资除以月计薪天数（21.75 天）进行折算，月工资则是指职工在用人单位支付其未休年休假工资报酬前 12 个月剔除加班工资后的月平均工资。在本用人单位工作时间不满 12 个月的，按实际月份计算月平均工资。

用人单位安排职工休年休假，但是职工因本人原因且书面提出不休年休假的，用人单位可以只支付其正常工作期间的工资收入。

（八）病假

1. 病假的定义

病假是指员工患病或非因工负伤，需要诊疗而无法上班的期间。病假系公司根据职工患病的实际情况批准员工休假的天数。

2. 病假和医疗期的区别

病假不同于医疗期。医疗期是劳动者因患病或者非因工负伤停止工作治病休息，而用人单位不得解除劳动合同的期限。病假是员工因病情和负伤情况实际需要治疗的期间；而医疗期是法定期间，目的是对患病或非因工负伤员工给予解雇保护。医疗期并不等于治疗疾病所需治疗期。

医疗期是法律对劳动者的一种特殊保护，病假则更多属于用人单位用工管理的范畴。在实践中，用人单位都会要求请病假的员工提供证明，并由企业行政审核批准。员工因生病向企业请假的，应当遵守用人单位的规章制度，否则可能因违反公司的制度被解雇。但是医疗期内则不同，医疗期内，除非是员工严重违反纪律，否则用人单位不能基于任何理由解雇劳动者。

病假和医疗期两者并不矛盾。如果劳动者患病或非因工负伤，医疗期满用人单位未与劳动者解除劳动合同，劳动者仍需请病假的，用人单位应予安排。

3. 病假期间的待遇

《企业职工患病或非因工负伤医疗期规定》第 5 条规定："企业职工在医疗期内，其病假工资、疾病救济费和医疗待遇按照有关规定执行。"关于企业职工病假期间的待遇，国家层面有两个规定：一是政务院 1951 年颁布、1953 年修正的《中华人民共和国劳动保险条例》（以下简称《劳动保险条例》），以及劳动部 1953 年修正的《中华人民共和国劳动保险条例实施细则》（以下简称《实施细则》）。二是劳动部印发的《关于贯彻执行〈中华人民共和国劳动法〉若干问题的意见》（劳部发〔1995〕309 号，以下简称《若干问题的意见》）。

《劳动保险条例》第 13 条规定，工人与职员因病或非因工负伤停止工作医疗时，其停止工作医疗期间连续在 6 个月以内者，按其本企业工龄的长短，由该企业行政方面或资方发给病伤假期工资，其数额为本人工资的 60%～100%；停止工作连续医疗期间在 6 个月以上时，改由劳动保险基金项下按月付给疾病或非因工负伤救济费，其数额为本人工资的 40%～60%。《实施细则》第 17 条则对《劳动保险条例》的规定作了进一步的细化。

根据《若干问题的意见》第 59 条的规定，职工患病或非因工负伤治疗期间，在规定的医疗期间内，由企业按有关规定支付其病假工资或疾病救济费，病假工资或疾病救济费可以低于当地最低工资标准支付，但不能低于最低工资标准的 80%。

《劳动保险条例》及《实施细则》对职工病假期间待遇的规定具体见表 7-6。

表 7-6 《劳动保险条例》及《实施细则》对职工病假期间待遇的规定

停止工作连续医疗期间	支付名义	支付标准		
		本企业工龄	支付基数	支付系数
在 6 个月以内的	支付病伤假期工资	不满 2 年的	本人工资	60%
		已满 2 年不满 4 年的		70%
		已满 4 年不满 6 年的		80%
		已满 6 年不满 8 年的		90%
		已满 8 年及 8 年以上的		100%

续前表

停止工作连续医疗期间	支付名义	支付标准		
		本企业工龄	支付基数	支付系数
超过6个月的	病伤假期工资停发，改由劳动保险基金项下，按月付给疾病或非因工负伤救济费	不满1年的	本人工资	40%
		已满1年未满3年		50%
		3年及3年以上		60%

注：通过基数和系数相乘后得出的病假工资，可以低于当地最低工资标准，但不能低于最低工资标准的80%。

在实务中，劳动者的病假工资支付要注意以下事项：

（1）劳动合同有约定的，按劳动合同约定执行。集体合同（工资集体协议）确定的标准高于劳动合同约定标准的，按集体合同（工资集体协议）标准确定。

（2）劳动合同、集体合同都没有约定，可由用人单位与职工代表通过工资集体协商确定，并就协商结果签订工资集体协议。

（3）病假工资最低标准是当地企业职工最低工资标准的80%。

操作技能

任务一　加班加点工资的计算

引例

加班工资知多少？

【案情】张某2009年到一家广告公司上班，每月固定工资为5 000元，公司采用朝九晚五的标准工时制。由于工作特点，他需要经常加班赶策划方案，工作很忙碌，单位也付了张某很多加班费。2015年，公司人事部门向人社局申请了综合工时制，按季结算加班工资。一年后张某发现，他的工作依旧很忙碌，但加班工资却比原来少了很多。2016年，张某荣升公司部门主管，固定工资涨到10 000元，但除了法定假日，其他时间加班根本没有加班费了，后来才知道公司已经针对部门主管等岗位向人社局申请了不定时工时制。其实，一直到现在，张某都没有弄明白自己的加班工资是怎么计算出来的，张某对公司是否已向自己足额发放加班工资存有疑问。

一、标准工时制下加班加点工资的计算

在标准工时制下，劳动者每天工作的最长工时为8小时，每周最长工时为40小时。在标准工作日内安排劳动者延长工作时间的，支付不低于工资的150%的工资报酬；休息日安排劳动者工作又不能安排补休的，支付不低于工资的200%的工资报酬；法定休假日安排劳动者工作的，支付不低于工资300%的工资报酬。计算每月正常工作日工资时应以

21.75 天为基数。

引例中，张某 2009 年来到该公司工作，2015 年公司才实行综合工时制。因此，2009 年至 2015 年是实行标准工时制的时间。在此期间，加班加点工资应该这样计算：张某的日工资为 5 000÷21.75＝229.89（元），小时工资为 229.89÷8＝28.74（元）。那么张某在周一至周五加班可得的加班工资为：28.74 元×加班小时数×150％；周末（休息日）的加班工资为：28.74 元×加班小时数×200％；法定假日的加班工资为：28.74 元×加班小时数×300％。

二、综合工时制下加班加点工资的计算

综合工时制是以标准工作时间为基础，以一定的期限为周期，综合计算工作时间的工时制度。根据《劳动部关于职工工作时间有关问题的复函》第 5 条至第 7 条的规定，实行这种工时制度的用人单位，计算工作时间的周期不再是以天为单位，而是可以以周、月、季、年为单位，但其平均日工作时间和平均周工作时间应与法定标准工作时间基本相同。

综合工时制下，只要在法定节假日工作，无论整个周期的工作时间是否超过总法定标准工作时间，用人单位均需支付劳动者 300％的工资；一个综合计算工时周期内超过总标准工作时间的工作就属于加班，工作日和休息日均支付 150％的加班工资。

引例中，张某所在公司 2015 年实行综合工时制。2015 年以后，张某非法定假日加班的，每季度超过 499.92 小时部分可得加班费为：28.74 元×加班小时数×150％；法定假日加班费为：28.74 元× 加班小时数×300％。

【拓展阅读】

综合计算工时制下，国庆七天加班的劳动报酬如何计算?

解答：（1）10 月 1 日、2 日、3 日安排加班的，公司应按劳动者本人日或小时工资标准的 300％支付劳动者工资。

（2）10 月 4 日、5 日、6 日、7 日安排加班的，综合计算周期内的实际工作时间没有超过法定标准工作时间的部分，不支付加班工资也不调休；综合计算周期内的实际工作时间超过法定标准工作时间的部分，均按本人日或小时工资标准的 150％支付加班加点工资。

三、不定时工时制下加班加点工资的计算

实行不定时工时制，除法定节假日工作外，其他时间工作不算加班。

引例中，2016 年以后张某所在公司对部门主管等高层岗位实行了不定时工时制。2016 年以后张某周一至周五延时加班和休息日加班的，没有加班工资；在法定节假日加班的，可以领取加班费。，张某 2016 年的日工资为：10 000÷21.75＝459.77（元），小时工资为：459.77÷8＝57.47（元），可能领取的加班费为：57.47 元×法定假日加班小时数×300％。

四、其他特殊情形

（一）调休制度

在实践中，有的用人单位实行对正常工作时间适当调整的工时制度，基本有以下几种

形式：

(1) 安排周末工作，平时休息。

(2) 安排每天都工作，但工作时间都少于 8 小时。

(3) 连续工作几天后，再连续休息几天。

这些情况本质上仍属于标准工时制，只不过用人单位因为其特殊的用工时间需求把员工的周末休息时间安排在其他时间，故只要用人单位为员工安排的工作时间每周未超过 40 小时的，就不算加班。但用人单位在法定节假日安排工作的，仍需支付 3 倍工资。

(二) 计件制度

实行计件制度的，用人单位应当按照国家规定的工时制合理确定劳动者的劳动定额及计件报酬标准，并予以公布。在此制度下，用人单位在劳动者完成定额后，安排劳动者在正常工作时间之外工作的，属于加班，应当按照超额完成的件数乘以计件单价的 150%、200%、300%支付加班工资。至于劳动者在法定工作时间内超额完成的件数是否应当计加班工资，法律法规并无明确规定，但一般认为不应当计算加班费。

【拓展阅读】

实行计件工资制的劳动者，国庆七天加班的劳动报酬如何计算？

解答：实行计件工资制的，国庆加班工资计算如下：

实行计件工资制的劳动者，只有在完成定额任务且实际工作时间达到标准日工作时间之后，根据用人单位的命令和要求从事劳动的，才视为加点；在休息日或节假日，根据用人单位的命令和要求从事劳动的，即视为加班。

因此，10 月 1 日、2 日、3 日安排加班的，加班工资为加班期间完成的产品件数乘以单位产品的工资金额，再按《劳动法》规定乘以 300%，即加班工资＝计件单价×300%×件数。

10 月 4 日、5 日、6 日、7 日安排加班的，加班工资为加班期间完成的产品件数乘以单位产品的工资金额，再按《劳动法》规定乘以 200%，即加班工资＝计件单价×200%×件数。

任务二　考勤管理和加班审批的实务操作

引例

没有考勤管理，企业承担败诉后果

【案情】张某是深圳一家小玩具厂的员工，工厂对员工的管理基本上是放任自流，无任何考勤管理，对迟到、早退也不作任何处罚。后来，因为张某跟主管在工作中发生争执，导致张某一气之下申请了劳动仲裁。张某称自己每月工作 28 天，每天工作 12 小时，要求工厂支付2年以来的加班工资。事实上据工厂的主管说，该厂一般是不加班的。但因为工厂没有任何考勤管理，导致劳动仲裁委员会及两审法院均支持了张某的诉请。

考勤管理是用人单位对员工出勤进行管理的一种管理制度。考勤管理是劳动关系管理的一个重要组成部分，但是往往得不到管理者的重视，考勤乱象频生，以致因考勤而发生的劳动争议案件居高不下，用人单位为此承担了巨大的法律风险。

一、考勤管理和加班审批的必要性

用人单位通过一系列制度和办法来对员工实行时间上的严格控制，强化职工的组织纪律观念，规范员工工作态度，维护正常的工作秩序，其积极意义和必要性是显而易见的。但在对员工实行考勤管理时，也的确面临着一些难题。比如员工在非工作时间仍然身处工作场所，那么员工到底是不是加班呢？如果只依据考勤记录，是无法得出结论的，因为其从事的可能是工作活动也有可能并非工作活动。员工是否确实从事工作活动才是其是否构成加班的关键。

《劳动合同法》第31条规定："用人单位安排加班的，应当按照国家有关规定向劳动者支付加班费。"由此可见，只有在用人单位安排下进行的加班，才需要支付加班费。劳动者自愿进行加班，法律没有强制要求用人单位支付加班费。因此对于员工工作时间之外的加班行为，企业可以通过"加班审批制"予以规范。加班审批制度，是指除企业安排加班外，员工由于工作原因需要加班的，必须提前填写加班申请单，经过相关负责人批准后方可加班的一种严格控制加班的管理制度。用人单位可以在规章制度、员工手册抑或劳动合同中明确规定"本公司实行加班审批制，即员工加班应当填写《加班申请单》并经主管批准"，以有效预防法律风险。

【劳动关系管理文书范本7-1】

加班申请单

日期：　　年　　月　　日

部门		岗位	
加班人员			
加班类型	□工作日加班　□休息日加班　□法定节假日加班		
预定加班时间	自＿＿至＿＿。 共计：＿＿天＿＿小时		
加班事由			
负责人		分管领导	

二、用人单位考勤管理和加班审批存在的问题

（一）不存在考勤制度，也没有考勤记录

少数单位由于规模较小、刚成立或者员工几乎全为业务员等原因没有建立规范的考勤制度，也不实施考勤管理，一旦出现劳动争议，无法提供考勤记录，则仲裁机构或法院将

可能采信员工的主张。这些都直接或间接地为用工埋下隐患。

（二）考勤规定不明确

如企业考勤规定中没有加班审批制度，对加班是否必须经过上级领导的审批、加班审批权限的分配等问题的规定内容不全，或者模糊。

（三）考勤证据没有合法固定和妥善保管

如考勤记录只有简单签到部分，企业还沿用手写签到的做法；考勤记录无员工本人签字确认；考勤记录或资料丢失；等等。

（四）出勤违纪处理不当

员工在考勤的过程中可能会出现违纪的情况，如旷工、代打卡、迟到早退等。其中，"旷工"行为并不是通常认为的只要员工无故缺席未作报告就成立。如事后证明员工确属因病休息，而单位以旷工为由解除合同，则用人单位存在极大的诉讼风险。员工因病休息而没有及时提交病假单就不属于旷工。用人单位负有核查员工缺勤原因的义务，并应尽到合理的告知义务。

三、考勤管理和加班审批风险防范的建议

（一）建立合法有效、规范全面的考勤管理制度

考勤管理制度直接影响到劳动者权益，应当具备规章制度合法有效的要件，即内容要合法、合理，且程序上通过民主程序制定并依法向劳动者公示或告知。考勤管理制度的内容不应与劳动法律的规定或者与劳动合同的约定冲突。除此以外，考勤管理制度的内容还要尽可能全面明确，应包括工时制度、工作时间安排、工作日、上下班时间、请假、加班、出差、外出、休息休假等内容。其中工作时间直接涉及薪资结算，还应具体明确工作时间的统计及确认方法。

（二）建立有效的加班审批制度

用人单位可以通过劳动合同与员工约定或者通过规章制度规定加班审批制度，即员工的所有加班必须经过相应的申请和审批，只有经过批准的加班才能得到认可。否则，不能视为合法有效的加班。如果员工仅以考勤记录等只能证明其在非工作时间身在工作场所的证据向用人单位主张加班工资，用人单位则可以加班审批制度进行反驳，以掌握一定的主动权。

案例 7-2 加班无审批制度 公司被判败诉	案例分析

（三）完善考勤记录的内容

用人单位的考勤记录，应当全面记载劳动者上下班时间、午休时间、迟到和早退的时间、休息和旷工的时间。对于未出勤的原因，应予以说明。

（四）考勤记录要由员工本人签字确认

当一个考勤周期结束时，考勤记录不仅应有考勤负责人和主管人员的签字，更应该有

员工本人的签字。如遇员工因旷工或其他原因不能或不愿签字认可时，应当由员工所在部门的负责人在考勤记录上签字并注明原因。

(五) 妥善保管考勤与加班审批的证据

企业应加强对考勤记录、加班审批单、请假条等有关考勤文件和资料的存档管理，避免毁损和灭失。一旦发生争议，这是重要的证据。一般来说，应至少保管两年以上。

【引例分析】《劳动争议调解仲裁法》第6条规定："发生劳动争议，当事人对自己提出的主张，有责任提供证据。与争议事项有关的证据属于用人单位掌握管理的，用人单位应当提供；用人单位不提供的，应当承担不利后果。"考勤表、考勤记录一般由用人单位掌握，应当由用人单位提供，用人单位不提供的，应当承担不利后果。由此可知，用人单位管理再宽松，也应有基本的考勤管理，否则，发生加班工资纠纷时，将会因为没有考勤管理而败诉。

任务三　带薪年休假天数与工资报酬的计算

一、带薪年休假天数的计算

(一) 一般情形下的年休假的计算

《职工带薪年休假条例》第3条规定："职工累计工作已满1年不满10年的，年休假5天；已满10年不满20年的，年休假10天；已满20年的，年休假15天。"《企业职工带薪年休假实施办法》则进一步明确，职工在同一或不同用人单位的工作期间，以及依据法律、行政法规或国务院规定的视同工作期间，都可以合并为"累计工作时间"。

(二) 特殊情况下年休假天数按比例折算

1. 新进用人单位员工年休假天数的比例折算

员工新进用人单位，且连续工作满12个月以上的，当年度年休假天数按照在本单位剩余日历天数折算确定，折算后不足1整天的部分不享受年休假。

$$\text{年休假天数}=\left(\frac{\text{当年度在本单位}}{\text{剩余日历天数}}\div 365\right)\times\frac{\text{职工本人全年应当}}{\text{享受的年休假天数}}$$

需要注意的是，对于新进员工，并不是根据入职时间，而是以连续工作满12个月的时间点作为起始时间，计算在本单位当年度的剩余年休假天数。

【实例】王某在A公司工作5年，2009年8月1日进入B公司，工作6个月后，2010年2月28日又跳槽到C公司，中间没有间断，2010年8月1日，王某已经连续工作满12个月，可以享受当年年休假。王某2010年的年休假天数如何计算?

解答： 第一步，确认王某是当年入职的新员工，其享受的年休假应该按比例折算；第二步，计算其累计工作年限，然后根据《年休假条例》算出其全年应该享受的年休假天数为5天；第三步，计算王某当年度剩余日历天数，从2010年8月1日至2010年12月31日，共152天；第四步，根据比例折算公式计算出王某的年休假天数＝(152 ÷ 365)×5天＝2.08（天）。

2. 解除和终止劳动合同员工当年年休假天数的比例折算

员工解除或者终止劳动合同时，当年度年休假天数，按照在本单位当年已工作时间折算确定，折算后不足1整天的部分不享受年休假。

$$\text{年休假天数}=\left(\frac{\text{当年度在本单位已过日历天数}}{}\div 365\right)\times\text{职工本人全年应当享受的年休假天数}$$

【实例】洪某在A公司工作6年，在B公司工作5年，后又进入C公司工作，2010年5月10日，洪某与C公司的5年期劳动合同到期，C公司决定终止劳动合同。洪某2010年的年休假天数如何计算？

解答：第一步，确认洪某当年终止劳动合同的情况，其享受的年休假应该按比例折算；第二步，计算其累计工作年限为16年，然后根据《年休假条例》算出其全年应该享受的年休假天数为10天；第三步，计算洪某当年度已经过的日历天数，从2010年1月1日至2010年5月10日，共131天；第四步，根据比例折算公式计算出洪某的年休假天数=(131÷ 365)×10=3.59（天）。

二、年休假工资报酬计算

单位确因工作需要不能安排职工休年休假的，经职工本人同意，可以不安排职工休年休假。对职工应休未休的年休假天数，单位应当按照该职工日工资收入的300%支付年休假工资报酬。

年休假工资报酬的计算基数，即职工的日工资收入，为职工在单位支付未休年休假工资报酬前12个月剔除加班工资后的月平均工资，再除以月计薪天数21.75天。

【实例】冯某2010年6月大学毕业后就到A公司工作，工资为6 000元/月，2017年5月30日，冯某与A公司的合同到期，冯某不再续签。已知当年冯某没有休年休假，在此情况下，A公司应如何向冯某支付未休年休假的工资报酬？

解答：第一步，确定年休假工资报酬的计算基数为6 000元。第二步，计算冯某在A公司应休未休的年休假天数为：(150÷365)×5=2.05（天）；第三步，计算A公司应向冯某支付2天的未休年休假工资报酬，即：6 000÷21.75×200%×2=1 103.45（元）。需要说明的是，这里按200%而不是按300%计算，是因为未计算的那部分工资已经在员工正常工作期间支付了，到补发年休假工资时，只需要再支付剩下的200%即可。

任务四 病假管理的实务操作

一、医疗期的管理操作

（一）医疗期的计算

根据《企业职工患病或非因工负伤医疗期规定》（以下简称《规定》）第3条的规定，企业职工因患病或非因工负伤，需要停止工作医疗时，根据本人实际参加工作年限和在本单位工作年限，给予3个月到24个月的医疗期。间断请病假员工，医疗期实行按周期计算，即按累计病休时间计算。《规定》第4条对医疗期的计算周期进行了进一步的明确。

医疗期以及其与累计病休时间的对应关系见表7-7。

表7-7　　医疗期以及其与累计病休时间的对应关系

实际参加工作年限	本单位工作年限	医疗期	医疗期计算周期（累计病休时间）
10年以下	5年以下	3个月	按6个月累计
	5年以上	6个月	按12个月累计
10年以上	5年以下	6个月	按12个月累计
	5年以上10年以下	9个月	按15个月累计
	10年以上15年以下	12个月	按18个月累计
	15年以上20年以下	18个月	按24个月累计
	20年以上	24个月	按30个月累计

需要注意的是，医疗期按照自然日计算，公休日和法定节假日包括在内。

【实例】甲的工龄为8年，其中在A公司工作3年，如果患病，他的医疗期为3个月。如果从2017年6月1日开始休病假，则医疗期从病休第一天开始计算。如果连续请病假的话，则9月1日医疗期届满。如果间断请病假的话，则12月1日前累计病休时间达到3个月时，医疗期届满。

（二）职工患精神疾病、癌症、瘫痪的医疗期的认定

职工患精神疾病、癌症、瘫痪的，其医疗期的确定，实务中有两种观点：一种观点认为根据《劳动部关于贯彻〈企业职工患病或非因工负伤医疗期规定〉的通知》（劳部发〔1995〕236号文件）的规定，对某些患有特殊疾病（如癌症、精神疾病、瘫痪等）的职工，在24个月内尚不能痊愈的，经企业和劳动主管部门批准可以适当延长医疗期。因此只要员工患有上述疾病，就应当享受24个月医疗期。另一种观点则认为，根据《企业职工患病或非因工负伤医疗期规定》（劳部发〔1994〕479号文件）的规定，员工应当严格按照工龄和司龄来享受医疗期，并非职工患有精神疾病、癌症、瘫痪就应当享受24个月医疗期。实务中一旦发生劳动争议，考虑到员工的特殊情况，仲裁委员会或法院都会在法定医疗期的基础上要求用人单位给予一定的延长，最长一般为24个月。

二、病假职工的管理

（一）伤病职工的休假、长休和复工管理

《关于加强企业伤病长休职工管理工作的通知》（劳险字〔1992〕14号）对伤病职工的休假、长休、复工以及职工在病假期间的义务作了明确的规定。

1. 伤病职工的休假审批

职工因伤病需要休假的，应凭用人单位医疗机构或指定医疗机构开具的疾病诊断证明，并由用人单位审核批准。但这一规定并不意味着用人单位有审核批准权就可以不批准员工休病假。员工拥有身体健康权，在其确实患病的情况下享有休病假的权利，因此，只要员工有医保定点医院开具的病假证明，用人单位就应该允许员工休病假。

2. 伤病职工的长休

伤病职工需要转入长休的，根据企业医疗机构或指定医院开具的疾病诊断证明，由企

业劳动鉴定委员会（小组）作出鉴定，经企业行政批准。

3. 伤病职工的复工

企业要建立定期家访制度，及时了解长休职工的伤、病、残情况变化，及时通知已恢复劳动能力的职工按时复工；根据劳动能力恢复情况，安排一定的试工期或调换适当工作；要加强企业劳动纪律管理，对逾期不复工或不服从工作安排的，可停发伤病保险待遇，并按旷工处理。

4. 伤病职工在病假期的义务

伤病休假职工在病假期不得从事有收入的活动。机关、事业单位、社会团体和企业不得聘用伤病休假职工。对利用伤病假从事有收入活动的职工，要停发其伤病保险待遇，不予报销医疗费，并限期返回单位复工。经批评教育不改的，可按《劳动法》《劳动合同法》和关于违纪职工的规定处理。

（二）如何防范职工恶意请病假（泡病假）

职工较长时间病休或养伤，对于企业而言，确实会遭遇很多问题的困扰，但这是企业应当承担的社会责任。如何在遵守法律法规和公平合理原则的前提下，对全体职工进行有效管理，以避免用工成本的不断增加，是人力资源管理部门必须面对和解决的问题。

在对病假职工进行管理时，企业经常碰到的棘手情况是：请假职工实际上没有生病，只是为了回避工作关系中的矛盾或泡过试用期，故通过医院的朋友开出病假单长期请病假；或者钻法律的空子“泡病假”“休长病假”，甚至拿着病假工资在外兼职。这些行为无疑侵害了企业的合法权益。遇到这种情况，人力资源工作人员首先要和职工、主管分别沟通，要了解是因何种原因产生矛盾的，要想办法化解这样的矛盾。其次，企业在劳动纪律管理制度等规章制度或劳动合同中明确：申请虚假病假属于严重违反单位规章制度的行为，并对情节严重、假期天数较长等情况，企业可以直接解除劳动合同。最后，企业还可以制定专门的病假管理制度并对病假员工严格管理，以预防法律风险。

企业应当建立严格、规范、完善的病假管理制度，对病假进行有效管理，平衡劳资双方的利益。

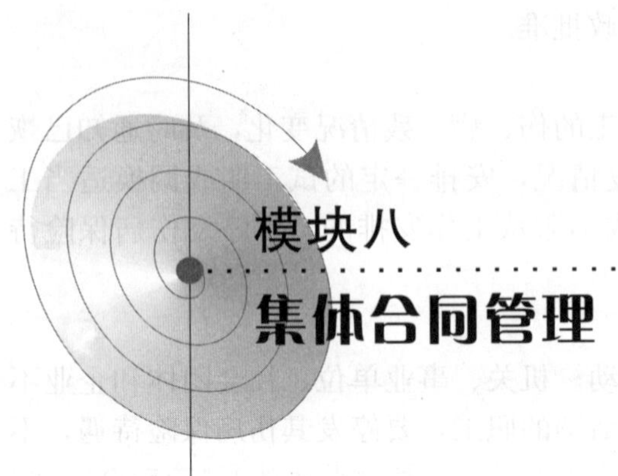

模块八 集体合同管理

导学

集体谈判和集体合同制度是进入工业化的西方资本主义国家在工人运动中总结出来的一套调解社会矛盾、实现权益均衡、平衡劳动关系，并在实践中行之有效的劳动关系调整法律制度。本模块主要介绍集体协商和集体合同相关知识与法规政策以及集体合同协商实务操作的程序要求。

知识要点

1. 集体谈判的概念、原则和作用，集体谈判发展的历史。

2. 集体合同的概念，劳动合同与集体合同的不同，集体合同的分类、内容（条款）和形式。

3. 集体合同订立的原则和订立的程序。

4. 集体合同的履行、变更和终止。

能力目标

1. 能够应用理论知识和法律规定，对集体合同和劳动合同的效力予以判定；能够起草用人单位集体合同草案。

2. 会进行集体协商任务的处理，包括：能提出集体协商的要约，能够征集并整理有关集体协商的议题和意见，会起草集体合同草案，具有一定的集体协商事务处理的能力。

理论知识

知识单元一 集体谈判和集体协商的基本制度

引例

我的工资我来谈

【案情】	
	回答下列问题： 1. 什么是集体协商（谈判）? 2. 集体协商（谈判）的作用是什么?

一、集体谈判的含义和历史发展

世界上很多国家和地区赋予处于弱势地位的劳工集体性地通过工会，与资方就劳动条件、工资待遇等雇佣关系中的很多问题进行交涉的一种权利，这种权利称为集体谈判权。通过集体谈判权的行使，劳资双方能够在一个较平等的情况下订立雇佣条件，以保障劳方应有的权益。

集体谈判制度产生于 19 世纪。随着工业革命带来的技术更新，劳动力市场的竞争加剧，而处于弱势地位的劳工无法通过个别谈判与雇主相抗衡；为了改变自己的处境，维护自身利益，劳工们进行了一系列维权活动，组成自己的雇员群体性组织——工会的前身，与雇主集体谈判。劳工们通过推选代表以整个团体的名义与雇主谈判，并签订集体合同——雇主无须分别与每个雇员签订一系列的个别劳动合同，而只要签订一个能够满足集体意愿、规定集体劳动条件的协议即可。根据这一集体合同所确立的准则，从签订之日起，所有特定群体、特定阶层、特定等级的人员都要遵守该协议。这就是集体谈判制度的起源。

19 世纪末和 20 世纪初，随着工会组织的发展壮大和工会地位进一步提高，集体谈判逐渐成为西方国家普遍采用的调整劳动关系的重要机制。20 世纪以来，越来越多的国家接受了这种劳动者通过集体谈判为自己争取权利的手段和方式，德、法、美、瑞典等国先后颁布实行了有关集体谈判和集体合同的法规，确立了集体谈判制度，将集体谈判权作为工业民主权写进法律条文，进一步推动了集体谈判活动的法制化和规范化。第二次世界大战后，国际劳工组织通过了一系列关于集体谈判的国际劳工公约和建议书，其中包括 1949 年的《组织权利和集体谈判权利公约》（98 号公约）、1951 年通过的《集体合同建议书》（91 号建议书）、1971 年的《工人代表公约》（135 号公约）和 1981 年的《促进集体谈判公约》（154 号公约）。这些公约对集体谈判制度在各国的普遍实行发挥了积极的推动作用。

二、我国的集体协商制度

改革开放以来，在向市场经济过渡的进程中，我国的劳动就业制度发生了根本性的转变。20 世纪 90 年代初，我国开始引入集体协商制度。1994 年颁布的《劳动法》对集体协商和集体合同制度作了原则性规定，1996 年正式建立劳动争议仲裁的三方机制，同时，重点建立平等协商和集体合同制度，2001 年修正的《工会法》也对工会参与集体协商提供了法律保障。2003 年 12 月 30 日劳动和社会保障部第 7 次部务会议通过的《集体合同规定》是规范集体协商和签订集体合同行为的专门性部门规章。需要注意的是，我国在法律和法规中没有使用集体谈判这一概念，而一直使用集体协商和平等协商，并将集体协商和集体合同放在一起进行规定。

《集体合同规定》第 4 条规定："用人单位与本单位职工签订集体合同或专项集体合同，以及确定相关事宜，应当采取集体协商的方式。集体协商主要采取协商会议的形式。"第 19 条规定："本规定所称集体协商代表，是指按照法定程序产生并有权代表本方利益进行集体协商的人员。集体协商双方的代表人数应当对等，每方至少 3 人，并各确定 1 名首席代表。"由此，我国所指的集体协商制度可以描述为：用人单位与其所属的职工为签订集体合同而依法组成代表团，按照法律规定的程序和原则就劳动报酬、工作时间、保险福利、休息休假、劳动安全卫生、职业培训等劳动标准进行商谈的活动。

三、集体谈判的作用

首先，集体谈判是调整劳动关系的有效方式。集体谈判能够有效地促使双方相互让步，达成妥协，签订协议，减轻诸如怠工、辞职等冲突产生的副作用。集体谈判被认为是规范劳动力市场秩序，协调劳资矛盾的"伟大发明"。

其次，集体谈判在维护劳动者权益和促进企业提升效益方面具有重要的意义。对雇员来讲，通过集体行动，可以有效抑制雇主一些不合理的、侵犯劳动者利益的行为发生，为劳动者争得平等的地位、必要的劳动条件和基本的生活保障等一些合法权益。对雇主来讲，通过谈判的方式可以加强劳资双方的沟通与合作，促进劳动关系的稳定，推动企业目标的实现和企业效益的提高。

最后，集体谈判是促进产业和谐的重要手段。通过集体谈判，可以避免怠工、罢工等争议行为带来的经济损失，可以防止本行业的不正当竞争，使劳动条件趋于标准化，降低员工流失率，促进产业和谐。

【引例分析】集体协商制度作为一项由多部法律明确规定的制度，是指用人单位与其所属的职工依法组成代表团，按照法律规定的程序和原则就劳动报酬、工作时间、保险福利、休息休假、劳动安全卫生、职业培训等劳动标准为签订集体合同而进行商谈的活动。集体协商具有有效调整劳动关系、维护劳动者权益和促进企业提升效益、促进产业和谐等重要作用。

知识单元二　集体合同制度

引例

劳动合同与集体合同内容不一致时，应该怎么处理？

【案情】李某与某企业签订有为期 5 年的劳动合同。合同中约定：李某的工资每月计发一次。合同履行期间，企业工会与企业经协商签订了一份集体合同，该集体合同中约定：企业员工每年年终可获得一次第 13 个月的工资。该企业的集体合同获得企业职代会的通过并经当地劳动行政部门审核后开始生效实施，但年终过后，李某没有得到企业支付的第 13 个月工资。于是，李某向企业提出补发第 13 个月工资的要求。但企业表示李某和企业签订的劳动合同中约定了劳动报酬的支付次数，双方应当严格按照劳动合同的约定履行，对李某提出的要求不予同意，双方由此产生争议。

一、集体合同的概念

集体合同亦称劳动协约、集体协议，是集体协商双方代表根据法律、法规的规定就劳动报酬、工作时间、休息休假、劳动安全卫生、保险福利等事项在平等协商一致基础上签订的书面协议。集体协议的劳动者一方一定是一个集体（团体、组织），一般是由劳方的工会组织或者由劳方选举的代表组成的组织，代表职工与用人单位进行平等协商，签订集体合同。

二、集体合同与劳动合同的区别

集体合同和劳动合同是两种完全不同的合同，其区别如下。

（一）两方当事人不同

劳动合同的当事人是由单个的员工和企业组成的，而集体合同的当事人是由全体员工和企业组成的，全体员工是由工会或职工代表代表职工，来与企业的代表一起协商签署集体合同。

（二）内容不同

劳动合同是个体员工和企业分别签订的，内容约定的是企业和员工个人之间的权利与义务，反映的是个性化的内容，包括岗位是什么、待遇如何等。集体合同约定的是企业里所有的员工享受的基本的福利待遇、基本的保障条件，反映的是共性内容。

(三) 作用不同

劳动合同的作用是在企业与员工之间建立起劳动关系，约定双方当事人在履行劳动合同过程中各自的权利与义务，以及合同解除与终止的时间和条件，任何一方不履行其所承担的义务，都视为违约或者违法。集体合同的作用是调整已经建立的劳动关系，集体合同里约定的主要是企业的义务，企业必须履行；约定的员工义务，基本上属于情理范围。也就是说，即使集体合同里约定的员工的义务没有履行，或职工代表不履行，那么企业也不能诉员工。

(四) 产生的方式不同

劳动合同是双方当事人一旦建立劳动关系，就必须签署的。集体合同是集体协商的双方代表虽然在平等自愿的基础上达成了共识，但还不能签署，因为必须是先制定集体合同的文本，提交职工代表大会，职工代表大会讨论通过了，双方当事人才可以签署。有的企业刚刚建立，企业职工人数不足，则无法签署集体合同。

(五) 效力不同

根据《劳动合同法》第55条的规定，用人单位与劳动者订立的劳动合同中劳动报酬和劳动条件等标准不得低于集体合同规定的标准，即集体合同的效力高于劳动合同。

(六) 发生法律效力的时间不同

劳动合同一经双方当事人签署，就马上产生法律效力。集体合同即使已由职工代表或者工会和企业签署了，也不能马上产生法律效力。只有待报给相关的劳动行政部门，在法律规定的一段时间内，如果劳动行政部门没有对集体合同提出异议，或者没有给企业任何回复，那么在过了法律规定的时间后，集体合同才自然具有法律效力。

(七) 期限不同

按照期限的不同，劳动合同可分为三种：有固定期限的、无固定期限的、以完成一定工作任务为期限的。集体合同只有一种期限，就是有固定期限的，而且时间只能是1～3年。

案例8-1　劳动合同与集体合同的内容不一致，应该如何处理？

案例分析

三、集体合同的分类

集体合同可以按照不同的标准进行分类。

(一) 按其内容可以分为专项集体合同和综合性集体合同

专项集体合同是指用人单位与本单位职工（或者工会代表职工与企业代表组织之间）根据法律、法规、规章的规定，就平等协商的某项内容签订的专项书面协议。

综合性集体合同是指规定多方面劳动标准的集体合同。

用人单位和工会根据本单位劳动关系的实际情况和客观需要，既可以签订综合性集体合同，也可以就劳动关系中比较突出的一项内容签订专项集体合同，以便解决本单位劳动关系中的实际问题。

（二）按照区域和行业可以分为行业性集体合同和区域性集体合同

《劳动合同法》第53条规定："在县级以下区域内，建筑业、采矿业、餐饮服务业等行业可以由工会与企业方面代表订立行业性集体合同，或者订立区域性集体合同。"

行业性集体合同是指在一定的行业内，由行业的工会联合会与相应的企业组织或企业就劳动报酬、工作时间、休息休假、劳动安全卫生、职业培训、保险福利等事项，通过平等协商签订的书面协议。

区域性集体合同是指在一定的区域内，由区域的工会联合会与相应的企业组织或企业就劳动报酬、工作时间、休息休假、劳动安全卫生、职业培训、保险福利等事项，通过平等协商签订的书面协议。

行业性、区域性集体合同对当地本行业、本区域的用人单位和劳动者具有约束力。

四、集体合同的内容

集体合同的内容应当归纳为三个方面：实体性内容、程序性内容、保障性内容。

（一）集体合同的实体性内容

实体性内容涉及劳动者的切身利益，是集体合同的核心。事实上，集体合同的内容比相关法律规定更具体，但是比单个劳动合同更具有原则性和普遍性。

根据《集体合同规定》第8条的规定，集体协商双方可以就下列多项或某项内容进行集体协商，签订集体合同或专项集体合同：(1)劳动报酬；(2)工作时间；(3)休息休假；(4)劳动安全与卫生；(5)补充保险和福利；(6)女职工和未成年工特殊保护；(7)职业技能培训；(8)劳动合同管理；(9)奖惩；(10)裁员；(11)集体合同期限；(12)变更、解除集体合同的程序；(13)履行集体合同发生争议时的协商处理办法；(14)违反集体合同的责任；(15)双方认为应当协商的其他内容。职工一方与用人单位可以就以上规定中的一项或者数项事项订立集体合同。

约定实体性内容时，要注意把握"两个不低于原则"，即集体合同中确定的劳动条件和标准应当明确具体，不得低于国家和地方政府的有关规定；用人单位与职工个人签订的劳动合同中约定的劳动条件和标准，不得低于集体合同的规定。

（二）集体合同的程序性内容

程序性内容包括集体合同主体的确定，集体合同的期限，集体合同变更、解除与终止的条件，集体合同争议处理程序等内容。

集体合同必须是有固定期限的，一般为1～3年，也可以以完成一定目标为限，但其中工资部分应该每年进行协商修订。集体合同期满或双方约定的终止条件出现，集体合同即行终止。

集体合同期满前三个月内，可提出续订或重新签订的要求，除上述情况外，任何组织和个人不得随意变更集体合同。

履行集体合同发生争议时的协商处理办法，包括协商处理争议的参加人员、范围、原则、程序、办法以及申请仲裁的条件等。

（三）集体合同的保障性内容

保障性内容是指保障实体性内容和程序性内容所确定的义务能够顺利实现的条款，包括集体合同的监督检查、集体合同的解释、集体合同争议处理、违约责任等。

五、集体合同的形式

集体合同必须以书面形式签订，属要式合同。根据集体合同内容的不同，其表现形式不同。

【劳动关系管理文书范本 8－1】

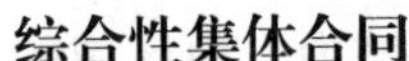

综合性集体合同

【劳动关系管理文书范本 8－2】

专项集体合同

六、集体合同的订立

（一）集体合同的订立原则

进行集体协商，订立集体合同或专项集体合同，应当遵循下列原则。

1. 合法原则

订立集体合同是一种法律行为，必须遵循合法原则。所谓合法，主要包括订立程序合法和合同内容合法两个方面。订立程序合法，是指当事人双方在集体合同平等协商、签字、登记等各个环节上，符合法律有关规定。内容合法，是指集体合同的各项条款，必须符合我国法律、法规的有关规定。

订立集体合同只有遵守合法原则，才能得到国家的认可，集体合同才具有法律效力。这一原则贯穿于平等协商和集体合同运作的全过程，特别是集体合同的各项条款最终能否得到落实，能否有约束力，关键取决于是否有法律的依据和保障。

2. 当事人地位平等原则

相互尊重、平等协商是集体协商的前提。集体合同当事人，无论是公有制企业还是外商投资企业、股份制企业、私营企业，在签订集体合同过程中，都处于平等的地位，而不存在隶属关系。

3. 协商一致原则

集体合同是当事人双方意思表示一致而达成的协议。集体协商的博弈行为是合作博弈。协商是我国处理劳动关系的重要方式，也是签订集体合同的基础。当协商不能取得一致意见时，应申请当地政府组织有关各方协调处理。

4. 当事人义务对等原则

集体合同当事人双方所承担的义务，无论是企业的义务，还是工会及全体职工的义务，都表现为对等原则，即一方在从对方履行的义务中得到利益的同时，必须履行合同规定的义务。

（二）集体合同订立的程序。

此处略，具体内容请详见本模块操作技能。

（三）集体协商过程中的法律问题的处理

1. 企业是否有义务和劳动者组织进行集体谈判

我国《集体合同规定》第 32 条规定："集体协商任何一方均可就签订集体合同或专项集体合同以及相关事宜，以书面形式向对方提出进行集体协商的要求。一方提出进行集体协商要求的，另一方应当在收到集体协商要求之日起 20 日内以书面形式予以回应，无正当理由不得拒绝进行集体协商。"据此，如果企业工会按照《集体合同规定》的要求，提出集体协商的要求，用人单位无正当理由不得拒绝进行集体协商。

2. 如果企业拒绝和劳动者进行集体协商，应该如何处理

《集体合同规定》第 56 条规定："用人单位无正当理由拒绝工会或职工代表提出的集体协商要求的，按照《工会法》及有关法律、法规的规定处理。"根据《工会法》第 53 条的规定，企业违反工会法规定，无正当理由拒绝进行平等协商的，由县级以上人民政府责令改正，依法处理。据此，如企业工会提出进行集体协商的要求被拒绝，工会一方可以向县级以上人民政府反映情况，要求依法处理。

七、集体合同的履行、变更和终止

集体合同的履行是指集体合同生效以后，当事人双方按照合同约定的各项内容，全面完成各自承担的义务，从而使合同的权利义务得以全部实现的行为过程。

在集体合同规定的期限内，合同双方当事人可以对合同履行情况进行检查，对一些不适应形势发展、变化的条款，任何一方当事人均可提出变更的要求，另一方应给予答复，并且双方应在 7 日内进行协商，经协商一致可以变更。具体程序由集体合同约定。

在集体合同期限内，由于签订集体合同时所依据的环境和条件发生变化，致使集体合同难以履行时，任何一方当事人均可提出解除合同的要求，经双方协商一致可以解除或修订集体合同。具体程序由集体合同约定。

集体合同的变更和解除需要具备一定的条件，只有符合这些条件，才可以变更或解除集体合同。一般来讲主要有以下几种情况：

(1) 当事人双方经过协商同意，并且在不因此损害国家利益和社会利益的前提下，可以变更集体合同。

（2）用人单位因被兼并、解散、法定整顿、破产、停产、转产等致使集体合同无法履行的。

（3）由于不可抗力的外因而使集体合同不能履行。

（4）订立集体合同所依据的国家法律、法规和政策发生了变化。

（5）双方约定的变更集体合同的条件出现。

集体合同期限届满或双方约定的终止条件出现，集体合同即行终止。一般有如下情形：

（1）集体合同届满。

（2）集体合同当事人一方不存在。

集体合同终止，必须经过法定的程序。终止后，根据双方当事人的意愿，可由双方代表进行新的集体协商，签订新的集体合同。

【引例分析】本案中，李某与企业签订的劳动合同中虽然没有约定可以享受第13个月的工资，但工会与企业签订的集体合同中规定了第13个月工资的有关内容。根据《劳动法》及《集体合同规定》的有关规定，用人单位与劳动者订立的劳动合同中约定的劳动报酬和劳动条件等标准不得低于集体合同规定的标准，即集体合同的效力高于个人劳动合同。因此，企业应当按照集体合同的规定补发李某年终第13个月的工资。

操作技能

任务　工资集体协商的实务操作

工资集体协商是指职工代表和企业代表依法平等协商，经职工代表大会或者职工大会通过，确定企业内部工资分配制度、工资分配形式、工资收入水平等劳动报酬事项的行为。

工资集体协商的程序如下。

一、确定协商代表的实务操作

集体协商的当事人为员工团体（一般是工会）和用人单位。在进行工资集体谈判时，双方各自选出代表自己的人参与协商谈判。

（一）确定双方参与协商的代表名额及分配

（1）劳资双方的协商代表人数应当对等，每方至少3人，并且各方确定一名首席代表。

（2）职工协商代表和企业协商代表的资格不得交叉或重复。

（二）选举产生协商代表

1. 职工协商代表的产生

根据我国法律规定，只有基层工会委员会才有资格代表员工团体与用人单位签订集体合同。

【劳动关系管理文书范本 8-3】

工资集体协商代表名额分配表

选区	代表数	代表分类			代表结构		
		一线职工	一般管理人员、技术人员	中高级管理人员	工会干部	女职工代表	劳务派遣人员
	合计						

（1）职工协商代表一般可由工会选派，经工会委员会会议、工会会员代表大会或职工代表大会等形式确认；也可以由工会提名候选人，经工会会员代表大会或职工代表大会民主选举产生。

（2）未建立工会的用人单位，由上级工会指导员工推举职工代表，或者由本单位职工民主推荐，并经本单位半数以上职工同意后产生。

（3）工会可书面委托具有一定法律知识和政策水平、具有较丰富的实践经验和较强协商能力的本单位以外的专业人员作为本方协商代表，但委托人数不得超过本方代表的1/3。

【劳动关系管理文书范本 8-4】

工资集体协商职工代表推荐表

<table>
<tr><td>姓　名</td><td></td><td>政治面貌</td><td></td><td rowspan="4">照片</td></tr>
<tr><td>性　别</td><td></td><td>出生年月</td><td></td></tr>
<tr><td>文化程度</td><td></td><td>职　称</td><td></td></tr>
<tr><td>联系电话</td><td></td><td>工作部门</td><td></td></tr>
<tr><td>简历</td><td colspan="4"></td></tr>
<tr><td>职代会
通过情况</td><td colspan="2"></td><td>工会
意见</td><td>盖　章</td></tr>
<tr><td>备　注</td><td colspan="4"></td></tr>
</table>

（4）协商代表更换。工会可以更换职工一方协商代表；未建立工会的，经本单位半数以上职工同意可以更换职工一方的协商代表；遇特殊情况造成职工协商代表空缺的，职工一方应按规定重新选派或推举新的协商代表，及时补上；协商代表因更换、辞任或由于不可抗力等情形造成空缺的，应当在空缺之日起 15 日内产生新的代表。

（5）首席协商代表的产生。职工一方的首席代表由本单位工会主席担任。工会主席可以以书面形式委托其他职工协商代表代理首席代表。工会主席空缺的，由工会主要负责人担任。未建立工会组织的，首席代表从职工协商代表中民主选举产生。首席代表不得由非本单位人员代理。

（6）职工协商代表的权利和义务。职工协商代表的法定权利有：1）参加集体协商视为提供了正常劳动。2）劳动合同期限自动延长至完成职责之时。3）除非出现严重违反劳动纪律或依法制定的规章制度的，严重失职、营私舞弊，对用人单位利益造成重大损害的或被依法追究刑事责任等情形之一，用人单位不得解除其劳动合同。4）无正当理由不得调整其工作岗位。职工协商代表的法定义务有：1）维护正常的生产、工作秩序。2）不得采取威胁、收买、欺骗等行为。3）保守用人单位的商业秘密。

2. 用人单位一方协商代表的产生

用人单位一方的协商代表由本单位法定代表人指派，首席代表由本单位法定代表人担任或由其书面委托的其他管理人员担任；在区域性、行业性的集体合同协商中，协商代表和首席代表由企业推举产生。用人单位一方可以外聘专业人员担任协商代表，但应由首席代表出具书面委托，并且外聘的代表人数不得超过本方代表总数的 1/3。

3. 确定双方协商代表的名单

工资集体协商双方代表名单的格式见劳动关系管理文书范本 8 - 5。

【劳动关系管理文书范本 8 - 5】

工资集体协商双方代表名单

年　月

姓名	性别	年龄	学历	部门及职务	协商任务分工	备注
						工会方首　席代表
						企业方首　席代表

4. 根据需要可以对双方代表进行培训

培训内容包括集体协商的法律知识、协商代表应履行的职责内容以及协商程序、方式方法、注意的问题等。

【劳动关系管理文书范本 8-6】

工资集体协商代表培训记录

培训时间：　　　　　　　　　培训地点：

参加人员：

培训内容：

(1)

(2)

…………

记录（签字）：

附：参加人员签到；培训材料。

5. 协商代表的职责

协商代表应履行的职责有：

(1) 参加集体协商。

(2) 接受本方人员质询，及时向本方人员公布协商情况并征求意见。

(3) 提供与集体协商有关的情况和资料。

(4) 代表本方参加集体协商争议的处理。

(5) 监督集体合同或专项集体合同的履行。

最后，企业应该保存好代表产生的有关资料，包括代表分配表、推荐表、职代会表决情况、双方协商代表名单、代表分工表、培训代表资料等。

二、协商启动的实务操作

(一) 一方提出协商要约

确定完协商代表以后，劳资双方中的任何一方均可就签订集体合同或专项集体合同以及相关事宜，以书面形式向对方提出协商要求。

在有工会的情况下，员工认为需要进行集体谈判时，应当向工会提出，由工会组织员工进行集体协商投票表决，当过半数参与投票的员工表决同意后，由工会代表员工向雇主提出集体协商要约。

在无工会的情况下，员工认为需要进行集体谈判时，应当由提出谈判要求者组织员工进行集体谈判投票表决，取得过半数参与投票的员工表决同意后，可启动集体协商程序，向雇主提出集体协商要约。

【劳动关系管理文书范本 8-7】

工资集体协商要约书

工会或者员工方谈判组织在提出集体协商要约时，应向企业提交工资集体协商意向书或要约书。谈判意向书应当包括协商的时间、协商的地点、协商的主要事项等。

（二）另一方应允协商

收到协商要求的一方应自收到协商要求之日起 20 日内以书面形式回应，无正当理由不得拒绝进行平等协商。

【劳动关系管理文书范本 8-8】

企业方工资集体协商应约书

工会（职工方）：

你会（你方）发出的工资集体协商要约书已收悉，现就相关事项答复如下：

1. 同意要约书中提出的协商时间和地点。
2. 同意要约书中提出的协商内容。
3. 行政方协商代表确定为：首席代表______，其他代表______。
4. 行政方已准备有关材料，届时按规定提交。

以上答复如有异议，请及时沟通。

公司（章）：

企业法人代表（签字）：

年 月 日

三、协商准备阶段的实务操作

（一）协商前收集各种材料

双方协商代表应在协商前进行有关准备工作，比如了解与协商内容有关的情况和资料，见表 8-1。

表 8-1 集体协商准备阶段可以收集的资料

收集资料类型	收集资料范围
外部资料	1. 有关工资集体协商的法律、法规和政策 2. 地方政府发布的有关宏观指导参数，如工资指导线、城镇居民消费价格指数、劳动力市场工资指导价位等 3. 影响工资水平的其他数据，如国家利率、税率和汇率等变动情况；本区周边地区、同行业工资水平
内部资料	1. 上年度企业产品品种、生产总值、劳动生产率、利润总额及本年度预测 2. 职工工资总额及人均工资水平 3. 企业成本费用总额及人工成本总额 4. 职工人数、分类及其变化情况等

（二）征求职工意见

双方协商代表应该及时向本方收集协商意向和对协商问题的意见。

【劳动关系管理文书范本 8－9】

年度工资协商职工征求意见表

提案人姓名		部门及职务	
所提意见建议			
备注			

（三）形成协商草案

协商草案包括以下内容：协商的时间、地点、参加人员等事项；协商议题及其说明；协商的原则和程序；其他需要明确的事项。同时要附上相关的法律、法规和政策规定、信息资料和数据分析，以备协商时查阅。

在制订草案时，要明确协商的目的。为签订综合性集体合同的协商，内容应以确定劳动标准为主；为签订专项集体合同或协议的协商，内容应以专门问题为主；为解决与职工具体利益方面的其他问题而进行的协商，内容应以多数职工最关心、最迫切需要解决的问题为主。

在协商内容上应区分一般和重点，以便在协商过程中把握好轻重缓急，重点问题重点谈，着力解决主要问题。

在明确草案目标时应确定底线和高限。底线是协商中退让的保底线，高限是通过分析测算得出的通过努力所要达到的最大值，以便为职工争取尽可能多的权益。

【劳动关系管理文书范本 8－10】

工资集体协商草案

四、召开协商会议并形成集体合同草案

双方首席协商代表轮流主持协商会议，双方应本着互相尊重、相互理解、积极合作的原则，平等协商、求同存异，就商谈事项充分交换意见，进行充分讨论。集体协商会议一般按下列程序进行：

（1）宣布议程和会议纪律。

（2）一方首席协商代表提出协商的具体内容和要求，另一方首席协商代表就对方要求作出回应。

（3）协商双方就商谈事项发表各自意见，展开充分讨论。

（4）双方首席代表归纳意见。

（5）在平等协商时，双方应指定一名记录员，负责记录协商会议的内容和过程，整理双方协议。记录员不具备协商代表资格。

【劳动关系管理文书范本 8－11】

年度工资集体协商会议记录

协商时间：

协商地点：

企业方协商代表：

职工方协商代表：

主持人：

协商议题：

1.

2.

协商情况及结论记录如下：

记录员（签字）：

企业方首席代表（签字）： 职工方首席代表（签字）：

______年______月______日 ______年______月______日

（6）达成一致的，应当形成集体合同草案，由双方首席代表签字。

协商未达成一致意见或出现事先未预料到的情况时，经双方同意，可以暂时中止协商。协商中止期限最长不得超过 30 天。具体中止期限及下次协商的时间、地点和内容由双方共同商定。

【劳动关系管理文书范本 8－12】

集体合同草案

五、职代会讨论通过

集体合同草案应提交职代会或全体职工讨论。职代会和全体职工讨论草案，应当有 2/3 以上职工代表或职工出席，并经出席的全体职工代表或职工半数以上同意，草案方获通过。

【劳动关系管理文书范本 8－13】

职工代表大会代表名册

姓名	性别	年龄	政治面貌	学历	部门	职务	联系电话

【劳动关系管理文书范本 8－14】

表决票

<table>
<tr><td colspan="3">届　次职工代表大会
《年度工资集体协商协议》表决票</td></tr>
<tr><td>同意</td><td>不同意</td><td>弃权</td></tr>
<tr><td></td><td></td><td></td></tr>
<tr><td colspan="3">填写说明：
1. 请在同意、不同意、弃权栏下方的方框内选择一项打上“√”（选择两项或两项以上的，为无效票；不作选择的，视作弃权票）
2. 表决实行无记名投票方式</td></tr>
</table>

【劳动关系管理文书范本 8－15】

职工代表大会决议

本公司于______年______月______日召开职工（代表）大会。会议应到职工代表______人，实到代表______人，超过全体代表的2/3。……列席了会议。全体与会人员认真听取了《工资集体合同》草案，以及工资集体协商过程的说明，一致认为：《工资集体合同》草案符合公司实际，维护了职工的合法权益。经大会无记名投票表决，______票同意，______票不同意，______票弃权，同意人数超过应到代表的半数以上，本《工资集体合同》草案获得通过。

××公司第　届职工代表大会

年　月　日

六、签订集体合同

集体合同草案经依法讨论通过后，由双方首席代表签字。

集体合同或者专项集体合同的期限一般为1～3年，期满或者双方约定的终止条件出现，自行终止。在期满前3个月内，任何一方均可向对方提出重新签订或者续订的要求。

【劳动关系管理文书范本 8－16】

工资集体合同

七、报送、审查和公布

集体合同签订后，应将合同文本报送劳动行政部门。

劳动行政部门应对报送的集体合同的内容、程序以及双方主体资格等方面进行审查，如果发现有违反法律法规的，可以责令当事人予以修改。如果未提出异议，15 日之后，即第 16 天，集体合同即生效。集体合同生效后，用人单位应将集体合同公示公布。

【劳动关系管理文书范本 8－17】

工资集体合同审查意见书

单位名称（公章）

组织机构代码 7 5 2 2 0 7 8 0 － 5

协商类别：√企业　□行业　□区域

是否首签：√是　□否

协议签订情况	企业方首席代表姓名		职工方首席代表姓名	
	联系人		联系电话	
	基本情况		上年度	本年度协议
	1. 从业人员期末人数（人）		37	
	其中：在岗职工		37	
	2. 从业人员平均人数（人）		37	
	其中：在岗职工		37	
	3. 从业人员劳动报酬总额（万元）		573	
	其中：在岗职工工资总额		573	
	4. 实现利税（万元）		204	
	其中：利润		194	
协议主要内容	√职工工资增幅　√本企业最低工资　最低工资标准：当地最低工资标准 √职工福利待遇　√本企业加班工资　加班工资计算基数：基本工资 □本企业工时制度　□其他 内容说明：			
	□同　意 协议编号 协议期限自　年　月　日至　年　月　日 □不同意 原因：□协议双方的资格　□工资集体协商的程序　□各项具体协议内容 劳动保障行政部门（盖章） 年　月　日			
签收人			签收时间	年　月　日

填表人（签章）：　　填报时间：　年　月　日

经办人（签章）：　　登记时间：　年　月　日

注：表中亏损企业的“利润”栏以负数填列。“增幅”栏可以以负数填列。

模块九

劳务派遣、非全日制用工管理与用工模式的选择

导学

本模块主要介绍劳务派遣基本理论、劳动合同法对劳务派遣制度的规定、非全日制用工的基本理论、不同用工方式的灵活运用和法律风险的防范等知识。

知识要点

1. 了解劳务派遣的基本理论、历史发展以及我国劳务派遣的现状。

2. 熟悉劳务派遣制度的基本内容，掌握劳动合同法关于同工同酬、禁止逆向劳务派遣、用工单位退回权以及用工单位和劳务派遣单位连带责任的规定。

3. 了解非全日制用工的基本制度，理解非全日制用工和全日制用工的区别。

4. 理解不同用工方式的特点，熟悉不同用工方式下的风险防范技巧。

能力目标

1. 熟悉劳务派遣的用工流程，会进行劳务派遣业务的合规操作，包括掌握劳务派遣对象、劳务派遣公司的选择技巧，熟悉劳务派遣业务的办理程序等。

2. 会对劳动合同法框架下的三种用工方式的优缺点进行分析，并能根据情况选择适用不同模式的用工方式。

理论知识

知识单元一　劳务派遣法律制度

引例

肯德基劳务派遣纠纷案

【案情】 1995年，山东农民工徐延格来到北京肯德基公司从事仓储搬运工作，近10年来始终没有签订劳动合同。2004年6月，徐延格与时代桥公司签订了劳动合同，后来才知道成了该公司的派遣工。2005年10月12日，徐延格在一次配货过程中忘记贴标签，肯德基公司便以“违反配货操作规程”为由将其退回时代桥公司。同日，时代桥公司与徐延格解除劳动合同。徐延格认为，自己在肯德基连续工作了近11年，早已经与肯德基之间形成了事实劳动关系，即使解除劳动合同，肯德基也应按相关法律规定支付11年工龄的经济补偿金2万余元，遂在法定期间内向北京市劳动争议仲裁委员会申诉，要求肯德基补发工资和支付经济补偿金。

劳务派遣起源于20世纪的资本主义国家美国，后传至法国、德国等西欧各国和亚洲的日本等国。中国的劳务派遣，最早出现在20世纪80年代末。《中华人民共和国国务院关于管理外国企业常驻代表机构的暂行规定》中，要求外企驻华机构招聘中国员工必须由指定机构统一派遣，这个指定机构就是外企服务中心。无论哪家外企招聘的中国员工，都必须首先与外企服务中心签订劳动合同，存放人事档案，外企服务中心也就成了实际意义上的人才派遣公司。90年代国有企业劳动制度改革中，出现了为安置下岗职工而产生的劳务派遣，可跨地区、跨行业进行。此后数十年时间里，劳务派遣成为一种非正规就业形式，在一些行业和企业中，劳务派遣用工得到了广泛应用。

一、劳务派遣的基本理论

（一）劳务派遣的概念

按字面意义，劳务派遣是指将以活劳动形式提供的某种服务派往某特定目的地。根据《劳动合同法》的规定，劳务派遣是指派遣机构根据用人单位的要求，与用人单位签订派遣协议，将与之建立劳动合同关系的劳动者派往用人单位，劳务派遣劳动者在用人单位的指挥和管理下提供劳动，派遣机构从用人单位获取派遣费，并向劳务派遣劳动者支付劳动报酬的一种特殊劳动关系。对劳动者来说，劳务派遣是一种新型就业方式，区别于传统就业的是，劳动者在一次就业过程中不是只和一个单位而是与两个单位发生关系；对单位来说，劳务派遣是一种新型用工方式，区别于传统用工方式的是，雇工的单位不用工，用工的单位不雇工。

劳务派遣事实上是一种三方法律关系：劳务派遣公司与劳务派遣劳动者是法律上的劳动合同关系；劳务派遣公司与实际用工单位之间是民事关系，双方通过签订劳务派遣协议明确双方权利与义务；实际用工单位与劳务派遣劳动者之间是劳务用工关系，劳务派遣劳动者直接向实际用工单位提供劳务，实际用工单位对劳务派遣劳动者直接进行工作安排和指挥监督。三者之间的关系见图 9-1。

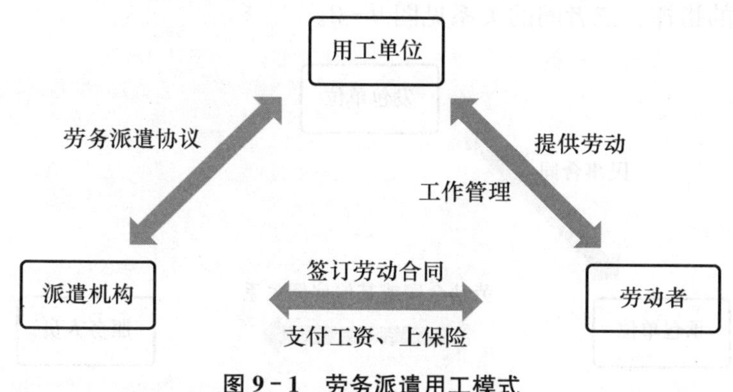

图 9-1　劳务派遣用工模式

（二）劳务派遣与一般劳动关系的区别

作为一种特殊用工方式，劳务派遣与一般劳动关系相区别，主要体现在以下方面。

1. 建立的关系不同

劳动关系是劳动者与用工单位直接建立的一种关系。而劳务派遣人员（劳动者）与用人单位不存在劳动关系，而是与派遣单位建立了劳动关系。

2. 签订合同的主体不同

劳动关系是用人单位与劳动者直接签订劳动合同，而劳务派遣一般是劳务派遣单位与被雇用人签订劳动合同，然后劳务派遣单位再与用工单位签订劳务派遣合同。

3. 支付工资及其他福利的单位不同

劳动者与用工单位建立劳动关系后，按照法律就要享受该单位支付的工资薪金及各项福利待遇。而劳务派遣则是由劳务派遣单位支付或者委托用工单位支付其费用。

4. 期限不同

劳务派遣协议的期限为两年以上固定期限；劳动合同的期限分为固定期限、无固定期限和以完成一定工作为期限，其中固定期限的长短用人单位和劳动者可以自由约定。

5. 解除劳动合同不同

关于用人单位合法解除劳动合同的情形，《劳动合同法》作了相应的规定，其中关于劳务派遣情况下解除劳动合同的特别规定如下：

（1）因劳动者有过错、劳动者患病或者非因工负伤、不胜任工作等原因，用工单位可将劳动者退回劳务派遣单位，由劳务派遣单位依法与劳动者解除劳动合同。

（2）用工单位不得依据《劳动合同法》第 40 条第 3 项“劳动合同订立时所依据的客观情况发生重大变化，致使劳动合同无法履行，经用人单位与劳动者协商，未能就变更劳动合同内容达成协议的”及第 41 条有关经济性裁员的规定来解除劳动合同。

（三）劳务派遣与劳务外包（服务外包）的区别

劳务派遣也不同于劳务外包。劳务外包是指企业将部分业务或职能工作内容发包给相关的机构，由其自行安排人员按照企业的要求完成相应的业务或职能工作内容。劳务外包不是用工形式，它的法律性质是合同法规定的"承揽"。劳务外包也要使用劳动者，因此在形式上也体现为一种三方关系：承包单位与服务人员之间是劳动合同关系或其他雇佣关系；承包单位与发包单位是民事合同关系；发包单位与服务人员之间无直接关系，在具体的外包业务完成过程中，发包单位只是根据服务项目的具体工作要求，通过承包单位对服务人员进行间接的指挥。三者间的关系见图 9-2。

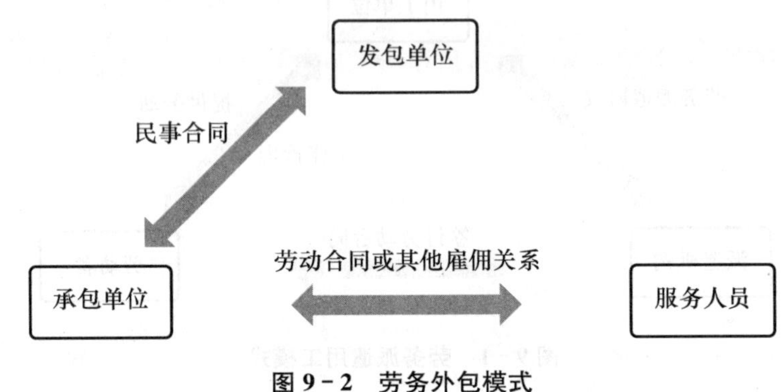

图 9-2 劳务外包模式

劳务外包与劳务派遣的形式有共同之处，即用工单位或发包单位都不与劳动者签订劳动合同。但两者有着本质上的区别，具体见表 9-1。

表 9-1 劳务派遣与劳务外包的区别

不同点	劳务派遣	劳务外包
适用的法律不同	劳动合同法	合同法
应用的业务领域不同	可以是企业的非核心业务领域，也可以是核心业务领域，这些业务由于各种原因需要企业直接对工作人员进行工作安排和工作过程中的指挥监督，而不能或不便由第三方代为行使	企业的非核心业务领域，如行政后勤、运输物流、日常客户服务、基础性生产制造等，这些业务领域无须发包方对工作过程进行直接管理和监控
合同形式不同	劳务派遣协议	服务外包协议、承揽合同、委托加工合同、技术开发合同等
与劳务提供方的关系不同	用工单位与劳务派遣劳动者之间存在劳务用工关系	发包方与服务人员无直接关系
劳务承包单位的资质要求不同	必须是严格按照劳动合同法以及公司法的有关规定设立的派遣公司，取得劳务派遣经营许可证	可以是个人，也可以是法人或其他实体；不需要国家机关特别的行政许可
劳动者管理的责任主体不同	实际用工单位直接给劳务派遣劳动者分配工作任务，并监督指挥其完成工作任务	发包企业对劳务承包单位的员工不进行直接管理，其工作组织形式和工作时间安排由劳务承包单位自己确定
合同标的不同	按照派遣的时间和费用标准，根据约定派遣的人数结算费用，向劳务派遣公司支付管理费，其合同标的一般是"人"	其合同标的一般是"事"。发包方根据外包业务的完成情况向承包方支付外包服务费

续前表

不同点	劳务派遣	劳务外包
法律责任不同	给被派遣劳动者造成损害的，劳务派遣单位与用工单位按劳动合同法承担连带赔偿责任	劳务发包单位对劳务承包单位的员工不承担任何责任。劳务承包单位与外包单位之间的法律关系适用平等主体的民事责任的有关规定
对外损害赔偿的责任承担不同	劳动者在工作中给第三方造成损害，实际用工单位作为实际用工方，需向第三方承担赔偿责任	服务人员在工作中给第三方造成损害，承包单位作为实际用工方，需向第三方承担赔偿责任，发包方无须承担任何责任

二、劳动合同法对劳务派遣制度的规定

劳务派遣作为一种用工形式，在得到广泛应用的同时，也出现了派遣单位经营不规范、同工不同酬、参与企业民主管理和参加工会组织等权利得不到很好落实、被派遣劳动者的合法权益得不到有效保障等问题。2007 年出台的《劳动合同法》第 5 章第 2 节用了 11 个条款，从法律上严格规范劳务派遣用工。2012 年，我国修正了《劳动合同法》，对劳务派遣公司的经营情况和派遣情况进行了更加严格的监管，以杜绝不正规的劳务派遣公司的出现导致的劳动力市场混乱等问题。

（一）适用范围

《劳动合同法》第 66 条规定："劳动合同用工是我国的企业基本用工形式。劳务派遣用工是补充形式，只能在临时性、辅助性或者替代性的工作岗位上实施。"

（二）用工数量限制

为防止滥用劳务派遣用工，《劳动合同法》还规定，用工单位应当严格控制劳务派遣用工数量，不得超过其用工总量的一定比例，具体比例由国务院劳动行政部门规定。根据国务院《劳务派遣暂行规定》，用工单位应当严格控制劳务派遣用工数量，使用的被派遣劳动者数量不得超过其用工总量的 10%。

（三）同工同酬要求

根据《劳动合同法》第 63 条的规定，被派遣劳动者享有与用工单位的劳动者同工同酬的权利。用工单位应当按照同工同酬原则，对被派遣劳动者与本单位同类岗位的劳动者实行相同的劳动报酬分配办法。用工单位无同类岗位劳动者的，参照用工单位所在地相同或者相近岗位劳动者的劳动报酬确定。

（四）劳务派遣单位的法定要求

2007 年出台的《劳动合同法》规定对设立劳务派遣单位实行行政许可。其中第 57 条规定了劳务派遣机构的设立要求："劳务派遣单位应当依照公司法的有关规定设立，注册资本不得少于五十万元。"2012 年《劳动合同法》修正，进一步提高了注册资本要求，由不得少于人民币 50 万元提高到不得少于人民币 200 万元，并规定经营劳务派遣业务，应当向劳动行政部门依法申请行政许可，并对取得许可的其他条件作了进一步明确：（1）有与劳务工签订两年以上的劳动合同；（2）申请公司的股东人数不得低于 2 人，并且出资情况不得低于最低限额；（3）申请公司有开办劳务派遣公司的可行性报告和实施报告；（4）有与

开展业务相适应的固定的经营场所和设施；（5）有符合法律、行政法规规定的劳务派遣管理制度等。

（五）劳务派遣各方主体的权利义务

1. 劳务派遣单位的权利义务

（1）劳务派遣单位的权利：

1）根据用工单位的要求，自主决定录用劳动者的条件、方式及人数等。

2）决定劳动者的内部调配、日常管理等。

3）决定劳动者的薪酬。

4）决定对违纪员工的处理。

5）法律规定劳务派遣单位享有的其他权利。

（2）劳务派遣单位的义务：

《劳动合同法》第 58 条至第 61 条对劳务派遣单位应当履行的义务作了明确规定：

1）与劳动者签订 2 年以上固定期限或无固定期限劳动合同。

2）告知劳动者劳务派遣协议的内容以及被派遣岗位的工作内容、条件、地点、职业危害等事项。

3）不得扣押被派遣劳动者的证件和财物，也不得向其收取任何费用。

4）向被派遣劳动者足额支付劳动报酬，缴纳各项社会保险费，被派遣劳动者在无工作期间，劳务派遣单位应当按照当地政府规定的最低工资标准，向其按月支付报酬。

5）法律规定劳务派遣单位负有的其他义务。

案例 9－1　派遣员工发生工伤，工伤保险由谁承担？	案例分析

2. 用工单位的权利义务

（1）用工单位的权利：

1）根据劳务派遣协议的规定，要求劳务派遣单位提供合适的劳动者。

2）根据劳务派遣协议的规定和本单位的规章制度，对被派遣劳动者进行用工管理。

3）根据法律规定和劳务派遣协议的约定，将不胜任工作或违纪的员工退回劳务派遣单位。

4）法律规定用工单位享有的其他权利。

（2）用工单位的义务：

1）执行国家劳动标准，提供相应的劳动条件和劳动保护。

2）告知被派遣劳动者工作要求和劳动报酬。

3）支付加班费、绩效奖金，提供与工作岗位相关的福利待遇。

4）对在岗被派遣劳动者进行工作岗位所必需的培训。

案例 9-2　用工单位有权随时将被派遣的员工退回的约定有效吗？	案例分析

5）连续用工的，实行正常的工资调整机制。

6）根据劳务派遣协议的规定，向劳务派遣单位支付服务费用。

7）法律规定用工单位负有的其他义务。

3. 被派遣劳动者的权利义务

（1）被派遣劳动者的权利：

1）享有与劳务派遣单位签订劳动合同、领取劳动报酬、参加社会保险等劳动合同法所规定的劳动者的基本权利。

2）享有对劳务派遣协议及工作待遇的知情权。

3）享有与用工单位的劳动者同工同酬的权利。

4）有权在劳务派遣单位或者用工单位参加或组织工会。

5）获得劳动保护和接受岗位培训的权利。

6）法律规定劳动者享有的其他权利。

（2）被派遣劳动者的义务：

1）自觉遵守劳务派遣单位和用工单位的各项规章制度，按照要求提供劳动。

2）服从用工单位的日常管理。

3）认真完成用工单位指定的各项工作任务。

4）法律规定劳动者负有的其他义务。

（六）劳务派遣单位违法劳务派遣的法律责任

劳务派遣单位应当按照《劳动合同法》第 58 条至第 61 条的规定履行自己应尽的义务。如果劳务派遣单位违反了相关规定，应当承担相应的法律责任。

1. 劳务派遣单位违法劳务派遣的行为表现

在实务中，劳务派遣单位主要有以下五种违法行为表现：

（1）没有和被派遣劳动者签订劳动合同。

（2）同工不同酬，用人单位随意辞退劳动者。

（3）派遣单位漏缴、少缴甚至截留劳动者的社会保险费用。

（4）劳动者的考勤制度、工资清单不完善。

（5）派遣单位和用人单位恶意规避相关法律，如逆向劳务派遣。

【拓展阅读】

逆向劳务派遣

“逆向劳务派遣”又称“逆向派遣”，这是对劳务派遣进行规避的一种形象说法，而非正式的法律术语。全国总工会法律工作部部长刘继臣说："逆向派遣，即与本单位部分或者大部分职工解除劳动合同后，让这些解除劳动合同的职工再与本单位指定的某一劳务派遣机构重新订立劳动合同，然后由该派遣机构将这些职工再派回本单位继续工作。"《劳动合同法》第 67 条规定："用人单位不得设立劳务派遣单位向本单位或者所属单位派遣劳动者。"禁止用人单位实施"逆向派遣"。

2. 劳务派遣单位违法劳务派遣应当承担的法律责任

《劳动合同法》第 92 条对劳务派遣单位承担的法律责任进行了规定：劳务派遣单位违反该法规定的，由劳动行政部门和其他有关主管部门责令改正；情节严重的，以每人 5 000 元以上 10 000 元以下的标准处以罚款，并由工商行政管理部门吊销营业执照；给被派遣劳动者造成损害的，劳务派遣单位与用工单位承担连带赔偿责任。据此规定，劳务派遣单位违反劳动合同法规定应承担的法律责任主要包括行政责任和民事责任。

（1）行政责任。

根据劳务派遣单位行政违法行为情节的轻重，其应当承担的行政法律责任分为两种：第一种，对一般的违反该法规定的行政违法行为，由主管部门责令改正。劳务派遣单位有一部分是由劳动行政部门审批，一部分是由人事部门审批，因此对劳务派遣单位的监管，应由对其进行审批的劳动行政部门或者人事部门进行。第二种，对情节严重的行政违法行为，由主管部门处以罚款，并由工商行政管理部门吊销营业执照。

（2）民事责任。

法律规定被派遣劳动者权益受到损害的，由劳务派遣单位和用工单位承担连带赔偿责任。

【引例分析】该案发生在 2005 年，是一起在规范劳务派遣的立法缺失的情况下，用人单位劳务派遣被滥用的典型案例。按照 2008 年通过的《劳动合同法》的规定，"劳务派遣"涉及派遣单位、用工单位以及派遣劳动者三方之间的关系。在这个三角关系中，劳动者与派遣单位成立劳动关系在先，劳动者被派遣单位派到用工单位在后。本案中用人单位与劳动者签订劳动合同或者存在事实劳动关系，而用工单位却找来劳务派遣单位签合同，从而将责任转嫁给派遣单位，变成与劳动者没有劳动关系的第三方。这并不是真正的劳务派遣，而是一种借用劳务派遣的名义逃避法律责任的"反向劳务派遣"。但是在当年，关于劳务派遣的立法缺失，使劳务派遣成了用工单位逃避责任的"避风港"。该案的发生直接影响到我国劳动合同法的立法。

知识单元二　非全日制用工法律制度

引例

企业能否安排非全日制员工加班？

【案情】2008 年 3 月 11 日，小王进入上海 A 宾馆负责前台工作，工作时间为晚上 21

点至早晨7点，每月工资为900元。工作至2009年4月10日，小王从朋友处得知，2008年上海市月最低工资是960元，其工资还不足最低工资，遂向单位提出要求补发工资差额，同时他认为自己每天工作10个小时，超过了标准工作时间8小时，属于超时加班，所以还要求单位补发2008年3月至今的加班费。A宾馆则称，小王是在晚上上班，是非全日制员工，其工资不适用最低工资标准，同时也不存在加班。

一、非全日制用工的概念

《劳动合同法》第68条规定："非全日制用工，是指以小时计酬为主，劳动者在同一用人单位一般平均每日工作时间不超过四小时，每周工作时间累计不超过二十四小时的用工形式。"非全日制用工具有约定方便，形式灵活以及随时可以解除合同等特点，有利于企业对员工的灵活管理和降低用工成本，也有利于劳动者自主就业，客观上促进了社会就业。

【拓展阅读】

小时工、钟点工≠非全日制用工

非全日制用工和我们俗称的小时工或者钟点工的相同之处在于都是采用小时计酬的方式，但并不是所有的小时工或者钟点工都是非全日制用工，非全日制用工除要求以小时方式计酬外，还要求一般平均每日工作时间不超过4小时，每周工作时间累计不超过24小时。也就是说，小时工或者钟点工虽然以小时方式计酬，但是每周的工作时间大大超过了规定时间的话，同样属于全日制用工，应享受全日制用工的相关待遇。

二、非全日制用工的劳动合同

《劳动合同法》第69条规定："非全日制用工双方当事人可以订立口头协议。从事非全日制用工的劳动者可以与一个或者一个以上用人单位订立劳动合同；但是，后订立的劳动合同不得影响先订立的劳动合同的履行。"由此，非全日制劳动合同具有以下特点。

（一）允许订立口头协议

全日制用工必须订立书面劳动合同。而非全日制用工，当事人之间可以不以书面形式订立劳动合同，双方的权利义务可以口头约定。

（二）允许非全日制员工与多个用人单位订立劳动合同

这是由非全日制用工本身的弹性和非全时的特点决定的。存在多个非全日制用工的劳动合同的，后订立的劳动合同不得影响先订立的劳动合同的履行。

三、非全日制用工的工资计算方法

《劳动合同法》第72条规定："非全日制用工小时计酬标准不得低于用人单位所在地人民政府规定的最低小时工资标准。非全日制用工劳动报酬结算支付周期最长不得超过十五日。"除此之外，用人单位也必须以货币形式向劳动者定期支付工资。

四、非全日制用工与全日制用工的区别

（一）工作时间不同

全日制用工实行每天工作不超过 8 小时，每周不超过 40 小时的标准工时的工时制度。

非全日制用工的工作时间一般为每天不超过 4 小时，每周工作时间不超过 24 小时。非全日制用工在每周 24 小时的总的工作时间内，具体工作安排由用人单位自主决定。

（二）劳动合同的形式不同

全日制用工双方必须以书面劳动合同建立劳动关系。

非全日制用工双方既可以签订书面劳动合同，也可以订立口头协议。这一特点也大大体现了非全日制用工的灵活性，双方完全可以通过口头约定的方式明确各自的权利和义务，以诚实信用为准则，严格遵守双方的约定。

（三）是否可以约定试用期的规定不同

全日制员工与企业之间可以根据劳动合同期限的长短约定试用期，即劳动合同期限 3 个月以上不满 1 年的，试用期不得超过 1 个月；劳动合同期限 1 年以上不满 3 年的，试用期不得超过 2 个月；3 年以上固定期限和无固定期限的劳动合同，试用期不得超过 6 个月。

非全日制用工，双方当事人不得约定试用期。禁止双方约定试用期既符合灵活用工的要求，也体现了法律对非全日制职工的保护。

（四）劳动关系的管理不同

全日制用工劳动者通常情况下只能与一家用人单位建立劳动关系；非全日制员工则在这方面具有更大的弹性，劳动者可以与一个甚至多个用人单位订立劳动合同，建立劳动关系，但前提是，后订立的劳动合同不影响先订立的劳动合同的履行。

（五）社会保险缴纳方式不同

全日制职工社会保险须由用人单位向社会保险经办机构办理缴纳手续，职工应承担的费用，由用人单位从其工资中代扣代缴；非全日制用工职工的社会保险须由个人向社会保险经办机构办理手续，用人单位应承担相应的费用，在支付工资时一并支付给个人。

（六）解除劳动关系是否支付经济补偿金的规定不同

全日制用工，按照现行法律法规的规定，用人单位以劳动者不能胜任工作、医疗期满不能工作、客观情况发生重大变化等为由解除劳动合同的，应该向劳动者支付经济补偿金。

对于非全日制用工员工而言，无论企业以什么理由与其解除劳动关系，均无须支付经济补偿金。但是有约定的，从其约定。

（七）终止用工的规定不同

全日制用工模式下，无论是劳动者还是用人单位，在合同履行期间如果想要提前终止用工，都需要严格遵守法律规定的条件及程序，如果没有按照法律规定履行，给对方造成损失的，应当承担赔偿责任。非全日制用工则不同，双方任何一方都可以随时通知对方终止用工，而不需要遵守任何法定条件或程序。这样企业和劳动者均获得了极高的自主权，只要有一方想要结束用工，均有权随时终止。

（八）工资计算周期不同

全日制用工一般按日计薪，工资不得低于月最低工资标准。非全日制用工则是以小时计酬，其工资不得低于用人单位所在地人民政府规定的最低小时工资标准；工资结算支付的周期通常最长也不超过 15 天。

（九）享受带薪年休假的规定不同

全日制用工劳动者按照《职工带薪年休假条例》及《企业职工带薪年休假实施办法》的规定，享受带薪年休假；非全日制用工劳动者，国家对其带薪年休假目前并没有明确的法律规定，各地对此有不同的规定。

【拓展阅读】

各地关于非全日制用工劳动者是否享受年休假的规定

上海：根据上海市劳动争议有关指导意见，上海非全日制工作人员原则上不适用年休假办法，但双方另有约定的，从其约定。

广东：《关于广东省企业贯彻实施职工带薪年休假制度的若干意见》（粤劳社发〔2009〕7号）第10条规定："非全日制职工不享受年休假。"

（十）是否需要支付加班工资的规定不同

全日制用工劳动者加班的，用人单位需要按照规定支付加班工资或调休。

非全日制用工劳动者工作超过每日工时限制及加班问题的处理如下：

(1) 非全日制用工劳动者工作超过工时限制的处理：劳动合同法对此并没有明确的规定，但有些地方规定对于超过工时限制的，视为全日制用工。如《北京市非全日制就业管理若干问题的通知》规定："劳动者在同一用人单位每日工作时间超过四小时的视为全日制从业人员"。

(2) 非全日制用工劳动者加班问题的处理：非全日制用工不存在工作日和休息日的区别，因此不存在延长工作时间或者休息日安排工作的情形，不存在支付休息日加班工资的问题。

(3) 非全日制用工在法定节假日加班是否需要支付加班费的处理：非全日制用工劳动者在法定节假日加班是否需要支付加班费，国家法律暂无明文规定，而各地地方性法规却各有不同。

【拓展阅读】

各地关于非全日制用工加班问题的规定

深圳市劳动和社会保障局印发的《关于非全日制用工的若干规定》第 11 条规定："用人单位在法定休假日安排非全日制劳动者工作的，应当按照不低于劳动者本人标准工资的300%支付工资。"

上海对于非全日制用工劳动者在法定节假日加班是否需要支付加班费，目前并没有明确的规定。但根据仲裁实践经验，建议按照300%的标准支付劳动报酬。

（十一）是否享受医疗期待遇不同

我国劳动法律法规所规定的医疗期、带薪年休假、经济补偿金、社会保险等待遇，主要针对的是全日制员工。对于非全日制员工，法律没有明确规定。由于工作时间的特殊性，原则上，非全日制员工不能享受全日制员工的相关待遇，但用人单位和劳动者可以对前述待遇进行书面约定。

（十二）是否计算工龄不同

按照人力资源和社会保障部办公厅《关于〈企业职工带薪年休假实施办法〉有关问题的复函》（人社厅函〔2009〕149 号）的规定，工龄主要包括职工在机关、团体、企业、事业单位、民办非企业单位、有雇工的个体工商户等单位从事全日制工作的期间，以及依法服兵役和其他按照国家法律、行政法规和国务院规定可以计算为工龄的期间。工龄计算主要是针对全日制工作期间，非全日制用工不存在工龄计算问题。

【拓展阅读】

各地关于非全日制用工劳动者是否享有医疗期待遇问题的规定

《上海市劳动合同条例》第 53 条规定：“本条例第二章、第三章、第四章中的规定，不适用于非全日制的劳动合同，但第八条、第二十条和第二十一条除外。”可见，在上海市，非全日制员工不享有医疗期的待遇。

《江苏省劳动合同条例》第 41 条规定：“非全日制用工不适用带薪年休假、加班加点、医疗期等规定。用人单位和劳动者另有约定的除外。”可见江苏省的非全日制员工也不享有医疗期的待遇。

（十三）是否享受社会保险待遇不同

非全日制员工，企业可以约定在小时薪资内包含基本养老保险和基本医疗保险的费用。但企业应该依法为非全日制员工缴纳工伤保险。非全日制员工发生工伤的，依法享受工伤保险待遇；被鉴定为五至十级伤残的，经与企业协商一致，可以一次性结算伤残待遇及有关费用。

【拓展阅读】

用人单位是否应当为非全日制劳动者缴纳社会保险，劳动者是否享受社会保险待遇？

《劳动和社会保障部关于非全日制用工若干问题的意见》（劳社部发〔2003〕12 号）第 10 条规定：“从事非全日制工作的劳动者应当参加基本养老保险，原则上参照个体工商户的参保办法执行。”第 11 条规定：“从事非全日制工作的劳动者可以以个人身份参加基本医疗保险，并按照待遇水平和缴费水平挂钩的原则，享受相应的基本医疗保险待遇。”第 12 条规定：“用人单位应当按照国家有关规定为建立劳动关系的非全日制劳动者缴纳工伤保险费。”

由此可见，非全日制劳动者的养老保险、医疗保险由劳动者自行缴纳，养老保险参照个体工商户的参保办法执行。而为非全日制职工缴纳工伤保险费是法律的强制性规定，如果发生工伤，而公司未按规定为员工缴纳工伤保险费，用人单位需要承担《工伤保险条例》规定的相关费用。

操作技能

任务一　用工单位劳务派遣实务操作及用工风险防范

劳务派遣作为一种“招人不用人”“用人不招人”的招聘与用人相分离的用工模式，有助于用工单位转移用工风险、降低用人成本，因此，很多用工单位愿意选择这种用工方式。但是，用工单位与劳务派遣公司在劳务派遣合作中难免会碰到一些问题，用工单位在选择劳务派遣对象、劳务派遣单位，以及劳务派遣过程实施等方面应当慎之又慎，应做到严格监控，从而最大限度地提高用工效率，降低用工风险，以达到企业利益的最大化。

一、劳务派遣对象的选择技巧

对于一个企业来说，与哪种类型的员工建立劳动关系，与哪种类型的员工建立劳务派遣关系，是其在选择劳务派遣这一用工模式时必须首先要考虑的问题。因为虽然劳务派遣可以降低企业的用工风险，但也造成了企业对派遣员工的难以管理以及人员的流动性，不利于企业商业秘密的保护，故在使用派遣员工时应当注意派遣对象的选择。

（一）可以选择基层且培训成本低的人员予以派遣

企业可以选择基层而且培训成本低的人员的进行派遣，对于需要竞业限制、保密的岗位，出于保护商业秘密的目的尽量不要采取劳务派遣的方式。

（二）可以选择新进人员予以派遣

对于新进人员，企业一般需要较多的时间予以考察培养，以确定其是否符合企业的文化，是否适合在企业长期发展。由于企业与员工签订两次固定期限合同后续订就必须签订无固定期限合同，可能还不足以对新进人员予以充分考察。所以企业可以先通过派遣使用新进人员，待其充分融入企业文化、具有不可替代性后，再与其签订劳动合同，建立劳动关系。

二、劳务派遣单位的选择技巧

对于用工单位来说，选择合法、具备服务资质和较强服务能力的劳务派遣单位，是有效防范法律风险的重要措施。在选择劳务派遣单位时，要注意以下几点要求：

（一）审查劳务派遣单位的资质

劳务派遣单位是否合法，是否具备服务资质，是选择劳务派遣公司时必须考量的关键因素。要注意《劳动合同法》对资质合法的注册资本要求。可以通过审查其营业执照等资质证书经营范围中是否有派遣服务的内容、注册资金是否等于或超过 200 万元，来确认其是否有合法资质。

（二）评估劳务派遣单位的服务能力

对于劳务派遣单位的服务能力，企业可以从以下几个方面来评估：服务网络覆盖的范围、服务规模的大小、服务水平的高低、服务品牌的知名度。与规模较小、抗风险能力差的派遣服务机构签订派遣协议时，可以要求对方提供担保。

三、劳务派遣过程的风险控制

（一）劳动合同风险控制

企业要着重检查派遣服务机构是否与派遣员工签订了劳动合同，检查与派遣员工签订劳动合同的主体和与企业签订派遣协议的派遣服务机构主体二者是否一致。

（二）劳务派遣服务内容的风险控制

企业在使用劳务派遣时，要向劳务派遣单位支付派遣员工的工资、社会保险等费用，企业在支付这些费用后，要督促派遣服务机构及时为派遣员工办理社会保险和按有关约定支付工资。

（三）劳务派遣过程中的商业秘密保护

由于企业采取劳务派遣形式，企业的工资信息、员工信息、部分商业信息等会被派遣服务机构或派遣员工掌握。如果这些信息是涉及保密的，应该在企业与派遣服务机构、企业与派遣员工、派遣服务机构与派遣员工之间进行约定，既可以在服务协议、劳动合同中约定，也可以就此单独签订保密协议。

四、劳务派遣员工日常管理风险防范要点

劳动法对劳务派遣机构、劳务派遣员工及用工单位的权利义务仅作了原则性的规定，具体的分工还需要通过派遣协议予以明确。派遣员工的工资支付、派遣协议的签订以及规章制度等方面的问题，需要具体问题具体分析。

（一）工资的支付

工资的发放形式是认定事实劳动关系的要件之一，《劳动合同法》明确规定，由派遣服务机构向派遣员工发放工资。用工单位应杜绝直接向派遣员工发放工资的行为的发生。用工单位将工资支付给派遣服务机构，而派遣服务机构不依法发放工资，一旦发生纠纷，派遣员工又来找用工单位怎么办？建议从以下几个方面来防范：

(1) 在派遣协议中明确约定派遣服务机构发放工资的日期，并规定未经用工单位同意，派遣服务机构不得以任何名目拖欠、克扣派遣员工的工资。

(2) 用工单位本身应注意及时向派遣服务机构支付相关的服务费用，以避免不必要的法律风险。

（二）劳务派遣协议的签订技巧

劳务派遣协议是用工单位和劳务派遣单位民事合作法律关系的凭证，是双方管理派遣员工的重要依据。实际用工单位在签订派遣协议时应当注意以下几个方面的问题：

(1) 明确约定派遣机构及时与派遣员工签订劳动合同的义务，防范劳务派遣单位不与派遣员工签订劳动合同的风险。

(2) 明确约定工伤事故、劳动纠纷如何处理，费用如何分担。尤其是应当约定，对于派遣员工工伤事故用工伤保险支付后不足的费用，双方采取何种比例的费用分担模式。

(3) 明确约定劳务派遣单位承担其没有依法缴纳社会保险的法律责任，防止劳务派遣单位不缴、漏缴社会保险费。

(4) 明确约定劳务派遣单位发放工资的日期，并规定未经用工单位同意，劳务派遣单

位不得以任何名目拖欠、克扣派遣员工的工资。

(5) 明确约定劳务派遣单位违约应承担所有损失且用工单位有权解约。

(6) 明确约定派遣员工应当遵守用工单位的规章制度，接受用工单位的管理。

(7) 明确约定在哪些情形下可以退回派遣员工，对于用工单位不再需要的人员，用工单位可以根据派遣协议的约定退回，劳务派遣单位可以另行派遣或依法终止、解除劳动合同。这里要注意的是，此种情形下有可能产生经济补偿金，对于该经济补偿金的支付，用工单位应当在派遣协议中约定具体的分担比例。

【劳动关系管理文书范本 9-1】

任务二 不同用工方式的选择运用和法律风险的防范

一、用工形式及分类

从法律性质上来区分，企业对劳动力的使用模式通常有两大类：建立劳动关系的用工模式和建立劳务关系的用工模式。其中前者是企业与劳动者建立劳动法意义上的劳动关系，包括全日制用工和非全日制用工两种方式。后者是用人单位通过与平等民事主体签订协议的方式来实现劳动力的使用，实践中比较有代表性的有劳务派遣、业务外包、退休返聘等用工方式。在校大学生勤工俭学为企业工作的，与企业建立的也是民事劳务关系。

(一) 建立劳动关系的用工模式

1. 全日制用工

全日制用工即普通劳动合同方式。按照《劳动合同法》的规定，用人单位自用工之日起即与劳动者建立劳动关系，并应当订立书面劳动合同，形成标准的劳动关系。实施8小时全日制劳动；劳动者服从单一用人单位的指挥；实行最低工资标准、基本的社会保险、加班加点、休息休假等一系列制度。在这样标准的劳动关系当中，劳动者隶属于用人单位，与用人单位签订劳动合同，在用人单位的直接指挥以及监督下从事职业化的劳动，企业对劳动者进行全过程的组织和管理。用人单位需要建立从劳动者入职到离职的一系列制度体系。

2. 非全日制用工

非全日制用工是指以小时计酬为主，劳动者在同一用人单位一般平均每日工作不超过4小时，每周工作时间累计不超过24小时的用工形式。在此种用工形式下，用人单位可与劳动者签订口头协议，可随时通知对方终止用工而无须支付经济补偿金，但不得约定试用期，劳动报酬结算周期不得超过15日，并应当按照国家有关规定为劳动者缴纳工伤保险费。在加班费问题上，劳动者除在法定节假日工作以外，不享受加班工资待遇。

（二）民事劳务关系的用工模式

1. 劳务派遣用工

在劳务派遣用工模式下，派遣单位是用人单位，履行用人单位对劳动者的义务，与被派遣劳动者订立劳动合同，按月支付劳动报酬；被派遣劳动者在无工作期间，劳务派遣单位应当按照所在地人民政府规定的最低工资标准，向其按月支付报酬。用工单位只需同劳务派遣单位订立劳务派遣协议，履行法律规定的义务，即可获得被派遣劳动者提供的劳务，并且因为用工单位非劳动者的用人单位，无须为季节性辞工支付大量的经济补偿金。

2. 退休返聘用工

用人单位可与退休人员签订劳务协议，由于双方不存在劳动关系，故用人单位无须为聘用的退休人员缴纳社会保险，在工资方面执行双方的约定即可，并不受限于最低工资标准（最低工资标准针对的是劳动关系）。

3. 实习生用工

一般来讲，企业使用实习生，与其建立的是民事关系，但特殊情形下需要缴纳养老保险，即用人单位确以培训、实习、协作名义使用外省市各类中专、职（技）校的学生，须按照规定报市劳动保障局审核批准；所用人员均视为流入劳动力，双方必须签订劳动合同，并由用人单位缴纳养老保险费。

二、不同用工方式的优劣势分析

（一）全日制用工的优缺点分析

《劳动合同法》对全日制用工方式进行了全面系统的规定。采用这种方式用工，劳动关系规范化、标准化，并具有稳定性和持久性，对企业培养人才、长远发展、调动员工积极性、形成企业凝聚力有利，对劳动者而言具有保障性、稳定性，对发挥和提升个人能力有益。

但我国《劳动合同法》对全日制用工模式下的劳动者进行特殊保护，在此模式下，企业需要为劳动合同员工支付工资、社会保险、各种福利、招聘费用、培训费用及解除或终止劳动关系所产生的经济补偿金等，人力成本居高不下；用人单位辞退员工的条件更为严格，程序更为复杂，违法辞退的成本要翻倍。与员工协商解约处理不当，容易导致劳动纠纷事件的发生。

（二）非全日制用工的优缺点

非全日制用工是在就业形势发生巨大变化，产业结构调整导致就业压力日益严峻形势下产生的一种灵活就业方式。对于非全日制用工的员工，企业可以不签订书面劳动合同，也只需要缴纳工伤保险费用，其用工成本比全日制用工低廉，而且企业可以随时终止非全日制用工，不需要有任何条件和理由，而且还不用支付补偿金。这种用工具有成本低廉和用工灵活性高的优点，受到了企业的认可。但这种用工的缺点也是非常突出的，包括劳动者的工作稳定性比较差、劳动者缺乏归属感、易侵害企业的商业秘密。

（三）劳务派遣用工的优缺点

劳务派遣用工相对于全日制用工有着一定的优势：它有利于降低成本和规避法律风险；劳务派遣单位承担一些工资发放、社会保险、档案管理等人事行政工作，有利于企业从烦琐的事务性工作中解放出来，专心从事生产经营与事业发展。但劳务派遣用工也有自己的弊端，比如受派遣员工缺少安全感和归属感，人员流失率高。企业按需用人，一旦需要减员，劳务派遣员工肯定首当其冲，而且派遣期限一般也都是短期，因此受派遣员工在岗位上往往不会全身心投入。

三、不同用工方式的灵活选择和风险防范策略

全日制用工、非全日制用工、劳务派遣用工是现在三大用工模式。如何在合法性的基础上完成这三种用工方式的灵活适用和人力成本的节约是非常重要的问题。

（一）从成本的角度，选择不同用工方式的策略

全日制用工用人单位需要按照国家法律规定缴纳社会保险；无须缴纳社会保险的用工方式是退休返聘；只需缴纳工伤保险的用工方式是非全日制用工。

全日制用工模式下，用人单位非过错性解除劳动合同，应当向劳动者支付经济补偿金；无须支付经济补偿金的用工方式是退休返聘和非全日制用工。

（二）从岗位类型的角度，选择不同用工方式的策略

关键岗位、一线岗位只能选择使用全日制的用工方式，否则企业的产品质量很难得到保证，生产经营很难保证正常运行。临时性的工作岗位、辅助性的工作岗位以及替代性的工作岗位，可以选择使用非全日制用工或者劳务派遣用工。对企业而言，临时性的工作岗位主要包括特定的季节性加班、短期的订单任务、临时生产线阶段性的质检稽核、公司成立或项目运作的前期阶段、商务会议或庆典等所需的临时性工作岗位；辅助性的工作岗位主要包括提供非主营业务的岗位，包括后勤服务模块、部分人力资源模块等可以外包给专业化公司的岗位；替代性工作岗位主要是指员工脱产学习或休假导致无法招录长期雇员的岗位等。对于这些非关键、非一线的岗位，企业可以通过劳务派遣公司招聘人员满足短期用工需求。

（三）从法律风险防范的角度，选择不同用工方式的策略

在全日制用工方式下，书面劳动合同的签订、无固定期限劳动合同的订立和续订、调岗调薪、解除或终止劳动合同等的规定，影响着企业用工成本，影响着用人单位用工的自主性和灵活性。

在劳务派遣用工模式中，虽然企业的管理成本和用工成本大大降低，但其中的法律风险也不可忽视。比如，因未严格审查派遣单位资质，导致与不具备资质的单位签订劳务派遣协议，以致该协议被确认为无效，企业与劳动者之间很可能被确认为劳动关系，企业将承担相应责任。在非全日制用工模式中，若对员工了解不足、追求短期效益，会导致员工的归属感缺失、企业的隐性成本增加，也可能因多重劳动关系使企业产生连带赔偿责任。

为防范用工法律风险，企业针对不同情况应适用不同用工模式，并研究相应的对策。首先，企业要明确建立相应的规章制度。其次，创新多元化用工机制，科学管理，实施激励政策。最后，积极实施降低人力成本策略，通过多种用工方式的综合运用，分散用工风险。

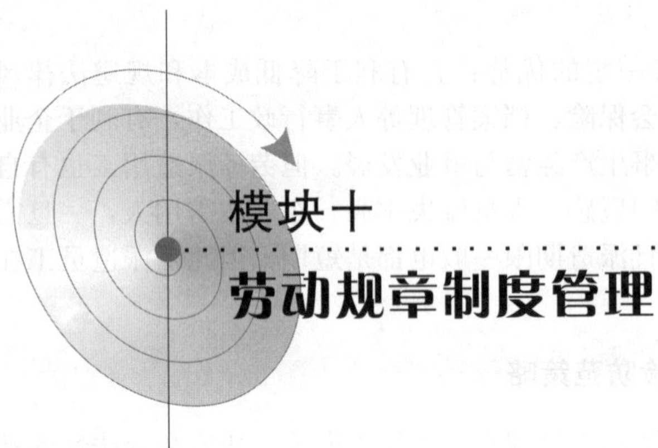

模块十 劳动规章制度管理

导学

劳动规章制度和劳动合同一起构成劳动关系管理的重要法律依据。劳动规章制度在帮助用人单位实现组织目标、调整劳动关系、规范劳动用工管理等方面起着至关重要的作用。用人单位有必要依据相关法律规定，结合实际情况，制定一套合法、完整、合理的规章制度，用来约束管理者和下属的行为。本模块围绕如何制定合法有效的规章制度展开。

知识要点

1. 理解劳动规章制度和劳动合同之间的关系。

2. 了解劳动规章制度制定的法律依据。

3. 掌握劳动规章制度制定的合法、合理等实体性要求，掌握涉及员工切身利益的劳动规章制度制定的民主程序要求。

4. 掌握合法惩处员工的种类、原则、程序等有关法律规定，理解惩处的两项基本原则："热炉"原则和渐进式惩处原则。

能力目标

1. 具有对规章制度进行合法性、合理性审查的法律意识。

2. 具备制定规章制度的基本技能：会进行规范的劳动规章制度起草，会依法依规将关系职工切身利益的劳动规章制度提交民主程序通过，会进行规章制度的公示。

3. 具有对违纪员工进行合法惩处的基本技能，包括合法制定规章制度、固定证据以及依法实施惩处等技能，会制作员工违纪过失处分单。

理论知识

知识单元一　劳动规章制度的基本知识

引例

规章制度与劳动合同的内容不一致，该如何处理？

【案情】 2015年12月1日，王小姐与外资公司签订了2年的劳动合同，约定每年年底，公司将根据业绩考评结果发放当年的年终奖。2016年12月，该公司制定了新的年终奖制度，并通过公司公告栏进行了公示。新制度规定，从2017年1月1日起，公司将根据员工的工作时间实行年底双薪制度，即只要当年工作时间满12个月，且至当年12月31日仍在职的员工，就可以获得年底双薪作为奖励；旧的年终考评奖励制度将不再执行。2017年11月28日，公司通知王小姐，双方的劳动合同将于12月28日终止，公司将不再与其续签劳动合同。王小姐应允，但要求公司按劳动合同约定支付她当年的年终考评奖金，而公司拒绝支付王小姐任何年终奖金。

国有国法，家有家规，没有规矩，不成方圆。大凡管理规范的企业，都有一套行之有效的劳动规章制度。在实践中，一些用人单位对劳动管理规章制度的重视程度不够，特别是一些中小企业，认识不到规章制度的重要性，不重视规章制度的制定，也不能正确处理规章制度和劳动合同的关系，导致用人单位内部劳动用工混乱，甚至严重侵犯劳动者权益，产生了诸多用工的法律风险。用人单位应如何制定合法有效的规章制度，以及如何有效防范劳动规章制度管理的风险呢？这首先要从认识劳动规章制度开始。

一、劳动规章制度的基础知识

（一）劳动规章制度的概念

劳动规章制度是指用人单位根据国家法律法规，并结合企业自身特点制定、颁布的，明确劳动条件、调整劳动关系、规范劳动关系当事人行为的各种规则、规定、规范、规程、标准、纪律的总称。其将劳动关系双方当事人的权利和义务的内容通过制度的形式固定下来，对劳动者和用人单位具有约束力，并为劳动者的在职管理提供重要依据。

（二）劳动规章制度的内容

根据《劳动部关于新开办用人单位实行劳动规章制度备案制度的通知》（劳部发〔1997〕338号文）的规定，劳动规章制度的主要内容有：劳动合同管理、工资管理、社会保险福利待遇、工时休假、职工奖惩以及其他劳动规章规定。《劳动合同法》出台后，以与劳动者切身利益是否相关为标准，规章制度可分为两类：一类是直接涉及劳动者切身利益的劳动规章制度，包括劳动报酬、工作时间、休息休假、劳动安全卫生、保险福利、职工培训、劳动纪律以及劳动定额管理等制度；另一类是不属于劳动者切身利益相关范畴的部分，比如会计财务、车辆使用管理、报销、日常生产管理、环境卫生等方面的规章制度。在实务中，劳动规章制度体系见图 10－1。

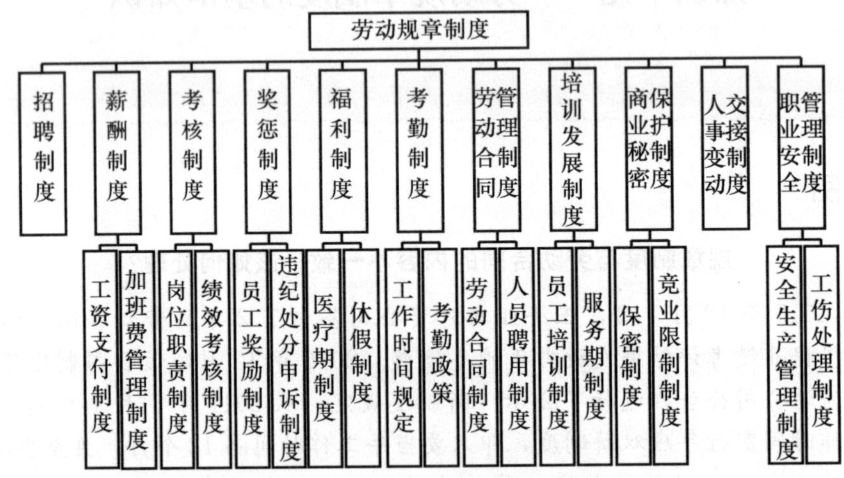

图 10－1　劳动规章制度体系

（三）用人单位依法建立和完善劳动规章制度的意义

规章制度不是可有可无的，建立和完善规章制度的意义主要体现在以下三个方面：

1. 劳动规章制度是劳动法律、法规的延伸和具体化

劳动法律法规均对用人单位建立和完善规章制度提出了强制性要求。规章制度是“企业内部法”，是劳动法律、法规在企业管理过程中的延伸。根据《劳动法》的规定，用人单位应当依法建立和完善规章制度，劳动者应当遵守劳动纪律。依法制定和实施规章制度是用人单位依法行使用工自主权的体现。

2. 劳动规章制度有利于维护用人单位的正常生产经营秩序

规范合理的规章制度有利于调动劳动者的积极性和创造力，也有利于防止、减少和解决纠纷。对于严重违反规章制度的员工，用人单位可以依据规章制度解除劳动合同且无须支付经济补偿，规章制度就是解除劳动合同的重要依据。

3. 劳动规章制度有利于避免用人单位任意行事，保护劳动者的合法权益

规章制度的很多内容涉及劳动者合法利益的保护，如经济补偿金的支付，“三期”女职工的特殊保护等。用人单位的规章制度违反法律、法规的规定，损害劳动者权益的，用人单位要承担支付经济补偿、赔偿损失等民事法律责任。

二、劳动规章制度与劳动合同的关系

劳动规章制度和劳动合同都是劳动关系管理的重要法律依据，它们之间既有联系又有区别。联系表现在二者相辅相成，共同确定双方的权利义务关系；区别表现在以下几个方面。

（一）法律性质不同

劳动规章制度是企业单方面制定的对所有员工适用的企业内部规则。虽然关系到员工切身利益的规章制度要经民主程序通过，但最终制度的决定权仍在用人单位，因此制定劳动规章制度是单方法律行为。劳动合同是双方当事人意思协商一致的结果。一方当事人不同意的，劳动合同不能成立，因此劳动合同是双方法律行为。

（二）法律基础不同

用人单位规章制度的制定权源于用人单位的用工自主权。劳动合同的法律基础在于其是双方的合意。

（三）生效的要件不同

与劳动者切身利益相关的劳动规章制度要生效，从实体要件上讲必须要合理合法，从程序要件上讲必须要经过民主程序和公示程序。劳动合同只要双方协商一致即可。

（四）法律效力不同

依据《最高人民法院关于审理劳动争议案件适用法律若干问题的解释（二）》的规定，当规章制度的规定和劳动合同的约定不一致时，劳动者请求优先适用劳动合同约定的，人民法院应该支持。从中可以看出，当劳动合同与规章制度的规定冲突时，法院适用的标准是依据劳动者的请求，这实际上赋予了劳动者优先选择权。

【引例分析】本案中双方的劳动合同和公司的规章制度都有关于年终奖的相关内容，年终奖的发放到底应该以哪个为准？不管是从法律权利的本源上看，还是从倾斜保护弱势劳动者群体的理念来说，双方合意的劳动合同都比单方意思表示的规章制度具有更高的效力。另外，根据相关司法解释的规定，劳动者有优先选择适用劳动合同还是规章制度的权利。因此，本案应支持王小姐的主张。

知识单元二　劳动规章制度制定的法律要求

引例

为什么有规章制度却输了官司？

【案情】2018 年 6 月，王颖到某商贸公司参加工作，职务为该公司出纳。在一次审核报销时，她多给自己与同事报销了 65 元的车费。此事不久被公司发现，随后公司向王颖送达了书面解除劳动合同的通知，理由为其在担任公司出纳期间，在工作上存在弄虚作假的行为，而财务人员在报销中不能实事求是，性质恶劣，符合公司规章制度中随时解除劳动合同的情形，因此决定与王颖解除劳动合同。王颖对此决定不服，后向劳动仲裁委员会申请仲裁，要求公司支付违法解除劳动合同经济赔偿金，最终获得劳动仲裁委员会的支持。

一、劳动规章制度制定的法律依据

劳动规章制度的内容必须遵守国家的法律、法规和政策。就如企业的财务管理制度必须依据《中华人民共和国会计法》，符合我国的会计制度和会计准则一样，企业的劳动规章制度也不得与国家有关劳动法律法规和政策相抵触。从法律形式上看，用人单位制定规章制度的法律依据有：宪法、法律、行政法规、地方性法规以及劳动方面的行政规章等。有关劳动规章制度的规定主要有：

《宪法》第 53 条规定："中华人民共和国公民必须遵守宪法和法律……遵守劳动纪律……"这里的"劳动纪律"是规章制度的重要组成部分。

《劳动法》第 4 条规定："用人单位应当依法建立和完善规章制度，保障劳动者享有劳动权利和履行劳动义务。"

《劳动合同法》第 4 条规定："用人单位应当依法建立和完善劳动规章制度，保障劳动者享有劳动权利、履行劳动义务。用人单位在制定、修改或者决定有关劳动报酬、工作时间、休息休假、劳动安全卫生、保险福利、职工培训、劳动纪律以及劳动定额管理等直接涉及劳动者切身利益的规章制度或者重大事项时，应当经职工代表大会或者全体职工讨论，提出方案和意见，与工会或者职工代表平等协商确定。在规章制度和重大事项决定实施过程中，工会或者职工认为不适当的，有权向用人单位提出，通过协商予以修改完善。用人单位应当将直接涉及劳动者切身利益的规章制度和重大事项决定公示，或者告知劳动者。"

《公司法》第 18 条第 3 款规定："公司研究决定改制以及经营方面的重大问题、制定重要的规章制度时，应当听取公司工会的意见，并通过职工代表大会或者其他形式听取职工的意见和建议。"

二、劳动规章制度制定的法律要求——规章制度生效的法律要件

根据《劳动合同法》第 4 条的规定，劳动规章制度一经制定，并不必然立即产生效力；劳动规章制度要生效，还要符合法定的条件和要求。《最高人民法院关于审理劳动争议案件适用法律若干问题的解释（一）》第 19 条对规章制度生效的法律要件作了进一步的明确："用人单位根据《劳动法》第四条之规定，通过民主程序制定的规章制度，不违反国家法律、行政法规及政策规定，并已向劳动者公示的，可以作为人民法院审理劳动争议案件的依据。"由以上规定可知，劳动规章制度合法有效的法律要件有以下几个。

（一）制定主体必须合法

企业内部并非任何内设机构都能制定劳动规章制度，只有处于用人单位最高管理层的机构——用人单位行政系统中处于最高级层次、对用人单位的各个组成部分和全体职工有权实行全面统一管理的机构（如国有企业的职工代表大会），才能以用人单位的名义制定规章制度。其他内设机构制定的规范性文件都不能定性为规章制度。企业内部的车间、班组、工会、党组织等可以参与用人单位规章制度的制定，人力资源管理部门可以直接拟定规章制度，但只有经过用人单位审批并以用人单位名义发布的文件才能被称为"规章制度"。如某个内设部门规定其员工必须比公司规定的时间早到半个小时，否则将从公司给予部门的绩效奖金中扣除部分金额作为罚款，这样的罚款规定显然是无效的。

(二) 规章制度的内容要合法

规章制度的内容合法，是指劳动规章制度的内容必须在现行法律法规的框架之内制定，不得违反法律、法规和政策的规定。具体要求如下：

(1) 用人单位在规章制度中对法律、法规、政策的条款进行进一步细化规定时，内容不得违反国家法律、行政法规和政策规定，如规章制度关于“严重违反”“严重失职”“重大损失”的界定，不能背离劳动法律的制定宗旨。

(2) 为规范员工的行为，用人单位可以制定处罚违纪员工的规章制度，对员工给公司造成的损失也可设立赔偿规定，这些制度、规定均不得违法。

(3) 对规章制度所合之“法”应作广义的理解，是所有的法律法规、规章，不仅包括劳动法律法规，也包括民法、婚姻法、残疾人保障法、未成年人保护法等法律法规。

(4) 违法的规章制度如何处理。《劳动合同法》第 80 条规定：“用人单位直接涉及劳动者切身利益的规章制度违反法律、法规规定的，由劳动行政部门责令改正，给予警告；给劳动者造成损害的，应当承担赔偿责任。”可见，制定规章制度是用人单位的权利，但用人单位制定规章制度，不得违反法律规定，否则不仅无效，还要承担相应的责任。

(三) 规章制度的内容要合理

公平合理是管理者应遵循的基本原则之一。劳动法律对规章制度的合理性也提出了要求。《劳动合同法》第 4 条第 3 款规定：“在规章制度和重大事项决定实施过程中，工会或者职工认为不适当的，有权向用人单位提出，通过协商予以修改完善。”这表明，规章制度不仅要合法，还要合理、适当。规章制度中虽然不违法但明显不公平、不合理的内容，仍然不为法律所承认。规章制度要做到公平合理，要注意以下几方面的要求：

(1) 规章制度的内容不能与社会公序良俗相违背。

(2) 规章制度对用人单位和劳动者之间权利义务的设置应当公平。如果用人单位片面强调权利而不愿承担义务，必将引发用人单位和职工之间的矛盾。

(3) 规章制度对于不同员工的权利义务设置，也应当公平，包括机会的公平等。比如薪酬制度的设计一定要体现多劳多得，少劳少得，给予员工公平、合理的对待；再比如员工晋升制度应当体现机会的公平。

(4) 规章制度的内容要把握好一个“度”，比如规章制度对“严重违反”标准的界定，一定要结合用人单位的实际、员工违纪的程度以及造成影响的大小来综合判断。偶尔违纪或擅自离岗的行为，一般不应规定为严重违反规章制度，而长期消极怠工，或屡教不改，则可以被认为是严重违反规章制度。

(四) 规章制度的制定必须要符合法定的程序

与职工切身利益相关的规章制度必须经过法定程序制定才具有法律效力。根据《劳动合同法》第 4 条和《最高人民法院关于审理劳动争议案件适用法律若干问题的解释(一)》第 19 条的规定，规章制度制定要符合以下程序要求：

1. 直接涉及劳动者切身利益的规章制度，必须要通过民主程序制定

用人单位在制定、修改或者决定直接涉及劳动者切身利益的规章制度或者重大事项时，应当经职工代表大会或者全体职工讨论（先民主），提出方案和意见，与工会或者职工代表平等协商确定（后集中）。在规章制度实施过程中，工会或者职工认为用人单位的规章制度不适当的，有权向用人单位提出，通过协商修改完善。

涉及员工切身利益的，比如说涉及劳动报酬、企业的薪酬制度以及惩处员工时工资的扣或者减的规定，涉及加班制度以及加班费支付的规定，涉及工时制度、休息休假、劳动安全卫生、福利、培训、劳动技能等的规定，基本上涵盖了企业八类规章制度，也就是说，企业日常管理员工的所有规章制度，基本上都要经过《劳动合同法》所规定的民主程序，即必须经职工代表大会或者职工大会讨论并协商确定。职工代表由全体职工推举或者选举产生。

2. 劳动规章制度必须向员工公示

公示对于确保企业规章制度的合法性，是一个必不可少的程序。劳动规章制度应当以用人单位的正式文件形式向全体职工公布，从公布之日起才能在本单位生效。未经公示或未向劳动者告知的不能生效。公开、透明的公示程序是维系和谐劳动关系的重要原则。劳动规章制度以全体劳动者为约束对象，就应当为全体劳动者所了解，当然必须以合法有效的方式公布。秘而不宣的规章制度是不能拿来让职工遵守的。公示尽量采用书面形式或电子文件形式，仅仅通过从上到下的口头方式传达规章制度存在一定的风险。

案例 10-1　规章制度没有经过公示程序不生效	**案例分析**

3. 规章制度报送劳动行政部门审查备案

为加强对用人单位遵守国家劳动保障法律法规的监督检查，预防违法行为的发生，劳动保障部门建立了对用人单位劳动规章的备案审查制度。根据各地方的相关规定，用人单位制定和修订劳动规章制度，在审议通过后，应当在15日内报送劳动行政部门审查、备案。劳动保障监察机构对用人单位制定并报送备案的劳动规章进行审核和管理。

审查主要针对以下两方面的内容：一是劳动规章制度内容是否符合法律法规；二是制定劳动规章制度的程序是否符合法律、法规规定。用人单位制定的劳动规章制度违反法律、法规规定的，由劳动保障行政部门给予警告，责令改正。劳动行政部门自收到用人单位劳动规章制度之日起30日内应当给予回复，若30日内未提出异议的，劳动规章制度即行生效。

需要注意的是，是否送交劳动行政部门审查备案，并不影响规章的效力。但是，在遇到劳动纠纷需要适用劳动规章制度时，如果要同时证明规章生效的三个要件存在一定困难，那么，经过劳动行政部门审查和备案的程序则有着较强的证明效力。因此，建议用人单位在规章制定后立即送交劳动行政部门审查和备案。

【引例分析】劳动者违反公司规章制度的规定，用人单位解除劳动者的劳动合同，却被判败诉，其关键在于企业规章制度对“严重违反”的界定。商贸公司缺乏对“严重违反”标准的界定，而实际在执行规章制度时对于“严重违反”的界定又不合理，所以仲裁委员会裁决公司败诉。因此，企业的规章制度应切合企业本身，对于“严重违反”“严重失职”“重大损失”等进行合理界定，违反合理性要求的规章制度是不会得到认可的。

知识单元三　员工惩处的法律规定

引例

员工上班迟到，公司如此处罚员工是否合理？

【案情】宋某是深圳某公司的员工，2018年4月，宋某有4次上班迟到35～45分钟的情况（因为交通堵塞）。该公司的规章制度（依法制定并已依法公示）规定：员工每次上班迟到30分钟的，视为旷工半天。旷工一天的，扣3倍工资。据此，该公司支付宋某4月份工资的时候扣了6天的工资（支付的剩余工资不低于当地最低工资标准）。宋某不服，认为：自己是4次迟到半个小时以上，就算是同意扣钱，也应该是扣两天的，绝对不能是6天。由于双方未能协商一致，宋某申请劳动仲裁，要求公司返还克扣的6天工资。对此，你怎么看？

对违反规章制度的员工进行惩处，是用人单位行使用工自主权的表现。违纪员工的惩处管理，是劳动关系管理的重要内容。惩处违纪员工为确保劳动合同的执行提供了重要保障，也是劳动规章制度在执行和使用过程中的重要应用。惩处员工的管理是劳动关系管理最为敏感和重要的部分。在当前的社会形势和劳动法律框架下，用人单位务必要依法依规处理违纪员工，才能达到对员工实施有效管理的目的。

一、企业惩处员工的法律基础

1982年国务院颁布的《企业职工奖惩条例》（以下简称《条例》）以行政法规的形式赋予了企业对劳动者进行处分的特权，根据其第12条的规定，对职工的行政处分分为：警告、记过、记大过、降级、撤职、留用察看、开除。该条例适用于全民所有制企业和城镇集体所有制企业的全体职工。民营企业、外商投资企业、混合所有制企业，大多也参照执行。2008年1月15日，国务院颁发516号令，废止了《条例》。《条例》的废止，意味着用人单位依据该行政法规的授权对劳动者进行处分就失去了依据。那么，是不是企业从此就不能再对有过错的劳动者进行处分了呢？答案是否定的。理由如下：

（1）《条例》虽已废止，但在《劳动法》《劳动合同法》的框架下，用人单位依然享有制定规章制度的权利。规章制度是规范企业和员工行为的内部准则，为了保证规章制度得到遵循，确保用工管理权的实现，用人单位必然要对违反规章制度的劳动者进行处理。

（2）虽然国家不再以行政法规的形式授予企业处分权，但这并不意味着企业不能在规章制度中制定有关处分的措施。劳动规章制度中可以包含奖惩的内容，这是劳动纪律的一部分，也是保障劳动者享有劳动权利、履行劳动义务的有效措施。

（3）企业惩处员工的权利来源不再是行政法规的授权，而是合法有效的规章制度的规定。依法经过民主程序制定的规章制度对劳动者具有约束力。用人单位当然可以依照合法有效的规章制度对员工的违纪行为进行惩处。问题的关键在于劳动规章制度是否制定程序合法、内容合法和已经向劳动者公示。如不能证明，企业对员工进行处分就是违法和不当的。

二、员工惩处的概念和分类

（一）员工惩处的概念

所谓员工惩处，是指管理方对严重违反劳动纪律或规章制度的员工采取的惩罚措施。惩处作为用人单位行使用工自主权的一种方式，但也并不能为所欲为、随意实施。惩处员工应符合用人单位规章制度预先设定的原则、条件和程序，实施惩处要有明确的理由，惩处的目的要正当，对事不对人，不是为了针对某个员工的打击报复；惩处的力度应当与员工违纪的程度相适应，禁止罚不当罪，过度处罚；惩处的形式应当符合规章制度的要求。

（二）员工惩处的种类

一般情况下，惩处分为正式惩处和非正式惩处。非正式惩处主要是指口头的责备。按照法律规定、合同约定和内部规章制度，正式惩处措施主要有图 10－2 所示的几种。

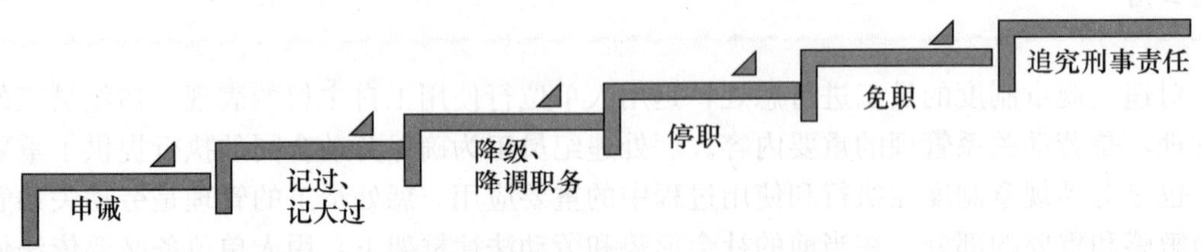

图 10－2　员工惩处措施

（1）申诫。这是指对违纪员工的谴责和警戒，是对违纪员工的名誉、荣誉、信誉或精神上的利益造成一定损害的处罚方式，包括警告、严重警告、通报批评三种方式。其中，警告是一种警戒性的纪律处罚方式，也是最轻微的一种惩处方式。

（2）记过和记大过。记过是指记录过失，是给予过失者的一种处分，也指对员工违纪行为的过错予以记载，也是警戒性的惩处方式。记大过是指做比较严重的一种过失记录。

（3）降级。这是指降低受惩罚者的薪酬等级。降级通常有时间限制，如 3 个月、6 个月，时间一到，即应恢复原来的薪酬等级。

（4）降调职务。这是指降低受惩罚者的职务等级。如由主管降调为非主管，或者由环境较好的地方调往环境较差的地方。

（5）停职。这是指在一段时间内停止受惩罚者的任职，该期间停发薪酬。

（6）免职。严重违纪的可以免去劳动者的职务，解除劳动合同。

（7）追究刑事责任。对于触犯刑法的，如侵占公款等，可以移送司法机关，追究其刑事责任。

对于严重违反劳动纪律和依法被追究刑事责任的劳动者，用人单位可与其解除劳动合同。

对于以上惩处措施，用人单位可以同时使用，如可以同时记大过、降级以及降调职务。管理者在运用奖惩措施时，要综合考虑员工违纪行为表现、违纪情节严重程度以及造成的损害后果的轻重等多方面因素，具体问题具体分析，做到合理公正地使用。

三、员工惩处的事实——员工违纪行为的表现

员工惩处是对员工违纪行为的惩处，那些该受到惩处的违纪行为即为惩处的事实。企业应明确告知劳动者哪些行为是违纪的范畴，员工也要很好地了解、熟悉企业的劳动纪律，避免接触到“高压线”，受到惩戒处分。

根据违纪行为的内容，即从员工的工作品行、工作表现、考勤等方面来区分，惩处事实分为工作表现方面的惩处事实、考勤方面的惩处事实、品行方面的惩处事实以及其他方面的惩处事实四类，其具体违纪行为表现见表 10－1。

表 10－1　　惩处事实的分类和具体表现

惩处事实类型	具体行为表现
工作表现方面的惩处事实	擅离岗位或擅自调班；无正当理由拒不服从上级合理的工作安排；故意浪费材料或毁损机器；在工作场所赌博、酗酒；在工作场所殴人或互殴；工作时间睡觉或从事与工作无关的事务；违规兼职、兼营或利用公司资源为个人谋取不正当利益；煽动他人懈怠工作；不遵守安全规定；泄露职务机密；疏于保养机器；不当处置公司有形或无形资产，给公司造成经济损失或可能风险；以虚假资料、隐瞒事实等手段欺骗公司、客户或合作伙伴；违反操作规程、玩忽职守或超越权限行事，给公司造成经济损失或可能风险
考勤方面的惩处事实	违反考勤制度，上班迟到、早退，无故旷工；托人打卡或代人打卡；连续旷工或者一段时间内旷工多次；伪造出差事由；伪造请假证明
品行方面的惩处事实	制造事端，影响团结；对同事侮辱、诽谤造成恶劣影响；打击、报复、包庇他人；在外行为不检，影响用人单位声誉；盗窃物品；窃取公司商业机密；仿效主管签字或盗用印鉴；撕毁或涂改公司文件、记录；在工作场所出现有伤风化行为；行贿、索贿或受贿、侵占公款等
其他方面的惩处事实	侮辱顾客、性骚扰以及其他违反国家法律、法规的行为

根据造成的损失金额及情况的严重程度来区分，违纪行为可以分为以下三种：

(1) 轻微违纪行为。这是指违反公司制度，情节轻微且未造成任何损失的，或虽造成轻微损失，但并非出于故意或重大过失的行为。

(2) 较重违纪行为。这是指违反公司制度，造成不良影响的或造成轻微损失的，或虽非故意，但造成较大损失的行为。

(3) 严重违纪行为。这是指违反公司制度，情节和影响严重或给公司造成较大损失的，或虽属过失，但给公司造成严重损失的行为。

所谓的“故意”，是指明知不能为而为之。企业的管理制度明确规定员工不能做的行为，若员工实施了这类行为，即可判定为“故意”。当企业的规章制度向员工履行过告知或公示程序之后，在法律层面上就可以推定该员工已经知晓、知道该规章制度。

所谓的“过失”，是指员工应当预见自己行为的后果，因为疏忽大意而没有预见，或

者已经预见而相信自己能够规避。

所谓的“情节”，是指事情的变化和经过。如何判断情节是属于轻微、较重，还是严重，可从违纪行为持续的时间、违纪行为的次数、对雇主利益造成的影响、员工以往的工作表现等因素进行综合考量。

具体哪些行为是轻微违纪行为，哪些行为是较重违纪行为，哪些行为是严重违纪行为，用人单位可以在制定规章制度时予以明确。对不同的员工违纪行为进行定性，属于企业自主用工权的范畴，也属于企业自由裁量的范围。

四、员工惩处的原则

（一）“热炉”法则

“热炉”法则也称“热炉”效应（hot stove rule)，是指组织中任何人触犯规章制度都要受到处罚。古语云：“官法如炉。”即制度就像火炉，如果火炉烧得通红，大家都知道会烫伤人，必然心存畏惧，不敢触碰；若有违犯触碰者，必然会被烫伤。触摸热炉与实行惩罚之间有许多相似之处。“热炉”法则强调惩处的警示性、一致性、即时性和公平性。

1. 警示性

热炉火红，一旦触碰就会灼伤人。已制定的规章制度为员工的行为设定了准则和底线，让员工清楚什么行为会受到惩罚。

2. 一致性

每一次接触热炉，都会得到同样的结果——被烫伤。违反规章制度也有同样的后果。同样情形、同样情节、同样后果的违纪行为，受到的惩罚是相同的，惩罚措施具有一致性。

3. 即时性

只要接触热炉，会立即被烫伤。对员工的惩处也一样，一旦发现错误行为就要立即惩处，决不能拖泥带水，决不能有时间差，这样才能达到及时督促员工改正错误行为的目的。

4. 公平性

不管是谁碰到热炉，都会被灼伤。无论是企业领导还是普通员工，只要触犯企业的规章制度，都要受到惩处。在企业规章制度面前人人平等。

（二）渐进性惩处原则

渐进性惩处原则是指管理方对员工的处罚，应采取逐步严厉的方式进行，即采取口头警告、书面警告、降级、降职、停职和解雇这种正常顺序，其目的在于确保对所犯错误施以最轻惩处。渐进性惩处原则要求对员工所犯错误，依照其严重程度进行分类，然后对不同程度的违纪行为规定不同的处罚标准，那些需要立即解雇的极为严重的违纪行为除外。在制定员工惩处方式的制度时，按违纪程度的不同，将员工违纪行为分成轻微违纪行为、一般违纪行为、严重违纪行为三个不同层次，并在不同层次的违纪行为之间形成一个有序的逻辑结构。实施处罚时，处罚的方式应当与员工错误的程度相当。初次违纪，且后果不严重的，处罚应该较轻。多次违纪或屡教不改的时候，处罚就应该升级。如可规定：上班时间未经许可擅自离开工作岗位，可以给予口头警告处罚；对一般违纪给予口头警告，较重违纪给予书面警告，严重违纪可以解除劳动关系，且两次一般违纪视为较重违纪，两次较重违纪视为严重违纪。

【引例分析】本案中，该公司的规章制度经过法定程序制定，并依法向包括宋某在内的所有员工进行过公示，应属于合法有效的规章制度。宋某和公司都应当遵守规章制度中关于迟到罚款的规定。不只是宋某应当遵照该制度，公司进行罚款也应当严格遵照该制度规定，而不能肆意对员工进行罚款。该规章明确规定："员工每次上班迟到30分钟的，视为旷工半天。旷工一天的，扣3倍工资。"依据该规定，按常理推断，宋某每次迟到最多也只能视为旷工半天，迟到4次加起来也就是视为2天旷工。因此，该公司扣6天工资的做法是不合理的。

操作技能

任务一　规范制定劳动规章制度的实务操作

一、劳动规章制度制定的必要性

劳动规章制度是对国家法律、法规的有效延伸和补充，其在企业内部具有普遍约束力。劳动规章制度是用人单位处理员工关系的依据。规章制度建设是企业规范化管理的一个极其重要的部分，各项工作的规范化管理水平则直接体现在规章制度的建设上。

二、劳动规章制度制定的内容要求

（一）格式规范

劳动规章制度作为一种有约束力的文件，应当符合规范性文件的格式要求。规范性文件由标题、正文和附则三部分构成。

1. 制度的标题

标题可以分为三个部分：单位名称、劳动规章制度内容、文本名称。例如天悦公司考勤与休假管理办法。文本名称通常用"章程""条例""规定""办法""细则""暂行办法"等术语表述。每一种术语都有自己的具体内涵。具体选用哪一种名称，由用人单位根据自身情况决定。

2. 制度的正文

正文是规章制度的核心。就形式而言，制度是由许多条文构成的。如果制度的内容简单，可以直接以条款的方式展现。如果条文繁多，可以参考法律法规的定义方式把条文按照内容与层次，分为若干编、章、节、条、款、项、目。编、章、节、条的序号用中文数字依次表示，款不编序号，项的序号用中文数字加括号依次表示，目的序号用阿拉伯数字依次表示。举例如图10－3所示。

就正文的内容而言，一项规章制度的正文通常包含以下两个部分：

（1）前言。

前言应包含三个部分：1）制定劳动规章制度的目的、意义和依据、指导思想和原则。

2）劳动规章制度的适用范围，不同层级、不同职能的员工或不同地域的分公司、子公司等，所使用的劳动规章制度也有所不同，因此，在前言中需要明确其适用范围。3）劳动规章制度的相关术语解释，这是对劳动规章制度的完善和补充。条款的术语应该准确定义，不产生歧义，以保证条款的可操作性。

第五章　特别规定 ……章

第二节　劳务派遣 ……节

第六十二条　用工单位应当履行下列义务： ……条款

（一）执行国家劳动标准，提供相应的劳动条件和劳动保护； ……项

（二）告知被派遣劳动者的工作要求和劳动报酬；

（三）支付加班费、绩效奖金，提供与工作岗位相关的福利待遇；

（四）对在岗被派遣劳动者进行工作岗位所必需的培训；

（五）连续用工的，实行正常的工资调整机制。

用工单位不得将被派遣劳动者再派遣到其他用人单位。

图 10-3　规范性文件条文的逻辑结构——以《劳动合同法》的条文为例

（2）主文。

主文是规章制度正文的核心，是规章制度内容的核心呈现。从内容上看，主文要规定用人单位和劳动者双方（主要是劳动者）可以做什么、应当做什么、不应当做什么，以对双方保持劳动关系存续期间的行为进行规范。规章制度可以规定员工可以做什么，这是规定了员工的权利，比如企业的福利制度可以规定在什么情况下，员工有权获得福利待遇；也可以明确员工必须做什么，这是规定了员工的义务，例如，企业的考勤制度规定了员工需要履行遵守公司上班时间的义务；还可以规定违反义务所应承担的后果，即责任。主文从形式上看，可以按照一定的逻辑顺序呈现。比如按照总体和局部、事物发展的时间顺序呈现。主文应该逻辑严密、清晰，符合逻辑性和递进性。

3. 附则

附则应该包括三个部分：第一部分是用语的解释权和规章制度的修改，制度应明确具有解释、修改权利的主体，以及进行解释、修改的原则；第二部分明确企业的劳动规章制度不具有追溯力；第三部分是劳动规章制度的生效时间，一般可以规定劳动规章制度自颁布之日起即行生效，或者自某年某月某日起生效。

（二）内容齐全

企业劳动规章的内容应当覆盖劳动关系的方方面面，凡涉及劳动管理、企业和劳动者劳动权利和义务的事项，都应在劳动规章中作出相应的规定。

（三）语言规范、严肃、精练

首先，规章制度的文字使用要准确、规范。应准确地使用专业词语，语句力求完整规范。劳动规章制度中不能充斥着诸如“公司总办”“公司副总”“公司总助”等简称，规范的说法应该是“公司总经理办公室”“公司副总经理”“公司总经理助理”等。此外，涉及具体业务的专门用语时，要使用规范的行业术语。

其次，规章制度所使用的语言要严肃庄重。应当使用严肃规范的书面语言，文字表述必须庄重，排斥口语、白话、方言，做到恳切决断，以充分体现规范作用和行为准则的约

束力。比如尽量使用“应当”“必须”“禁止”等带有强制意味的词语，避免“不可以”“尽量”等口语化和建议性的词语。

最后，语言表述言简意赅。劳动规章制度的文字还要做到语言简洁，不拖泥带水、复杂冗长，让受制度约束的人无所适从。

总之，单位在制定规章制度时，其内容在合法和公平的基础上，应当尽量全面、细致、严谨。规范的规章制度能够让劳动者了解应该做什么、可以做什么、不能做什么、可以要求单位做什么，以及违反规定的责任。这样有利于提高规章制度的可操作性，有利于防止、减少纠纷，甚至在发生劳动争议的时候，为及时、公正地处理纠纷提供方便。

三、规章制度制定的程序操作

制定企业规章制度的法律操作实务，包括合法性与程序性的要求。如果制定规章制度的民主程序、公示程序不合法，就会导致规章制度的无效。

（一）民主程序

根据劳动合同法的规定，涉及员工切身利益的用人单位八类规章制度或者重大事项，应当经过职工代表大会或者全体职工讨论提出方案和意见，即只有经过职工代表大会或者职工大会讨论，才能形成企业规章制度的方案。建立劳动规章制度的程序的核心是民主协商与劳资共议。民主协商与劳资共议的操作程序，法律法规并无明确规定。实务中的做法如图 10-4 所示。

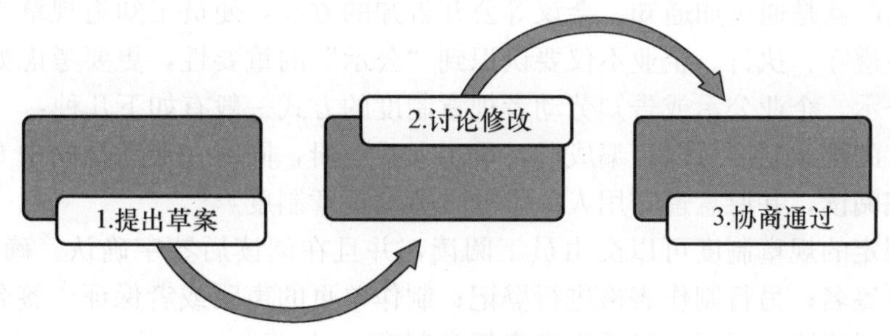

图 10-4　建立规章制度的民主程序

1. 提出草案

劳动规章制度的草案有两种情况：一种是订立新劳动规章制度的草案；另一种是修改

旧制度的修正案。草案应当以法定代表人或负责人的名义提出。起草人一般是企业行政人员，也可委托外界顾问或专家代为起草。

2. 讨论修改

《劳动合同法》第 4 条第 2 款规定了劳动规章制度制定的程序，即经由职工代表大会或全体职工讨论、修改。起草人员将草拟的规章制度或重大事项决议的内容交给职工选举出的职工代表大会讨论，没有职工代表大会的企业可将草案交由全体职工讨论。如果未召开职工代表大会或者全体职工大会，则应通过适当方式，如设立意见箱，在制定规章过程中使员工有提出意见、建议的权利，并且员工的建议和意见能充分体现在规章的制定过程、文本内容中。最后在征求各方意见的基础上，对草案进行反复修改，形成比较成熟的制度建议稿。

3. 协商通过

经向职工代表大会或全体职工征求意见后，企业需要派企业代表同工会或者企业职工代表共同对企业劳动规章制度建议稿进行协商，最终形成企业劳动规章制度的终稿。

用人单位在制定规章制度的过程中，应注意保留职工代表大会、全体职工大会或者员工参与制定规章的证据，作为证明民主程序的充分依据：

(1) 职代会讨论企业规章制度方案时的讨论记录以及参与讨论人员的签字。

(2) 讨论形成一致意见的决议性文件以及相关人员的签字。

(3) 工会或者职工代表协商的过程记录，包括协商的过程中双方产生分歧及最终达成一致时的记录与相关人员的签字等客观的书面证据。

另外，规章制度制定的民主程序要注意以下要求：

(1) 需要民主程序协商的规章制度，是与劳动者切身利益相关的规章制度。不涉及员工切身利益规章制度的制定，完全属于公司经营自主权的范围，没有必要经过民主程序。

(2) 民主程序协商的主体是职工代表大会或工会，或职工代表。不是所有的制度都要由所有职工来协商。

(3) 职工代表大会或职工代表并不参与规章制度制定的所有环节，其民主参与主要体现在讨论和协商的过程。

(二) 公示程序

规章制度不仅内容要合法合理，而且必须确保有证据证明员工已经知道企业的规章制度。公示的目的就是通过如通知、会议等公开告知的方式，使员工知道规章制度的内容并在日常工作中遵守、执行。企业不仅要认识到“公示”的重要性，更要考虑如何才算做到真正有效的公示。企业公示或告知劳动者规章制度的方式一般有如下几种：

(1) 已有的规章制度可以汇编成册，员工人手一册，同时在劳动合同中专款约定“劳动者已经详细阅读，并愿意遵守用人单位的《劳动规章制度》”。

(2) 新制定的规章制度可以交由员工阅读，并且在阅读后签字确认。确认的方式有：在规章的尾页签名；另行制作表格进行登记；制作单页的声明或者保证。签名的内容应包括员工确认已经阅读、明了并且承诺遵守规章制度。

(3) 重要的规章制度，可以在公共区域将规章内容全文进行公告，并且将公告的现场以拍照、录像等方式记录备案。

(4) 召开全体职工大会或者组织全体职工进行集中学习、培训，让员工在报到表上签名。

任务二　员工惩处的合规操作

引例

公布奖惩员工决定侵害员工名誉权，公司被判败诉

【案情】 2018 年 12 月 14 日，刘先生被公司以其“在业务人员集体聚会就餐期间，多次煽动怠工，造成极坏的影响”，违反公司规定为由，作出开除处理。随后，刘先生被勒令立即停工出厂，并要求他协同其家属马上搬出宿舍。刘先生认为，公司的行为剥夺了其应有的劳动权益，直接导致不明真相者认为其有特大错误而被开除，在同事中造成严重的不良影响，甚至被家人误解而产生家庭危机，使其在名誉上受到无法挽救的巨大损失，精神上遭受极大痛苦，故起诉到法院。公司认为，刘先生在集体场合多次煽动怠工，明显违反厂规厂纪，造成不良影响，根据公司有关规定，对其给予开除的决定，并根据奖惩流程在厂内公告栏予以公告，完全是合理合法的，并没有侵犯原告的名誉权和造成任何经济损失。公司还进一步声称在作出决定前召集了有关员工对刘先生煽动怠工的行为进行过核实，并出示了有关书面会议记录，请求法院驳回刘先生的起诉。最终法院裁决公司侵害刘先生名誉权成立，应赔偿刘先生的损失。

如何处理违纪员工，是一件令人力资源管理人员比较头疼的事情。一旦处理不慎，容易造成员工过激行为，影响企业的正常生产经营，引起劳动争议的发生。而一旦在劳动争议中败诉，公司则要承担更加不利的影响和后果。如何合法合理地妥善处理员工违纪行为、避免和减少劳动争议的发生，是人力资源管理人员需要掌握的重要技巧。合法有效地惩处员工的违纪行为，需要注意以下要求。

一、制定合法有效的惩处规章制度

企业的有效管理有赖于完善的企业规章制度。用人单位依法建立完善的规章制度，劳动者如有违反，用人单位可依规定实施惩处；没有规章制度尤其是惩处制度，或者规章制度不合法，用人单位惩处将会陷入困境。合法有效的规章制度是用人单位惩处员工的法律依据。用人单位制定惩处方面的规章制度要符合制度合法有效的一般要件，除此之外，还要符合以下要件。

（一）目的正当

企业制定惩处制度的目的，应是保障劳动者履行劳动义务，提高企业的生产效益，而不是基于其他目的，如克扣劳动者工资、逃避法律规定的义务等。

（二）内容适当

企业制定惩处制度不仅目的要正当，而且内容要合理、适当。比如对员工的降级降职的处理，不能以牺牲劳动者的基本生活保障为代价。

（三）限定范围

企业制定惩处制度时，应将员工违纪行为的范围严格限定在劳动者在企业中从事生产的行为和企业管理行为，不能随意扩大处罚范围。同时也只有劳动者违纪行为达到一定的程度，对用人单位造成一定的损害，才应予以惩处，对十分轻微和影响不大的行为，不应该包括在惩处制度内。

（四）明确具体

用人单位设定的处罚要明确、具体，能量化的尽可能量化，并明确区分不同岗位一般违纪、较重违纪、严重违纪的情形。比如违纪程度上尽量用数字说话，使用“一个月累计迟到、早退达到三次”这样的表述，避免使用“经常迟到早退”这种模糊的表述。对员工的惩处标准，尽量科学合理，比如“当月迟到一次扣发当月奖金的 2%，迟到两次扣发当月奖金的 5%，累计 3 次视为旷工 1 天”等。

二、查清事实，固定证据

除有规章制度的依据以外，用人单位惩处员工还应当有事实依据。只有在事实清楚的基础上，用人单位才能作出处理决定。事实的查清需要有证据的支持。《最高人民法院关于审理劳动争议案件适用法律若干问题的解释（一）》第 13 条规定：“因用人单位作出的开除、除名、辞退、解除劳动合同、减少劳动报酬、计算劳动者工作年限等决定而发生的劳动争议，用人单位负举证责任。”企业作出解除劳动关系等对员工有重大影响的处理决定，保全和收集证据至关重要。

用人单位依法惩处员工时一定要有证据意识，一旦劳动者有违纪行为，用人单位对照惩处制度作出处理决定前，要按照本单位处理违纪行为的程序，要求劳动者作出检讨，做好旁证书面材料，收集单位曾经作出的处理决定。待履行一定的程序，确保劳动者违纪事实有足够的证据能够证明后，用人单位依法依规作出相应的处理决定，才符合法律规定。

证据的收集要全面。通常可以证明员工违纪行为的证据主要有：

（1）违纪员工对违纪事实的自认，包括检讨书、申辩书、违纪情况说明等。

（2）违纪员工本人签字的现场违纪记录。

（3）在场旁观人员签字的笔录或其他知情者的证明。

（4）有关物证、书证，比如考勤记录、用人单位曾对劳动者轻微违纪或一般违纪行为作出的处理决定等。

（5）监控录像、现场照片等视听资料。

（6）政府有关部门的处理意见、处理记录及证明等。

三、履行正当程序

履行合法正当的程序是依法惩处员工的必要条件。

惩处员工需要履行以下程序：

（1）查清违纪事实，同样需要用人单位有程序意识，确保作出惩戒决定时证据充分。

（2）用人单位在认为劳动者严重违纪，准备单方解除劳动合同时，应履行《劳动合同法》第 41 条、第 43 条规定的向工会或全体职工说明情况、听取工会或职工的意见等程序性义务，否则，应认定用人单位单方解除劳动合同行为违法，要承担支付经济赔偿金的责任。

（3）用人单位的惩处决定，除轻微的口头警告以外，其他都应以书面形式作出。在实务中，企业会根据劳动者违纪的情况填写员工违规过失处分单。

【劳动关系管理文书范本 10－2】

员工违规过失处分单

过失人姓名		部门		职务	
违规过失时间	年　月　日　时或在　至　期间			见证人	（签字）
违规过失事件描述：					
违规过失属于：违反______规定（办法）第______条第______款 规定条款原文： 失职程度：□轻微　□一般　□严重　□重大 累计次数：□初次　□第二次　□第三次　□第四次					
处罚决定 行政处罚：□口头警告　□书面警告　□记小过　□记大过　□调岗　□降级　□免职　□辞退 经济处罚：□赔偿______元　□罚款______元　□扣奖______元　□减薪______级 其他处罚：					
处分人(签字)：　　日期：					
审批情况：（处分执行情况） 本部部长（签字）：　年　月　日 人事部部长（签字）：　年　月　日 总经理（签字）：　年　月　日 人事主管（签字）：　年　月　日					

（4）用人单位的惩处决定应当送达劳动者。送达是处理职工的必经程序，这是许多用人单位容易忽略的地方，也常常是导致仲裁和诉讼失败之处。要确定处理意见或者解除劳动合同的书面通知已经送达违纪员工本人。本人不在的，交其同住成年亲属签收，直接送达有困难的可以邮寄送达，以挂号查询回执上注明的收件日期为送达日期。只有在受送达职工下落不明，或者用上述送达方式无法送达的情况下，方可公告送达，即张贴公告或者通过新闻媒体通知等。

总之，用人单位要依法惩处员工，无论是规章制度的制定，还是惩处决定的作出，程序问题始终都不可大意。

【引例分析】本案中，公司仅凭自己单方所作的会议记录便得出刘先生“多次煽动怠工，造成极坏的影响”的结论，缺乏事实依据。因此，公司在缺乏充分证据证实刘先生“多次煽动怠工”的情况下便作出开除决定，并用张贴公告的方式公示的行为显然存在过错，该行为足以使刘先生的社会评价降低、名誉受损，应当向受侵害一方刘先生承担民事赔偿责任。

根据《最高人民法院关于审理名誉权案件若干问题的解释》，国家机关、社会团体、企事业单位等部门对其管理的人员作出的结论或者处理决定，当事人以其侵害名誉权向人民法院提起诉讼的，人民法院不予受理。在本案中，虽然单位与刘先生是管理与被管理的关系，但本案双方当事人纠纷的起因是解除劳动合同，而在劳动合同的范畴里，双方是合同法上平等主体的关系，单位在解除劳动合同中的不当行为侵害了劳动者的名誉，因此应当承担相应的民事责任。

模块十一 劳动争议处理

导学

本模块主要介绍我国劳动法律的劳动争议处理体制，以及劳动争议协商、劳动争议调解、劳动争议仲裁和劳动争议诉讼等基本制度。学习本章，可以明确劳动者都有什么法律机制保护，遇到纠纷时该怎样处理。

知识要点

1. 理解劳动争议的概念、特点和范围。

2. 掌握劳动争议处理体制的主要内容，理解劳动争议协商与调解、仲裁与诉讼的关系。

3. 掌握劳动争议调解组织的类型，了解劳动争议调解程序。

4. 掌握劳动争议仲裁的基本制度，了解劳动争议仲裁程序。

5. 了解劳动争议诉讼的基本制度。

能力目标

1. 通过学习劳动争议处理制度具体内容，学会处理劳动争议的基本技能：能够根据法定的劳动争议处理程序处理劳动争议；会起草劳动争议处理的各类法律文书，包括申请书、答辩书、调解书、委托授权书等；会根据需要准备劳动争议处理的证据等。

2. 树立以人为本和建设和谐社会的理念，强化程序公正意识，密切联系实际，分析纠纷，解决问题，把理论的学习融入对劳动争议处理实践的认识之中。

理论知识

知识单元一 劳动争议处理的范围、原则和体制

引例

为什么赢了案子却又成了被告？

【案情】2012 年 3 月 1 日，王某与南京某投资管理顾问有限公司签订劳动合同，约定每月工资 8 000 元。2012 年 3 月、4 月公司每月发放王某 5 000 元工资，5 月工资未发放，也没有给王某办理社会保险手续。5 月 31 日，公司以违反劳动纪律为由将王某辞退，而对所欠工资却没有任何说法。王某反复与公司交涉，要求公司补发拖欠工资、补办参保手续，但都没有结果。6 月下旬，王某到南京市鼓楼区劳动争议仲裁委员会申请仲裁，9 月 18 日，仲裁庭裁决该公司支付拖欠王某的工资 14 000 元、补缴社会保险金。王某拿到《仲裁裁决书》后松了一口气，以为事情快解决了，没想到公司不但迟迟不执行仲裁的裁决，反而在 10 月初向鼓楼区法院起诉王某。王某怎么也没有想到自己又变成了被告，只得放弃去外地工作的机会，全力以赴准备应诉材料。

2012 年 11 月开庭后，王某一直忐忑不安地等待着判决结果，虽然他也参加过几场招聘会，可由于精神状态不好，他一直没有找到新"东家"。"近一年的时间，我都耗在了这场官司里，实在不值，我们劳动者维权怎么就这么难呢？"王某表示，如果当初知道要耗上这么长时间，他绝对不会坚持要讨回 14 000 元的工资。

注：当地月最低工资标准为 1 000 元/月。

一、劳动争议概述

劳动争议又称劳资纠纷、劳资争议，是指劳动关系双方当事人因实现劳动权利和履行劳动义务而发生的纠纷。由于劳动者和用人单位在劳动力市场上的地位不同，双方既非完全的合作，也非完全的竞争，因此容易出现矛盾和冲突，由此产生"劳动争议"。

劳动争议具有如下主要特征：

(1) 当事人特定。劳动争议的双方当事人即劳动权利义务的承受者，包括用人单位和劳动者。在特定情况下，劳动者因病、工伤等原因死亡的，其亲属可以作为劳动争议的当事人。

(2) 发生争议的主体之间存在劳动关系。劳动争议实质上是劳动关系当事人之间利益矛盾、利益冲突的表现。只有存在劳动关系，才有可能发生劳动争议。

(3) 劳动争议的内容是劳动权利义务。劳动争议是在生产劳动过程中，双方因实现劳动而引发的纠纷。只有双方因劳动权利和劳动义务发生纠纷，才可能是劳动争议。

二、劳动争议的范围

在劳动关系领域发生的所有争议，也并不能全部归属于劳动争议的范畴。目前我国对于劳动争议范围的判定主要依据《劳动争议调解仲裁法》第 2 条的规定。该法扩大了劳动争议的受理范围，既有利于劳动者维权，也能有效防止有关职能部门因法律规定不明确而互相推诿的情况发生。明确劳动争议的范围，对于依法受理和处理劳动争议案件，合法、及时、公正地保护当事人的合法权益非常重要。劳动争议的范围主要包括以下方面：

（1）因确认劳动关系发生的争议。

因确认劳动关系发生的争议是指用人单位和劳动者之间针对双方是否存在劳动关系而发生的争议。《劳动争议调解仲裁法》将“因确认劳动关系发生的争议”纳入了受理范围，由于劳动关系是处理许多劳动争议的前提，因此劳动关系的确认至关重要。

（2）因订立、履行、变更、解除和终止劳动合同发生的争议。

劳动合同是劳动者和用人单位确立劳动关系，明确双方权利义务的协议。双方劳动关系涉及订立、履行、变更、解除和终止劳动合同的全过程，这一过程任一环节发生的争议，都属于劳动争议的范围。

（3）因除名、辞退和辞职、离职发生的争议。

这类劳动争议主要基于解除或终止劳动关系而发生。所谓除名，是指用人单位专门对无正当理由经常旷工，经批评教育无效，且旷工时间超过法定期限的职工，依法采取的一种强行解除劳动关系的行政处理措施。随着《企业职工奖惩条例》的废除，“除名”实际上已经很少使用。所谓辞退，是指用人单位根据生产经营状况和富余职工的情况，按照有关规定与职工结束劳动关系的一种行为。所谓辞职，是指劳动者向用人单位提出解除劳动合同或劳动关系的行为。所谓离职，是指离开现有单位，有两种情况：一种是离职休养、离职入校学习进修或停薪留职，这种离职不终止劳动法律关系；另一种是职工本人要求辞职被单位批准离职、被单位辞退离职、自动离职等，这种离职终止劳动法律关系。因以上行为所发生的劳动争议均属于劳动争议的范围。

（4）因工作时间、休息休假、社会保险、福利、培训以及劳动保护发生的争议。

因工作时间、休息休假发生的争议主要涉及在用人单位工作时间的规定是否符合法律规定，劳动者是否享受法定节假日、带薪休假的权利方面产生的争议。

因社会保险而产生的劳动争议是指在工伤保险、医疗保险、生育保险、待业保险、养老保险、病假待遇、死亡丧葬抚恤等社会保障待遇方面产生的争议。

因福利、培训发生的劳动争议，是指在劳动合同约定的培训、福利待遇的履行方面产生的争议。

因劳动保护发生的劳动争议，是指为保障劳动者在劳动过程中获得适宜的劳动条件而采取保护措施方面产生的争议。

【拓展阅读】

劳动者要求补办社保手续、补缴社保费的争议，是劳动争议吗？

解答：因为用人单位缴纳社保的义务属于社会保险法上的义务，而不是劳动法上的义务，社会保险法是公法，而不是私法，所以，用人单位不依法为劳动者缴纳社会保险费，违反的是公法义务而非私法义务。劳动者如要起诉，也只能起诉社会保险经办机构的行政不作为侵犯到他将来的社会保险待遇方面的利益，而不应当直接起诉用人单位为其补办社保手续或补缴社保费。因此这类补办、补缴社保费的案件应当作为行政案件而不是劳动争议案件来处理。

（5）因劳动报酬、工伤医疗费、经济补偿或者赔偿金等发生的争议。

（6）法律、法规规定的其他劳动争议。

三、劳动争议处理的原则

根据《劳动争议调解仲裁法》第 3 条的规定，解决劳动争议，应当根据事实，遵循合法、公正、及时、着重调解的原则，依法保护当事人的合法权益。所以，解决劳动争议的基本原则有：合法原则、公正原则、着重调解原则、及时处理原则。

（一）合法原则

企业劳动争议的处理机构在处理争议案件时，要以法律为准绳，并遵循有关法定程序。以法律为准绳，即对企业劳动争议的处理要符合国家有关劳动法规的规定，严格依法裁决。遵循有关法定程序，即对企业劳动争议的处理要严格按照程序法的有关规定办理。

（二）公正原则

争议处理机构在处理企业劳动争议案件的过程中，应当公正、平等地对待双方当事人，处理程序和处理结果不得偏向任何一方。

（三）着重调解原则

处理劳动争议着重以调解方式解决，促使双方当事人达成协议并认真履行。调解有利于矛盾的解决，避免激化矛盾，及时维护双方权益。

（四）及时处理原则

劳动争议的处理机构在处理劳动争议案件时，要在法律和有关规定要求的时间范围内对案件进行受理、审理和结案，无论是调解、仲裁还是诉讼，都不得违背时限方面的要求。按照《劳动争议调解仲裁法》的规定，提起仲裁一方自知道或应当知道权利受到侵害之日起 1 年内提出，仲裁裁决应当自劳动争议发生之日起 60 日内提出。裁决案件应当自受理仲裁申请之日起 45 日内结束。当事人对仲裁裁决不服的，可以自收到仲裁裁决之日起 15 日内向人民法院提起诉讼。劳动争议案件的各方参与人都应遵循法定期限的规定。

四、劳动争议处理的方式

一般市场经济国家解决劳动争议的方式有多种，包括调解和调停（斡旋）、仲裁、司法等多种处理途径。《劳动争议调解仲裁法》第 5 条规定："发生劳动争议，当事人不愿协商、协商不成或者达成和解协议后不履行的，可以向调解组织申请调解；不愿调解、调解不成或者达成调解协议后不履行的，可以向劳动争议仲裁委员会申请仲裁；对仲裁裁决不服的，除本法另有规定的外，可以向人民法院提起诉讼。"在劳动争议产生以后，我国解决争议的途径有四种：协商、调解、仲裁与诉讼，见图 11－1。

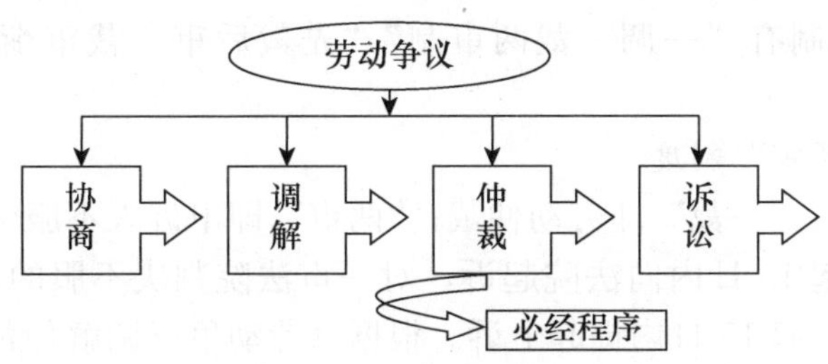

图 11-1　劳动争议解决途径

（一）协商

劳动争议的协商是指发生争议的劳动者与用人单位通过自行协商，或者劳动者请工会或者其他第三方共同与用人单位进行协商，从而使当事人的矛盾得以化解，自愿就争议事项达成协议，使劳动争议及时得到解决的一种活动。协商是劳动争议双方当事人通过商议达成互相谅解，或者各自作出让步解决劳动争议的方法。协商建立在双方自愿的基础上，任何一方，或者第三方都不得强迫另一方当事人进行协商。

（二）调解

调解是解决劳动争议的法定形式之一。调解是指法定的各类劳动争议调解组织，以国家法律、法规和政策及社会公德为依据，对纠纷双方进行疏导、劝说，促使双方相互谅解，进行协商，自愿达成协议，解决劳动争议的一种方式。调解劳动争议，就是要做劳资双方的思想工作，以事实为依据，根据法律、法规和政策，陈述利害，晓之以理，动之以情，帮助双方解决分歧，就争议事项达成共识。调解也遵循自愿原则，是否申请组织调解、调解过程中是否与对方达成协议等，由双方当事人自主决定。

（三）仲裁

不愿调解、调解不成或达成调解协议后不履行的，可以向劳动争议仲裁委员会申请仲裁。劳动争议仲裁是指经争议当事人申请，由劳动争议仲裁机构对用人单位和劳动者之间的争议进行评价，在查明事实、明确是非、分清责任的基础上，依法作出裁决并对当事人具有法律约束力的一种劳动争议处理方式。仲裁具有准司法的性质。

（四）诉讼

劳动争议诉讼是指人民法院对当事人不服劳动争议仲裁机构的裁决或决定而起诉的劳动争议案件，依照法定程序进行审理和判决，并对当事人具有强制执行力的一种劳动争议处理方式。

我国的劳动争议诉讼属于民事诉讼的一种特殊类型，目前由民事审判庭依据《中华人民共和国民事诉讼法》和《劳动争议调解仲裁法》的规定，对劳动争议案件进行审理，实行两审终审制。劳动争议一方当事人不服一审法院判决的，可以向上一级人民法院提起上诉。二审的判决是终审判决，是生效的判决，当事人必须履行。

五、劳动争议处理的体制

劳动争议处理体制又称劳动争议处理体系，是指由劳动争议处理的各种机构和方式在劳动争议处理过程中的各自地位和相互关系所形成的有机整体。根据《劳动争议调解仲裁法》第 5 条和第 47 条、《劳动法》第 83 条及《民事诉讼法》的相关规定，我国现行的劳动争议处理体制有“一调一裁两审制”“先裁后审、裁审衔接”“部分案件一裁终局”。

（一）“一调一裁两审”制度

“一调”是指调解；“一裁”即劳动仲裁；“两审”即申诉人不服劳动仲裁部门的裁决，可在收到裁决书之日起15日内向法院起诉，对一审法院判决不服的，当事人还可以在收到判决书或裁定书之日起15日内提起上诉。根据《劳动争议调解仲裁法》第5条的规定，发生劳动争议，当事人不愿协商、协商不成或者达成和解协议后不履行的，可以向调解组织申请调解；不愿调解、调解不成或者达成调解协议后不履行的，可以向劳动争议仲裁委员会申请仲裁；对仲裁裁决不服的，除该法另有规定的外，可以向人民法院提起诉讼。

（二）“先裁后审、裁审衔接”制度

在四种处理劳动争议的方式中，协商和调解并非必经程序，当事人可以不经协商或调解而直接向劳动仲裁委员会申请仲裁，也可在协商和调解不成时再申请仲裁。劳动仲裁是诉讼的前置程序和必经程序，只有对仲裁裁决不服时才可向法院提起诉讼。

（三）部分案件的“一裁终局”制度

根据《劳动争议调解仲裁法》第47条的规定，下列劳动争议，仲裁裁决为终局裁决，裁决书自作出之日起发生法律效力：（1）追索劳动报酬、工伤医疗费、经济补偿或者赔偿金，不超过当地月最低工资标准12个月金额的争议；（2）因执行国家的劳动标准在工作时间、休息休假、社会保险等方面发生的争议。

【引例分析】引例中的王某赢了案子却又成了被告，是由我国劳动争议的“先裁后审、裁审衔接”的处理机制决定的。王某虽然在仲裁程序中胜诉，但仲裁裁决并非终局结论。按照我国的劳动争议解决机制，当事人对仲裁裁决不服的，除《劳动争议调解仲裁法》另有规定的外，可以向人民法院提起诉讼。劳动争议诉讼才是解决劳动争议的最终方式。对方当事人不服仲裁裁决的，可以在法定期限内提起诉讼，这是当事人的诉讼权利。

知识单元二　劳动争议协商和调解制度

引例

劳动争议调解及时化解矛盾

【案情】为了拆下电风扇插座，一位在食品厂工作的妇女不幸在该厂食堂内触电身亡。事发后，死者家属和食品厂老板在安定镇派出所协商善后事宜，死者的丈夫叶某要求对方支付各项赔偿金共计80万元，但食品厂老板只同意赔偿30万元，双方因此僵持不下。当天下午4点多，失去耐心的死者亲属情绪开始激动，准备将死者遗体运到食品厂老板家中，声称不按其要求赔偿绝不安葬。此时，食品厂老板数十名亲友闻讯赶来，双方陷入对峙，如果事件得不到及时解决，一场群体性事件眼看就要发生。

下午5点，安定镇人民调解委员会接到报告后，迅速赶到现场，并联合该地司法所、派出所给死者家属释明法律，告知其如果进入诉讼程序将会面临的风险，同时告知食品厂老板如果对方起诉将要按工伤保险待遇进行赔偿，赔偿数额将会达到40多万元。经过反复多次地劝说后，双方各让一步，于当天晚上达成了调解协议，矛盾终于被化解。

劳动者同用人单位发生劳动纠纷后，如果能协商解决应尽可能争取协商解决，在协商无效的情况下，也可以向第三方机构申请调解。我国《企业劳动争议协商调解规定》对劳动争议协商和劳动争议调解这两种方式作出了明确的规定。

一、劳动争议协商制度

（一）劳动争议协商的概念

协商即人们通常所说的“私了”，是指纠纷主体双方以平等协商、相互妥协的方式和平地解决纠纷的方法。协商的过程和结果均取决于纠纷双方主体的意愿。协商可以有第三者协助或主持，也可以没有第三者参与。

（二）协商程序

根据《企业劳动争议协商调解规定》的规定，发生劳动争议，一方当事人可通过与另一方当事人约见、面谈等方式协商，另一方应在5日内作出口头或者书面回应（超过5日不回应视为拒绝协商），双方书面约定协商期限。协商达成一致，签订书面和解协议。

（三）协商期限

协商期限由当事人书面约定，在约定期限内未达成一致的，视为协商不成；当事人可以书面约定延长期限。

（四）协商代表

职工可以要求所在企业工会参与或者协助其与企业进行协商。工会也可以主动参与劳动争议的协商处理，维护职工合法权益。职工可以委托其他组织或者个人作为其代表进行协商。

（五）法律效果

协商达成的和解协议，对双方当事人具有约束力，当事人应当履行。经仲裁庭审查，和解协议程序和内容合法有效的，仲裁庭可以将其作为证据使用。和解协议不具有强制执行力。当事人为达成和解的目的作出妥协所涉及的对争议事实的认可，不得在其后的仲裁中作为对其不利的证据。

（六）程序衔接

当事人不愿协商、协商不成或者达成和解协议后，一方当事人在约定的期限内不履行和解协议的，可以依法向依法设立的调解组织申请调解，也可以依法向劳动人事争议仲裁委员会申请仲裁。

二、劳动争议调解制度

（一）劳动争议调解的概念

劳动争议调解是指专门的调解组织依法通过调解的方式处理申请调解的劳动争议案件的一种方式。发生劳动争议，当事人不愿协商、协商不成或者达成和解协议后不履行的，可以向调解组织申请调解。劳动争议调解具有以下特点：

（1）调解机构是社会组织，而不是国家机关。

（2）调解活动具有任意性，法律没有对调解作固定程序和形式的要求，调解活动没有严格详尽的法定程序。

（3）调解书仅具有合同性质，不具有强制执行的效力。劳动争议基层调解与仲裁、审判活动不同，调解活动参加人不具有诉讼活动中的权利和义务，调解组织没有对劳动争议的强制处理权，经调解达成的协议没有法律强制力保证，调解组织也不能强制当事人执行。

（二）劳动争议调解的原则

1. 自愿原则

劳动争议调解组织依据法律规定，遵循双方当事人自愿原则进行调解。经调解达成协议的，制作调解协议书，双方当事人应当自觉履行；调解不成的，当事人在规定的期限内可以向劳动争议仲裁委员会申请仲裁。

2. 引导和疏导原则

调解组织既不是国家司法机关，也不是行政机关，因此，在调解案件时，其手段不同于诉讼和仲裁，更多地倾向于说服教育、耐心疏导的方式，动员双方达成协议。

（三）调解组织

《劳动争议调解仲裁法》第10条规定了三种类型的劳动争议调解组织。

1. 企业劳动争议调解委员会

企业劳动争议调解委员会是由企业内部依法建立的单位内部专门处理劳动争议的机构，具有相对独立的地位，在进行劳动争议调解工作时，不受单位行政和任何人的干预。其由职工代表和企业代表组成。职工代表由工会成员担任或者由全体职工推举产生，企业代表由企业负责人指定。企业劳动争议调解委员会主任由工会成员或者双方推举的人员担任。

2. 依法设立的基层人民调解组织

居民委员会、村民委员会下设的人民调解委员会是依法设立的基层人民调解组织。人民调解组织可以就劳动争议进行调解，其性质属于诉讼外解决争议，具有化解矛盾争议的积极作用。

3. 在乡镇、街道设立的具有劳动争议调解职能的组织

根据《劳动争议调解仲裁法》的规定，可以在乡镇、街道设立的具有劳动争议调解职能的组织，主要包括在小型非公有制企业和非正规就业人员比较集中，劳动争议多发的区、县、乡镇、街道、开发区、社区及行业设立的区域性、行业性劳动争议调解组织。

（四）调解的基本程序

1. 申请调解

当事人申请调解，可以以书面形式，也可以以口头形式。口头申请的，调解组织应当当场记录申请人的基本情况，申请调解的争议事项、理由和时间。因调解程序也有时限要求，口头申请需要记录申请时间，作为调解组织收到调解申请的时间依据。发生劳动争议，当事人没有提出调解申请，调解委员会可以在征得双方当事人同意后主动调解。

2. 调解受理

调解委员会接到调解申请后，对属于劳动争议受理范围且双方当事人同意调解的，应

当在3个工作日内决定是否受理。调解委员会主要就三项内容进行审查：一是调解申请人的资格；二是争议案件是否属于劳动争议案件；三是争议案件是否属调解委员会受理的范围。调解委员会在对案件进行审查后，就可以作出是否受理的决定，并及时将决定通知双方当事人。对不属于劳动争议受理范围或者一方当事人不同意调解的，应当做好记录，并书面通知申请人。

3. 实施调解

调解委员会根据案件情况指定调解员或者调解小组进行调解，在征得当事人同意后，也可以邀请有关单位和个人协助调解。调解员应当全面听取双方当事人的陈述，采取灵活多样的方式方法，开展耐心、细致的说服疏导工作，帮助当事人自愿达成调解协议。

4. 调解协议及其执行

经调解达成协议的，应当制作调解协议书。调解协议书应当写明双方当事人基本情况、调解请求事项、调解的结果和协议履行期限、履行方式等。

调解协议书由双方当事人签名或者盖章，经调解员签名并加盖调解委员会印章后生效。

达成调解协议后，一方当事人在协议约定期限内不履行调解协议的，另一方当事人可以依法申请仲裁。

因支付拖欠劳动报酬、工伤医疗费、经济补偿或者赔偿金事项达成调解协议，用人单位在协议约定期限内不履行的，劳动者可以持调解协议书依法向人民法院申请支付令。人民法院应当依法发出支付令。

【引例分析】案例中的双方因赔偿金问题僵持不下，几近引发群体性冲突。由于调解委员会联合司法所、派出所进行及时调解，双方最后在调解下达成一致，避免了事态恶化。由此可以看出，调解虽然不是劳动争议处理的必经程序，但是在解决劳动争议过程中起着很大的作用。它具有解决劳动纠纷省时省力，避免矛盾进一步扩大的特点，而且争议双方在相互不伤和气的氛围下不仅容易达成一致，而且达成的协议也更容易让当事人遵守和履行。劳动争议调解是劳动争议处理制度中的一道非常重要的防线。

知识单元三　劳动争议仲裁制度

引例

仲裁时效让她败诉

【案情】1996年，王素芳（化名）从沈阳市一家木工工具厂退休。那一年，当她去换退休证时，发现领到的工资与退休证上规定的工资不符，于是开始找厂领导，要求查看工资表。厂领导以工资没有错误为由拒绝了她的请求。1999年，王素芳找到工厂的上级单位——和平区工业局。经过一年多的努力，2000年4月，她终于在和平区工业局看到了自己的档案，结果发现自己的大专（肄业）学历被写成了“中专”。此外，在1992年、1993年、1995年的工资表上，她发现自己未享受到应有的调资待遇。王素芳多次找厂领导要求解决此事，但均遭拒绝。2003 年 7 月，王素芳向沈阳市和平区劳动争议仲裁委员会提出申诉。但出人意料的是，仲裁委员会居然没有受理她的案子。王素芳当然不能接受这个结果，于是向法院提起诉讼。法院认为：原被告产生的各项劳动争议是 1996 年至 2000 年 4 月之间发生的，但迟至 2003 年 7 月原告才向劳动争议仲裁委员会提出申诉，这已超过法定的时效。所以法院对原告的诉讼请求不予支持。

一、劳动争议仲裁的概念和特点

作为一种法定的解决劳动争议的途径，劳动争议仲裁是指由依法成立的劳动争议仲裁委员会作为中立的第三方，遵循法律原则和程序，对劳动关系双方发生的劳动争议进行调解和裁决的一项劳动法律制度。与调解相比，仲裁具有更强的权威性和强制力；与诉讼相比，仲裁更加省时省力。作为诉讼前必然要经历的程序，劳动争议仲裁对解决劳动争议发挥着重要作用。

劳动争议仲裁具有如下特点：（1）仲裁的对象是劳动争议；（2）仲裁具有权威性和公正性；（3）仲裁是诉讼的前置程序；（4）提起仲裁必须当事人自愿；（5）仲裁的判决结果具有法律约束力。

二、劳动争议仲裁的基本原则

（一）一次裁决原则

任何一级劳动争议仲裁委员会的裁决都是最终裁决，当事人不服裁决，不能向上一级仲裁委员会再次申请仲裁，只能在规定的期限内向人民法院起诉。

（二）强制原则

发生争议的双方无须达成一致，只要争议一方当事人提出仲裁申请即能引起劳动争议仲裁程序的开始。仲裁结果具有强制执行的法律效力。无论是仲裁调解书，还是仲裁裁决书，只要双方签字盖章或未在法定期限内向人民法院起诉，便产生强制执行的法律效力，当事人一方不履行的，另一方可向人民法院申请强制执行。

（三）公开原则

劳动争议仲裁公开进行，但当事人协议不公开进行或者涉及国家秘密、商业秘密和个人隐私的除外。

三、劳动争议仲裁的基本制度

（一）劳动争议仲裁的管辖制度

劳动争议仲裁的管辖制度是指规定当事人应当向哪一个仲裁机构申请仲裁、由哪一个仲裁机构负责受理的法律制度。

1. 地域管辖制度

地域管辖制度是指同级劳动争议仲裁机构按空间范围确定受理劳动争议案件的分工。地域管辖分为以下两种情况：

（1）一般地域管辖。《劳动争议调解仲裁法》第 21 条第 2 款规定：“劳动争议由劳动合同履行地或者用人单位所在地的劳动争议仲裁委员会管辖。双方当事人分别向劳动合同履行地和用人单位所在地的劳动争议仲裁委员会申请仲裁的，由劳动合同履行地的劳动争议仲裁委员会管辖。”这是管辖的一般原则。赋予劳动合同履行地管辖优先的地位，不仅方便劳动者提起仲裁，也有利于查清案件事实，及时裁决。

(2) 特殊地域管辖。原劳动部规定，我国公民与国外企业签订的劳动合同的合同履行地在我国境内，因履行该合同发生争议的，由合同履行地仲裁委员会受理。

2. 级别管辖制度

级别管辖是指上下级仲裁委员会之间对于受理劳动争议案件的分工和权限，主要根据案件性质、影响范围和繁简程度而定。按照我国法律法规的规定，一般县、市、市辖区仲裁委员会负责本行政区内发生的劳动争议。设区的市的仲裁委员会和市辖区的仲裁委员会受理劳动争议案件的范围，由省、直辖市的人民政府规定。

(二) 仲裁员回避制度

所谓仲裁员回避制度，是指根据法律的规定，负责审理某一具体仲裁案件的仲裁员，因具有法律规定的相关情形，而避开或者退出对该案的审理的一项法律制度。设置仲裁员回避制度是基于保证公正性的需要，源于最古老的自然正义原则——任何人不得当自己的法官的原则。根据《劳动争议调解仲裁法》第33条的规定，仲裁员有下列情形之一，应当回避，当事人也有权以口头或者书面方式提出回避申请：

(1) 是本案当事人或者当事人、代理人的近亲属的。

(2) 与本案有利害关系的。

(3) 与本案当事人、代理人有其他关系，可能影响公正裁决的。

(4) 私自会见当事人、代理人，或者接受当事人、代理人的请客送礼的。

(三) 仲裁时效制度

仲裁时效制度是指当事人因劳动争议纠纷要求保护其合法权利，必须在法定的期限内向劳动争议仲裁委员会提出仲裁申请，否则，法律规定消灭其申请仲裁权利的一种时效制度。劳动争议申请仲裁的时效期间为一年，从当事人知道或者应当知道其权利被侵害之日起计算。劳动关系存续期间因拖欠劳动报酬发生争议的，劳动者申请仲裁不受规定的仲裁时效期间的限制；但是，劳动关系终止的，应当自劳动关系终止之日起一年内提出。

(四) 仲裁不收费制度

《劳动争议调解仲裁法》第53条规定：“劳动争议仲裁不收费。劳动争议仲裁委员会的经费由财政予以保障。”无论是劳动者还是用人单位提起劳动争议仲裁，均无须承担任何费用。

四、劳动争议仲裁组织机构及其职责

(一) 劳动争议仲裁组织机构的设立及组成

我国审理劳动争议的组织或机构是劳动争议仲裁委员会。根据《劳动争议调解仲裁法》第17条的规定，劳动争议仲裁委员会按照统筹规划、合理布局和适应实际需要的原则设立。省、自治区人民政府可以决定在市、县设立；直辖市人民政府可以决定在区、县设立。直辖市、设区的市也可以设立一个或者若干个劳动争议仲裁委员会。劳动争议仲裁委员会不按行政区划层层设立。我国劳动争议仲裁委员会的设置见图11-2。

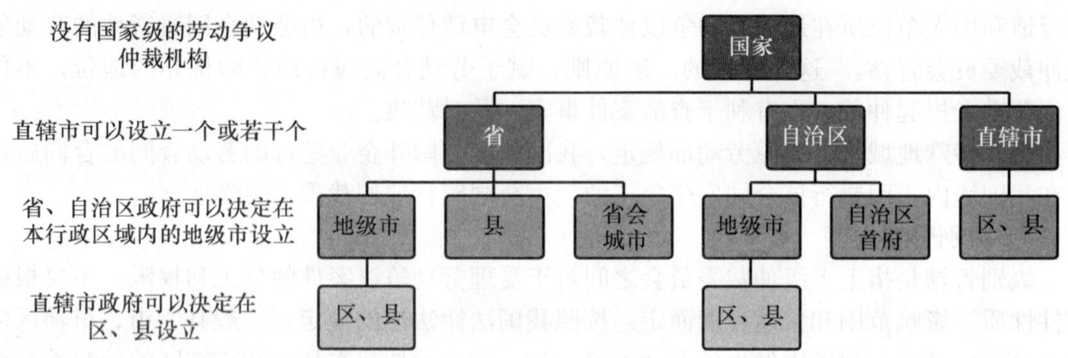

图 11－2 我国劳动争议仲裁委员会的设置

劳动争议仲裁委员会的成员由劳动行政部门代表、工会代表和企业方面代表组成。劳动争议仲裁委员会组成人员应当是单数。劳动争议仲裁委员会虽为常设机构，但其人员以兼职为主，不是常年集中、固定办公的机构。为日常管理工作的需要，劳动争议仲裁委员会下设办事机构，负责处理劳动争议仲裁委员会的日常工作。

（二）劳动争议仲裁委员会的职责

劳动争议仲裁委员会依法履行下列职责：(1) 聘任、解聘专职或者兼职仲裁员；(2) 受理劳动争议案件；(3) 讨论重大或者疑难的劳动争议案件；(4) 对仲裁活动进行监督。

（三）仲裁庭

仲裁庭是仲裁委员会处理劳动争议案件的基本组织形式，代表劳动争议仲裁委员会对具体的劳动争议案件行使仲裁权。它是经由一定程序选出来的仲裁员组成的非常设性处理劳动争议案件的专门机构。仲裁庭的组织形式可分为合议庭制和独任庭制。

合议庭制是指仲裁庭由三名仲裁员组成，且三名仲裁员中设一名首席仲裁员。合议庭制是对劳动争议案件进行仲裁时经常采用的组织形式。裁决劳动争议案件实行合议庭制，既有利于充分发挥集体智慧，对案件作出公正裁决，又有利于仲裁庭内部意见的集中与统一，及时对劳动争议案件作出裁决。同时，仲裁庭的组成人员规定为单数，是为了确保仲裁庭成员对案件的裁决有不同意见时，可根据少数服从多数的原则形成最终裁决，而不至于因仲裁庭内部意见无法统一而影响案件的及时裁决。

独任庭制是指由一名仲裁员组成仲裁庭对简单劳动争议案件进行仲裁。相对于合议庭制而言，独任庭制更加迅速、便捷、经济。一些简单的劳动争议可以采用独任庭制。

五、劳动争议仲裁的程序

（一）劳动争议仲裁申请和受理

1. 申请

劳动争议仲裁实行不告不理原则，即仲裁程序因当事人提出申请而启动。申请人申请仲裁应当提交书面仲裁申请，并按照被申请人人数提交副本。书写仲裁申请确有困难的，可以口头申请，由劳动争议仲裁委员会记入笔录，并告知对方当事人。

仲裁申请书应当载明下列事项：(1) 劳动者的姓名、性别、年龄、职业、工作单位和住所，用人单位的名称、住所和法定代表人或者主要负责人的姓名、职务；(2) 仲裁请求和所根据的事实、理由；(3) 证据和证据来源、证人姓名和住所。

【劳动关系管理文书范本 11－1】

劳动争议仲裁申请书

申请书一般包括三部分：(1) 首部，包括标题、争议当事人。(2) 正文部分，包括仲裁请求、事实和理由。(3) 尾部。

2. 受理

受理表明程序正式启动。《劳动争议调解仲裁法》进一步规范了劳动争议仲裁的受理行为。《劳动争议调解仲裁法》第 29 条规定："劳动争议仲裁委员会收到仲裁申请之日起五日内，认为符合受理条件的，应当受理，并通知申请人；认为不符合受理条件的，应当书面通知申请人不予受理，并说明理由。对劳动争议仲裁委员会不予受理或者逾期未作出决定的，申请人可以就该劳动争议事项向人民法院提起诉讼。"

劳动争议仲裁委员会受理仲裁申请后，应当在 5 日内将仲裁申请书副本送达被申请人。被申请人收到仲裁申请书副本后，应当在 10 日内向劳动争议仲裁委员会提交答辩书。劳动争议仲裁委员会收到答辩书后，应当在 5 日内将答辩书副本送达申请人。被申请人未提交答辩书的，不影响仲裁程序的进行。

【劳动关系管理文书范本 11－2】

劳动争议仲裁答辩书

劳动争议仲裁答辩书一般包括三部分，即首部、正文、尾部。

首部部分应写明以下内容：(1) 标题，即"劳动争议仲裁答辩书"字样；(2) 答辩人信息。

正文部分，主要写明事实与理由。针对申诉书的请求事项、事实和理由提出答辩意见，并同时引用相关的法律、法规、政策规定以及有关证据进行反驳，以此说明申请人的主张没有合理性或者合法性。

尾部部分，包括呈送的仲裁机构名称、答辩人姓名或名称（签章）、申请时间（年月日）等内容以及证据目录等信息。

劳动争议仲裁程序中，当事人一方为用人单位的，需要填写"法定代表人身份证明书"。

【劳动关系管理文书范本 11－3】

法定代表人身份证明书

如果申请人或被申请人本人无法亲自申诉，可以委托他人参加劳动争议仲裁活动。委托他人的，应当填写授权委托书。授权委托书一式两份，如果是律师代理，还应当提交律师函。在书写授权委托书时，一定要写明委托的权限和委托的事项，并且双方要签名，受托人还应当提交身份证复印件。

【劳动关系管理文书范本 11－4】

授权委托书

（二）仲裁开庭准备

1. 组庭并告知

劳动争议仲裁委员会应当在受理仲裁申请之日起 5 日内将仲裁庭的组成情况书面通知当事人。仲裁庭应当在开庭 5 日前将开庭日期、地点书面通知双方当事人。当事人有正当理由的，可以在开庭 3 日前请求延期开庭。是否延期，由劳动争议仲裁委员会决定。

2. 决定回避

仲裁庭组成后，劳动争议仲裁委员会要对仲裁员进行审查，要求有《劳动争议调解仲裁法》第 33 条规定的情形之一的仲裁员回避，当事人有权以口头或者书面方式提出回避申请。

劳动争议仲裁委员会对回避申请应当及时作出决定，并以口头或者书面方式通知当事人。

（三）开庭和裁决

（1）开庭前的预备。书记员核对双方当事人和其他仲裁参与人到庭情况，按照如下顺序核对：申请人及其委托代理人；被申请人及其委托代理人；第三人及其委托代理人；其他诉讼参与人。书记员宣读仲裁庭纪律。然后由书记员向仲裁员报告仲裁庭准备工作就绪，请仲裁员入庭。

（2）（首席）仲裁员宣布开庭。

（3）开庭调查。庭审过程是围绕案件事实进行调查的过程。开庭调查，首先，由申请人提出仲裁请求，被申请人进行答辩、提出反请求；其次，根据申请和答辩，查清争议发生的时间、地点、经过及争议的焦点；最后，就双方当事人提供的或仲裁庭收集的证据进行调查即举证质证。举证是指当事人对自己主张的事实有义务提供证据。当事人提出的证据必须与本案有关，且证据来源要合法。举证时要说明证据的名称以及证明的目的。质证是指对方当事人就一方提出的证据的真实性、关联性和合法性进行质疑和反驳。质证要尊重对方的权利。

（4）开庭辩论。一般的辩论顺序是：先由双方当事人及其代理人分别向仲裁庭陈述其意见，然后由双方当事人及其代理人就争议问题互相进行辩论。辩论终结时，双方当事人陈述最后意见。辩论时禁止发表攻击对方人格的言论。

（5）调解和裁决。

1）调解。

仲裁庭在作出裁决前，可以根据当事人意愿先行调解，调解可以在仲裁庭的主持下进行。当事人不愿意调解的，仲裁庭则不进行调解。

调解达成协议的，仲裁庭应当制作调解书。调解书应当写明仲裁请求和当事人协议的结果。调解书由仲裁员签名，加盖劳动争议仲裁委员会印章，送达双方当事人。调解书经双方当事人签收后，发生法律效力。调解不成或者调解书送达前，一方当事人反悔的，仲裁庭应当及时作出裁决。

2）裁决。

当事人不愿调解或者调解达不成一致的，劳动争议仲裁委员会应当依法作出裁决。仲裁裁决是劳动争议仲裁委员会处理劳动争议的最终解决方式。根据《劳动争议调解仲裁法》第 45 条的规定，裁决应当按照多数仲裁员的意见作出，少数仲裁员的不同意见应当记入笔录。仲裁庭不能形成多数意见时，裁决应当按照首席仲裁员的意见作出。

仲裁委员会将裁决公开宣告并送达当事人，并告知当事人不服裁决的救济权利。当事人对《劳动争议调解仲裁法》第 47 条规定（一裁终局案件）以外的其他劳动争议案件的仲裁裁决不服的，可以自收到仲裁裁决书之日起 15 日内向人民法院提起诉讼；期满不起诉的，裁决书发生法律效力。

六、仲裁期限

仲裁庭裁决劳动争议案件应当自劳动争议仲裁委员会受理仲裁申请之日起 45 日内结束。案情复杂需要延期的，经劳动争议仲裁委员会主任批准，可以延期并书面通知当事人，但是延长期限不得超过 15 日。逾期未作出仲裁裁决的，当事人可以就该劳动争议事项向人民法院提起诉讼。

七、仲裁裁决的撤销

用人单位有证据证明《劳动争议调解裁法》第 47 条规定的仲裁裁决有下列情形之一，可以自收到仲裁裁决书之日起 30 日内向劳动争议仲裁委员会所在地的中级人民法院申请撤销裁决：

（1）适用法律、法规确有错误的。

（2）劳动争议仲裁委员会无管辖权的。

（3）违反法定程序的。

（4）裁决所根据的证据是伪造的。

（5）对方当事人隐瞒了足以影响公正裁决的证据的。

（6）仲裁员在仲裁该案时有索贿受贿、徇私舞弊、枉法裁决行为的。

八、仲裁文书的效力与执行

当事人对发生法律效力的调解书、裁决书，应当依照规定的期限履行。一方当事人逾期不履行的，另一方当事人可以依照民事诉讼法的有关规定向人民法院申请执行。受理申请的人民法院应当依法执行。

特殊案件实行先予执行制度。根据《劳动争议调解仲裁法》第 44 条的规定，仲裁庭对追索劳动报酬、工伤医疗费、经济补偿或者赔偿金的案件，根据当事人的申请，可以裁决先予执行，移送人民法院执行。仲裁庭裁决先予执行的，应当符合下列条件：（1）当事人之间权利义务关系明确；（2）不先予执行将严重影响申请人的生活。劳动者申请先予执行的，可以不提供担保。

【引例分析】王素芳的败诉，不是输在了实体上，而是输在了时间上。她应当在发现合法权益受到侵害之后马上采取法律手段，而不是寄希望于厂领导或其上级单位主动纠错，以至于拖延了时间，最终过了法定的仲裁时效而自尝苦果。劳动争议申请仲裁的时效期间为 1 年。仲裁时效期间从当事人知道或者应当知道其权利被侵害之日起计算。无论是对劳动者还是对用人单位，仲裁时效都具有同样的强制效力。当事人如不遵守这些规定，法律将视其为对自己合法权益的放弃。仲裁时效是当事人一个有力的抗辩理由。当事人超过哪个阶段的诉讼时效，就丧失相应阶段公力救济对自己合法权益的保护。

知识单元四　劳动争议诉讼制度

一、劳动争议诉讼的概念

根据东汉许慎《说文解字》的解释："诉，告也""讼，争也……以手曰争，以言曰讼。"从字面上看，"诉"为叙说、告诉、告发、控告之意；"讼"为争辩是非、曲直之意。两个字连用即为向法庭告诉，在法庭上辩冤、争辩是非曲直，俗称"打官司"。

劳动争议诉讼，是指劳动争议当事人不服劳动争议仲裁委员会的裁决，在规定的期限内向人民法院起诉，人民法院依法受理后，依法对劳动争议案件进行审理的活动。此外，劳动争议的诉讼，还包括当事人一方不履行仲裁委员会已发生法律效力的裁决书或调解书，另一方当事人申请人民法院强制执行的活动。劳动争议诉讼程序的作用在于确保当事人能获得司法救济，保障当事人的合法权益，并对劳动争议仲裁裁决进行监督。

人民法院审理劳动争议案件适用《中华人民共和国民事诉讼法》所规定的诉讼程序。

二、劳动争议诉讼的种类

劳动争议诉讼的种类有：

（1）对被撤销的仲裁委员会裁决的起诉。

（2）仲裁委员会不予受理的劳动争议，当事人可以向人民法院提起诉讼。

（3）仲裁委员会逾期未作出裁决的劳动争议，当事人可以向人民法院提起诉讼。

（4）对仲裁委员会作出的裁决不服的，当事人在法定期限内向人民法院提起诉讼。根据《劳动争议调解仲裁法》第 5 条的规定，当事人对仲裁裁决不服的，除该法另有规定的外，可以向人民法院提起诉讼。

三、劳动争议诉讼的管辖

（一）地域管辖

劳动争议案件由用人单位所在地或者劳动合同履行地的基层法院管辖。劳动合同履行地不明确的，由用人单位所在地的基层法院管辖。当事人双方就同一仲裁裁决分别向有管辖权的法院起诉的，后受理的法院应当将案件移送给先受理的人民法院。劳动争议仲裁委员会往往在仲裁书中指明受诉的人民法院。

（二）级别管辖

级别管辖是指各级法院和同级法院之间受理第一审劳动争议案件的分工和权限。第一审劳动争议案件一律由基层人民法院管辖。

四、劳动争议诉讼时效

诉讼时效是民法上的一项重要制度，是指权利人在法定期间内不行使权利就丧失请求人民法院保护其民事权益的法律制度。我国《仲裁法》第 74 条规定："法律对仲裁时效有规定的，适用该规定。法律对仲裁时效没有规定的，适用诉讼时效的规定。"

劳动争议案件的诉讼时效与仲裁时效是有联系的。鉴于劳动争议仲裁是提起劳动争议诉讼的必经程序，而根据《劳动争议调解仲裁法》第 27 条和《劳动法》第 83 条的规定，劳动争议申请仲裁的时效期间为 1 年，自劳动者知道或者应当知道其权利受到侵害之日起计算。劳动争议当事人对仲裁裁决不服的，可以自收到仲裁裁决书之日起 15 日内向人民法院提起诉讼。一方当事人在法定期限内不起诉又不履行仲裁裁决的，另一方当事人可以申请人民法院强制执行。因此，劳动争议诉讼时效为"自收到仲裁裁决书之日起 15 日内"，即在收到仲裁裁决书之日起才发生诉讼时效的问题。逾期提起民事诉讼，人民法院不予受理。

五、劳动争议诉讼程序

（一）起诉受理

原告向法院起诉，应递交起诉状和有关的证据材料，并按照被告人数递交起诉状副本和证据副本。经审查，符合受理条件的，应当即受理，并办理相关立案手续。不符合受理条件的，法院应在收到诉状之日起 7 日内向原告送达不予受理裁定书。

（二）庭前准备

法院在受理案件后 5 日内向被告送达起诉状副本、应诉通知书、诉讼权利义务告知书、举证通知书、开庭传票。被告应诉后，法院向原告送达开庭传票。法院在依法传唤双方当事人的同时，应做好开庭的各种准备，如通知必须共同进行诉讼的当事人参加诉讼，调查必要的证据，向当事人告知合议庭的成员，主持庭前交换证据等。

为了维护自身的合法权益，被告应当依法应诉，并应在收到起诉状后 15 日内向人民法院提交答辩状及副本，在法院指定的举证期间内提交相关证据。被告应做好出庭参加诉讼的各种准备，依照人民法院的传唤，按时参加庭审。

（三）开庭审理

开庭审理时，首先由书记员宣布法庭纪律，由法官查明当事人到庭情况并询问当事人是否申请回避。开庭分为法庭调查、法庭辩论、法庭调解或判决等阶段。法庭调查主要是在法官的主导下，查明案件的事实，当事人在此阶段应当充分地举证、质证。法庭调查结束后，法官根据案件情况归纳本案的焦点，审理即转入辩论阶段。当事人在辩论阶段可以围绕本案焦点阐述自己的观点，充分行使辩护权。法庭辩论结束后，在法官主持下调解，双方当事人可以自愿达成调解协议，无法达成调解协议的，一般由法官当庭作出判决。如果案件复杂不适宜当庭宣判的，则定期宣告判决。判决自送达当事人之日起生效。

（四）上诉

当事人不服一审人民法院的判决或者裁定，可以在法定期间内向上一级人民法院提出上诉。当事人不服民事、行政判决的上诉期间为 15 日，裁定为 10 日；不服刑事判决的上诉期间为 10 日，裁定为 5 日。

（五）申请再审和申诉

当事人、当事人的法定代理人或有利害关系的案外人认为人民法院已经发生法律效力的民事、行政判决、裁定和调解确有错误时，可以申请再审。申请再审，应当在判决、裁定发生法律效力后 2 年内提出。当事人、当事人的法定代理人及其近亲属认为人民法院已经发生法律效力的刑事判决、裁定确有错误，可以申诉。申诉期限为从裁判生效之日起至被告人刑罚结束之日后 2 年。申请再审或申诉应当向作出生效裁判的人民法院提出。申请再审或者申诉，应当提交再审申请书或者申诉书，并附原裁判文书，有新证据的，应当一并提交。依照法律规定，申请再审或者申诉不影响已生效判决或裁定的执行。

（六）申请执行

判决书、裁定书、调解书、支付令发生法律效力后，债务人未按照上述文书所确定的期间履行债务的，债权人可以申请人民法院强制执行。申请执行的期限，双方或一方当事人为公民的为 1 年，双方是法人或者其他组织的为 6 个月。一方当事人未履行仲裁机构的裁决、公证机关依法赋予强制执行效力的债权文书、行政机关的处理或处罚决定的，对方当事人可以申请人民法院强制执行。

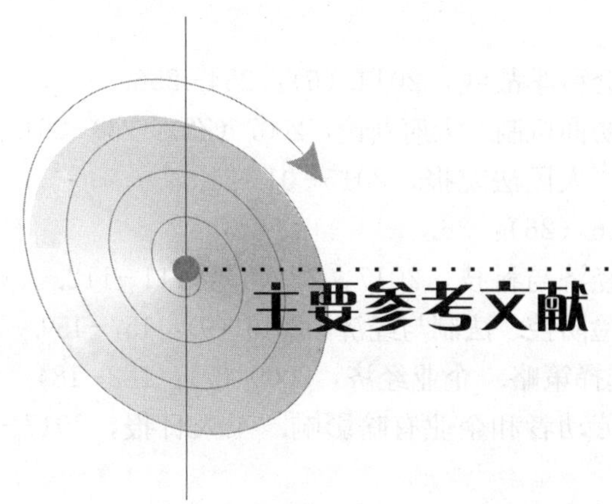

主要参考文献

［1］王桦宇. 劳动合同法实务操作与案例精解. 北京：中国法制出版社，2016.

［2］周丽霞. HR全程法律顾问：企业人力资源管理高效工作指南. 北京：中国法制出版社，2016.

［3］孙立如，刘兰. 劳动关系实务操作. 北京：中国人民大学出版社，2015.

［4］刘兰，唐鑛. 劳动争议处理. 大连：东北财经大学出版社，2015.

［5］程延园. 劳动关系. 北京：中国人民大学出版社，2011.

［6］房素素. 浅析劳动关系与劳动法律关系的异同. 学理论，2011（11）：182.

［7］李瑛. 浅论劳动法律关系与雇佣法律关系. 黑河学刊，2002（4）：46.

［8］周晓艳. 企业招聘中的法律问题研究. 行政事业资产与财务，2011（4）：175，188.

［9］戴玉伟. 做好招聘录用和入职管理，规避法律风险. 人力资源管理，2017（3）：90.

［10］庞铁力. 劳动权的平等保护及禁止就业歧视的法律思考. 法学杂志，2012（3）：118-123.

［11］陈林林，兰婷婷. 劳动就业中的性别歧视与合理差别对待. 北京联合大学学报（人文社会科学版），2016（2）：89-95.

［12］朱慧，陈慧颖. 劳动关系缔结中录用通知书的法律效力. 中国人力资源开发，2006（11）：77-79.

［13］陆敬波，黄敏. 企业单方调岗合理性的判别因素探析. 中国劳动，2016（12）：14-19.

［14］徐丹，翟玉婷. 用人单位单方调岗正当性的认定标准. 法制与社会，2015（12）：73-74.

［15］江锴. 论经济性裁员中的劳动合同解除. 政治与法律，2015（4）：118-120.

［16］冯彦君. 劳动合同解除中的“三金”适用——兼论我国《劳动合同法》的立法

态度. 当代法学，2006（5）：71-77.

[17] 艾琳. 集中协商与中国劳动关系. 社会科学战线，2014（6）：254-256.

[18] 张微. 透视新《劳动合同法》明确集体协商机制. 天府新论，2007（Z2）：263-264.

[19] 孙军. 劳动者自动离职的认定与处理. 人民法院报，2015-01-21.

[20] 王红茂. 劳务派遣策略思考. 商，2016（26）：36.

[21] 陈琛. 企业用工方式比较及建议. 农村经济与科技，2017，28（4）：111-112.

[22] 刘闻敏. 从劳务派遣看劳动用工法律风险防控. 法制与经济，2016（9）：157-159.

[23] 吴圣奎. 法律视角下的企业用工方式选择策略. 企业经济，2009（7）：182-184.

[24] 杨召奎. 人社部 481 号文件被废止对劳动者和企业有啥影响. 工人日报，2017-12-12.

[25] 沈彬. 从摩托罗拉裁员看集体协商的缺位. 新京报，2012-08-30.

[26] 唐律. 合同中约定的违约金对用人单位是否有效. 劳权周刊，2017-11-08.

[27] 石头. 从败诉案件看完美劳动合同条款的设计. （2017-12-26）[2018-04-10]. https://zhuanlan.zhihu.com/p/32373370.

[28] 刘秋苏. 2017 解读版：全国及各地竞业限制补偿规定. （2017-05-25）[2018-04-13]. http://www.360doc.com/content/17/0525/15/22513831_657163176.shtml.

[29] 任丽丽. 用人单位如何单方调岗？（2017-04-12）[2018-04-13]. http://china.findlaw.cn/lawyers/article/d556583.html.

[30] 仇少明. 劳动合同变更实务操作与风险控制. （2015-09-06）[2018-04-13]. https://wenku.baidu.com/view/aa5e09d369eae009581bece2.html.

[31] 儒思 HR 人力资源网. 公司单方调岗怎么才能合法有效. （2017-05-25）[2018-04-15]. http://baijiahao.baidu.com/s?id=1568345120730560&wfr=spider&for=pc.

[32] 孙心远. 用人单位如何合法地单方调岗调薪. （2016-06-05）[2018-04-17]. http://www.lawtime.cn/article/lll100604424100609518oo430711.

[33] 张碧飞. 劳动合同中止的 5 个实务问题. （2015-11-23）[2018-04-17]. http://www.lawtime.cn/article/lll112218319112223413oo387087.

[34] 要要灵律师帮. 19 种解除劳动合同方法及实操要点. （2016-10-07）[2018-04-20]. https://www.sohu.com/a/115532773_448998.

[35] 梁燕玲，秦雯. "凡事预则立"——如何制订裁员方案. （2015-08-12）[2018-04-20]. http://www.kwm.com/zh/cn/knowledge/insights/layoff-planning-being-prepared-ensures-success-20150812.

[36] 王庆有. 员工长期泡病假，HR 怎么办. （2016-08-13）[2018-04-22]. https://wenku.baidu.com/view/52816074f342336c1eb91a37f111f18583d00ce1.html.

[37] 文开齐. 企业劳动规章制度制定技术规范. （2016-11-04）[2018-04-22]. https://wenku.baidu.com/view/40cc411091c69ec3d5bbfd0a79563c1ec5dad7d6.html.

[38] 郑新战. 如何制定一份规范的规章制度. （2016-10-26）[2018-04-25]. https://wenku.baidu.com/view/42adbd18effdc8d376eeaeaad1f34693daef10e7.html.

[39] 云清风淡. 加班是否需要审批. （2015-01-08）[2018-04-25]. http://blog.sina.com.cn/s/blog4822912d0102vg4c.html.

［40］黄缦舒．公司对此违纪职工如何处罚并罚款．（2017-11-09）［2018-04-25］．https://www.hrloo.com/lrz/14261908.html.

［41］艾琳．集体谈判权研究．吉林：吉林大学，2014［2014-04-25］．http://kreader.cnki.net/Kreader/CatalogViewPage.aspx? dbCode=cdmd&filename=1014292546.nh&tablename=CDFD1214&compose=&first=1&uid=http://www.lawtime.cn/info/zhongcai/zcshixiao/2010122347978.html.

［42］李秀珍．用人单位劳动规章制度的法律效力．重庆：西南政法大学．2016［2018-04-26］．http://kreader.cnki.net/Kreader/CatalogViewPage.aspx? dbCode=cdmd&filename=1017007695.nh&tablename=CMFD201801&compose=&first=1&uid=.

［43］靳东月．劳动规章制度制定的民主程序研究．广州：广东财经大学．2017［2018-04-26］．http://kreader.cnki.net/Kreader/CatalogViewPage.aspx? dbCode=cdmd&filename=1017852284.nh&tablename=CMFD201801&compose=&first=1&uid=.

图书在版编目（CIP）数据

劳动法与劳动关系管理/符成成主编. —北京：中国人民大学出版社，2019.6
21世纪高职高专规划教材. 人力资源管理系列
ISBN 978-7-300-26937-5

Ⅰ.①劳… Ⅱ.①符… Ⅲ.①劳动法-中国-高等职业教育-教材 ②劳动关系-管理-高等职业教育-教材
Ⅳ.①D922.5 ②F246

中国版本图书馆CIP数据核字（2019）第080272号

普通高等职业教育“十三五”规划教材
21世纪高职高专规划教材·人力资源管理系列
劳动法与劳动关系管理
主　编　符成成
副主编　边可舒
参　编　徐　明　王自刚　顾　红
插　图　张　婷
Laodongfa yu Laodong Guanxi Guanli

出版发行　中国人民大学出版社
社　　址　北京中关村大街31号　　邮政编码　100080
电　　话　010－62511242（总编室）　010－62511770（质管部）
　　　　　010－82501766（邮购部）　010－62514148（门市部）
　　　　　010－62515195（发行公司）　010－62515275（盗版举报）
网　　址　http://www.crup.com.cn
　　　　　http://www.ttrnet.com（人大教研网）
经　　销　新华书店
印　　刷　北京溢漾印刷有限公司
规　　格　185 mm×260 mm　16开本　　版　　次　2019年6月第1版
印　　张　16.5　　印　　次　2019年6月第1次印刷
字　　数　395 000　　定　　价　38.00元